いちばんわかりやすい

ビジネスマナー

岡田小夜子　山崎紅［監修］

成美堂出版

はじめに

本書は、新入社員としてはじめて社会に出て働く人たちや若手のビジネスパーソンのために、ビジネスマナーの基本をわかりやすく一冊にまとめたものです。

社会人になると、会社の上司や先輩のほか、取引先の人など、数多くの人と接することになります。また、仕事にはデスクワークだけではなく、接客や会議への参加、取引先との面談などがあり、学生時代には経験することのなかったさまざまなビジネスシーンに遭遇するでしょう。

このように、いろいろな場面で多くの人たちと関わりながら、お互いに気持ちよく仕事を進めていくために培われてきたのが「ビジネスマナー」です。まわりの人とスムーズにコミュニケーションをとり、よい人間関係を保つためには、ビジネスマナーの基本をしっかり身につけておくことが求められます。

本書では、入社までに身につけておきたい身だしなみやあいさつのマナー、入社３か月で身につけたい社内での基本マナーのほか、ビジネス会話やビジネス文書・メールのマナー、社外でのさまざまな場面の基本マナー、そして仕事を上手に進めるためのコツ、いざというときに役立つ慶事・弔事のマナーについて、イラストや図版を使ってていねいに解説しています。

難しいと感じる内容もあるかもしれませんが、仕事をしながら何度も繰り返し経験することで、確実に身につけていくことができるでしょう。

ビジネスマナーは、社会人としてとるべき行動の規範となるだけでなく、相手に対する敬意や思いやりを表現するものでもあります。ビジネスマナーを身につけ、相手の立場に立って考えながら仕事ができる人は、初めて会う相手ともしっかりと信頼関係を築いていくことができるでしょう。

本書で社会人として必要なマナーを学んでいただき、皆様がビジネス社会で活躍するための一助となれば幸いです。

岡田小夜子
山﨑　紅

CONTENTS

はじめに 2

PART 1

入社後すぐに身につけたい 身だしなみと社会人の基本マナー

清潔感を第一に　服装をチェック！ 12
オフィスカジュアルのマナー 16
ヘアスタイルと日常のケア 18
ビジネス小物の選び方 20
出社時と退社時の心得 22
社会人としての心がまえ 24
コンプライアンスの心得 26
情報セキュリティの心得 27
オフィスでのあいさつの基本 28
エレベーターや廊下でのマナー 30
基本動作はスマートに 32
オフィスでの人間関係 36
人間関係のポイント 38
column 1 〝プロ意識〟と〝高いアンテナ〟を持とう 40

ポイント
仕事のスタートは「第一印象」から！ ▸P.12・18

ポイント
組織の一員になった自覚を持つ！ ▸P.24

ポイント
オフィスでの人間関係にも気を使うべし！ ▸P.36・38

PART 2

入社3か月で身につけたい 仕事のマナーの基本【社内編】

始業前の準備をする 42
指示を受ける 44
メモの取り方① メモを取りながら話を聞く 46
メモの取り方② 仕事に役立つメモを残す 48
「ホウレンソウ」を実行する 50
電話応対① 応対の基本 52
電話応対② 取り次ぎ 54
電話応対③ 伝言メモを残す 56
電話応対④ クレーム電話の対処 58
電話をかけるときの基本 60
携帯電話のマナー 62
名刺交換のマナー 64
来客対応① 受付のマナー 66
来客対応② 応接室への案内の仕方 68
来客対応③ お見送りのマナー 70
会議に参加する① 会議の種類と目的 72
会議に参加する② 事前準備や会議でやるべきこと 74
会議に参加する③ オンライン会議に参加 76
ミスや失敗をしたときの対処法 78
デスクまわりを機能的に整理する 80
日報や報告書の書き方 82
会社への連絡と届け出 84
社内行事に参加するとき 86
column 2 在宅勤務で仕事を進めるコツ 88

ポイント

書類は1秒でも早く取り出せるように整理すべし！ ▶P.81

ポイント

仕事がデキる人のデスクは美しい！ ▶P.80

ポイント

「ホウ《報告》レン《連絡》ソウ《相談》」の出来が上司からの評価を決める！ ▶P.50

ポイント

メモの習慣は「仕事がデキる」習慣！ ▶P.46・48

PART 3

ビジネスを円滑に進める ビジネス会話のマナー

相手に信頼される話し方 …… 90
ビジネスでの伝わる話し方 …… 92
ビジネスでの定番フレーズ …… 94
ビジネスでの上手な話の聞き方 …… 96
敬語の正しい使い方 …… 98
しかられ方とほめられ方の注意点 …… 102
column 3 いつもの口癖を直すと印象が変わる …… 104

ポイント

ビジネス慣用句やクッション言葉で
言いづらいことを伝える！ ▶P.94

ポイント

敬語をきちんと使えれば
印象アップ！ ▶P.98

ポイント

要点を明確に伝える話し方

▶P.92

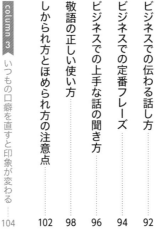

PART 4

正確に伝えるための ビジネス文書・メールのマナー

ビジネス文書の基本ルール……106
社外文書の基礎知識……108
ビジネス文書の書き方① 社外文書（取引文書）の書き方……112
ビジネス文書の書き方② 社外文書（社交文書）の書き方……116
ビジネス文書の書き方③ 社内文書の書き方……118
封筒・はがきの書き方……122
メール① メールの基本……124
メール② 伝わるメールの書き方……126
メール③ メールで使える定番フレーズ……128
FAXの基本ルール……130
column 4 インターネットリテラシーを高めよう……132

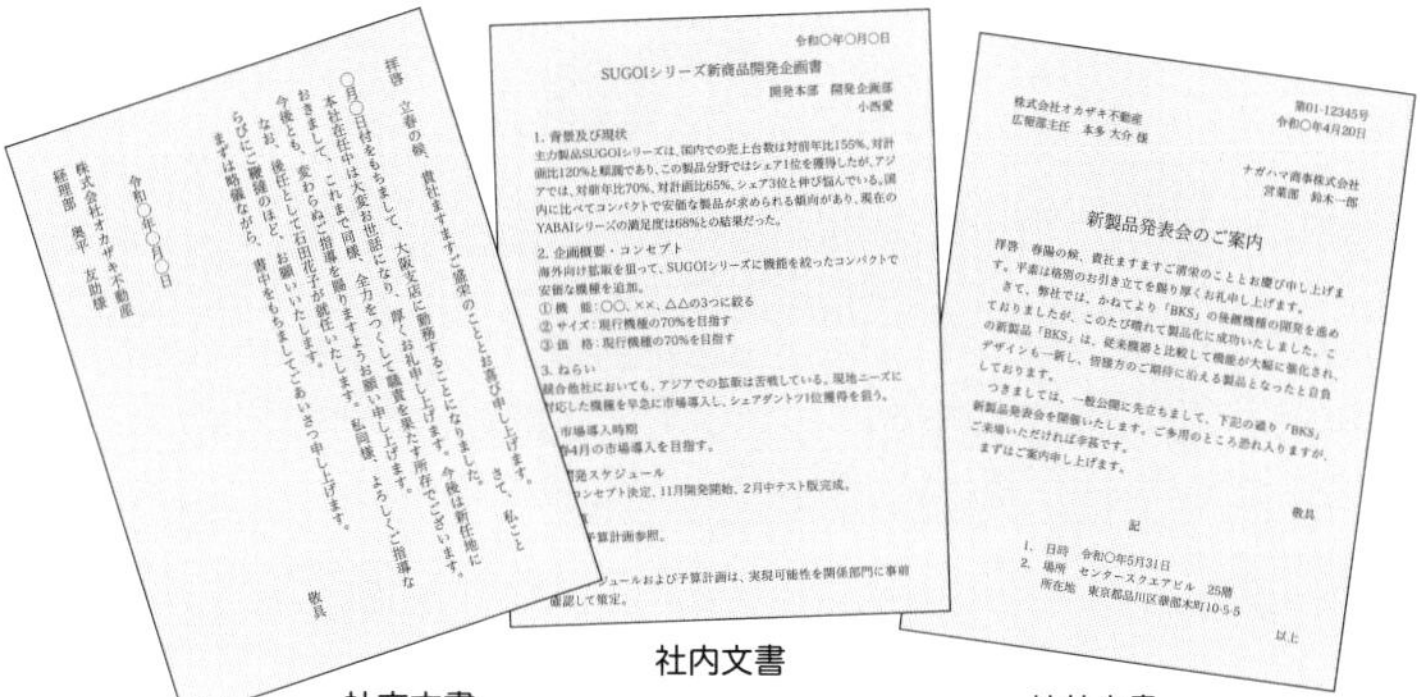

社交文書　社内文書　社外文書

ポイント

文書の種類に応じて必要な情報を書く！

▶P.112・116・118

ポイント

相手に伝わるメールを送る！

▶P.124・126

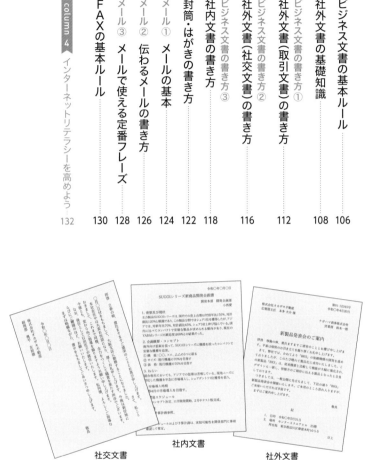

PART 5

訪問と接待のルール&マナー
仕事のマナーの基本【社外編】

訪問① アポイントメントの取り方 …… 134
訪問② 訪問の事前準備 …… 136
訪問③ 訪問時の基本マナー …… 138
同行者の紹介のしかた …… 140
上司に同行するときのルール …… 142
個人宅への訪問マナー …… 144
出張するときの心がまえ …… 146
接待① 準備のポイント …… 150
接待② 接待当日のマナー …… 152
洋食と中華の正しいテーブルマナー …… 156
和食の正しいマナー …… 158
column 5 初回訪問を次につなげるコツ …… 160

ポイント
打ち合わせを成功に導く秘訣！
▶P.136

ポイント
得意先に喜んでもらえる接待の作法！
▶P.150・152

PART 6

デキると言われるようになる 仕事の上手な進め方

仕事の優先順位の決め方……162
TO DOリストのつくり方とスケジュールの立て方……164
PDCAで仕事効率をアップさせる……166
仕事の依頼のしかた……168
面談・電話・メールを使い分けて仕事を進める……170
面談の進め方……172
会議を主導する……174
プレゼンのしかた① プレゼンの基本……176
プレゼンのしかた② プレゼン資料の準備……178
プレゼンのしかた③ プレゼンの実施……180
column 6 オンラインプレゼンテーション……182

ポイント
TO DOリストでやるべき仕事を「見える化」する！
▶P.164

ポイント
スケジュールを立てて作業の期限を明確に！
▶P.164

ポイント
成功するプレゼンの秘訣！
▶P.176・178・180

PART 7

恥をかかない 冠婚葬祭のマナー

ビジネスでの慶事・弔事のマナー……184
結婚式① 結婚披露宴に招待されたら……186
結婚式② ご祝儀と祝電のマナー……188
結婚式③ 結婚式・披露宴での装い……190
結婚式④ 結婚式・披露宴でのマナー……192
お葬式① 訃報を受けたら……194
お葬式② 香典と弔電のマナー……196
お葬式③ 通夜・葬儀の服装……198
お葬式④ 通夜・葬儀でのマナー……200
ビジネスのお祝い事……202
お中元とお歳暮のマナー……204
お見舞いの心得……206

ポイント

ビジネスの祝い事は
上司に相談して対応！ ▸P.202

ポイント

お見舞いは
品物選びに
心配りを！

▸P.206

ポイント

ビジネスパーソンとして
恥ずかしくない
慶弔のマナーをおさえる！

▸P.184～201

※本書の情報は制作時点のものです。
その後変更になる可能性もあります。

- 執筆協力　大崎直美／佐野勝大／相﨑リョウスケ
- 本文デザイン・DTP　松岡慎吾
- 本文イラスト　上田春樹／門川洋子
- 編集協力　有限会社ヴュー企画
- 企画・編集　成美堂出版編集部（原田洋介・芳賀篤史）

PART 1

入社後すぐに身につけたい

身だしなみと社会人の基本マナー

社会人にとっては見た目も重要！
身だしなみに気を配るとともに
オフィスでのマナーにも気をつけよう

清潔感を第一に服装をチェック！

ビジネスの場の服装は、個性を主張するものではなく、相手に安心と信頼を与えることが大切。不快な印象を与えないように清潔感のある身だしなみを心がけます。

ネクタイ ▶P.14

相手の目が集中しやすいので、曲がったり、結び目がゆるんだりしていないか確認します。

ヘアスタイル ▶P.18

前髪や襟足が長くなりすぎないように整えます。

スーツ

体形にフィットしていることが大切。一番下のボタンは外して着るのがスマート。

ワイシャツ ▶P.14

袖は上着から袖先が少し見える程度の長さにします。

腕時計 ▶P.21

パンツ ▶P.14

すっきりしたデザインのものを選びます。

靴と靴下

靴は黒が基本。靴下は白や丈が短いものを避けます。

ビジネスバッグ ▶P.20

機能性と丈夫さを重視して選びます。

POINT

- ファッション性よりも機能性と清潔感を重視。
- 安心感を与える服装で信頼を得る。

服装はおしゃれであることよりも清潔感のあることが第一。職場の雰囲気に調和していることも大切です。先輩の服装などを基準にするとよいでしょう。

ヘアスタイル ▸P.19

髪が顔にかからないように、長い場合は束ねます。

アクセサリー

シンプルなものを洋服に合わせて選び、形や色が派手なものは避けます。

インナー ▸P.15

白のシャツやブラウス、カットソーが基本です。

腕時計 ▸P.21

バッグ ▸P.20

よけいな装飾のないシンプルなデザインを選びます。

スーツ

体にフィットしすぎない程度に体形に合うものを、スカートは膝が隠れる丈を選びます。

ストッキング

自然な肌色のものにします。柄やラメ入りのものは選ばないようにし、黒色のものは会社によってNGなこともあるため上司に確認します。

靴

黒のプレーンなパンプスが基本です。

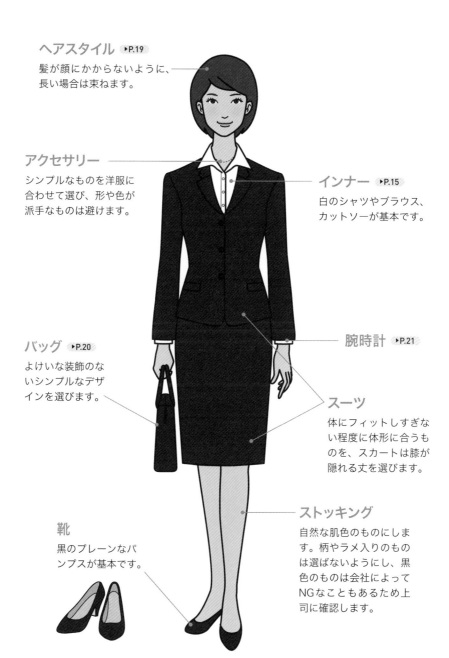

スーツ（ジャケット＆パンツ）の選び方のポイント

ジャケット

- □ 肩は落ちていないか
- □ シワや汚れはないか

パンツ

- □ 折り目はついているか
- □ 裾はほつれていないか

靴

- □ よく磨いてあるか
- □ 底が擦り切れていないか

靴下

- □ 穴は開いていないか
- □ 薄くなっていないか

シャツ・ネクタイの選び方のポイント

レギュラーカラー

襟の開きが狭い。カッチリと誠実なイメージです。

ワイドカラー

襟の開きが広め。フォーマルなイメージです。

カッタウェイ

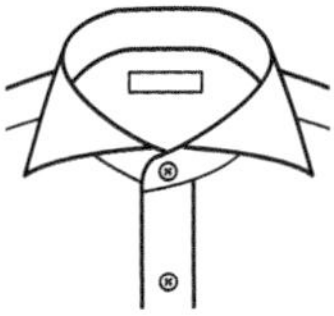

襟の開きが広くネクタイなしでもきれいです。

ボタンダウン

襟先に小さなボタンがついたもの。クールビズ（▸P.17）にも使えます。

ネクタイの選び方

○　△　×

素材はしっかり結べるシルクが基本。紺・グレー系のスーツには同系色やえんじ色が合います。柄は無地やストライプを選びましょう。

ネクタイの結び方

●プレーンノット：基本の結び方

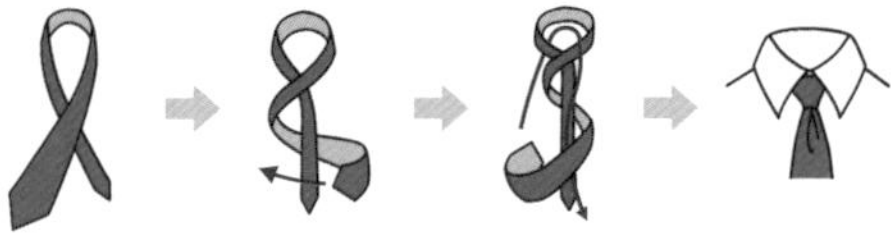

●セミウィンザーノット：正三角形に近い結び目が特徴

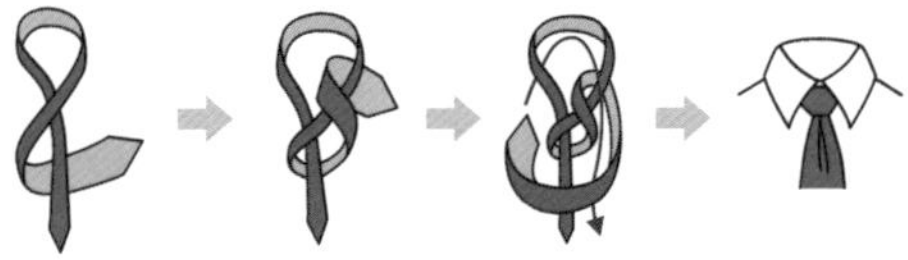

スーツ（アウター＆スカート）の選び方のポイント

アウター

- □ シワや汚れはないか
- □ ボタンは取れていないか

スカート

- □ 膝が隠れる丈のものか
- □ シワや汚れはないか

靴

- □ きちんと磨かれているか
- □ 色がはげていないか

ストッキング

- □ 伝線していないか
- □ 柄やラメ入りはNG

シャツ・アクセサリーの選び方と組み合わせ

レギュラーカラー（襟あり）×アクセサリー

ノーカラー（襟なし）×アクセサリー

シャツまたはカットソーに小さなペンダントトップのネックレスを合わせると、首元がすっきりした印象に。長さはネックレスの基準サイズである40～45cm 程度のものがベストです。

プラスα

通勤の服装もビジネスを意識して

身だしなみには、公私の意識を切り替える役割もあります。会社で制服に着替えるからといって、露出度の高い服やジーンズなど、プライベートと同じカジュアルな服装で出勤するのは控えましょう。入社してしばらくは、できればスーツで、慣れてきたら周囲の服装にならって、ビジネスを意識したコーディネートを心がけましょう。

オフィスカジュアルのマナー

カジュアルスタイル　その①

ビジネスシーンにおけるカジュアルとは、取引先への訪問や来客対応ができる服装のことです。ジーンズやTシャツは控え、最低限シャツとスラックスを選びましょう。

冬
上着
ジャケットを着用。中にベストを入れてもOKです。
パンツ
ウールの起毛素材などのスラックスを選びます。
靴
スエード素材の靴などくだけすぎないものを選びます。
夏
シャツ
襟のあるワイシャツにノーネクタイが無難なスタイル。夏場は袖をまくってもOKです。
パンツ
ウールやコットンのシンプルなパンツがおすすめです。
靴
足元はビジネスシューズが基本。通常の革靴でOKです。

これはNG!

- □ パーカー
- □ カーゴパンツ
- □ ブーツ

これはNG!

- □ Tシャツ
- □ ジーンズ
- □ スニーカー

☞ スタイルの自由度は会社に合わせて

オフィスでのカジュアルスタイルの実情は、「ジャケット着用は必須」という会社から、「ジーパン・Tシャツでなければ OK」という自由度が高い会社までさまざま。明確な規定がなければ周囲の服装を見て、それに合わせたコーディネートを考えるようにしましょう。

POINT

- ●プライベートとカジュアルは区別する。
- ●相手に不快感を与えない、節度ある服装を選ぶ。

カジュアルスタイル　その②

女性の場合、スカートは膝が隠れる丈のものを選び、パンツであればスラックスを着用しましょう。迷ったら、先輩の服装を参考に、節度あるカジュアルスタイルを心がけます。

トップス
襟なしのものを着るときは、ジャケットを着用します。

ボトム
厚めのウールや起毛素材もOK。落ち着いた色を選びます。

靴
プレーンなデザインならスエード素材もOKです。

これはNG!
- □ 厚手のセーター
- □ ロングスカート
- □ ブーツ

トップス
肩が出ないものをTPOに合わせて選びます。

ボトム
膝が隠れるものを。生地が薄く透けるものはNGです。

靴
パンプス、ストッキングの着用が基本スタイルです。

これはNG!
- □ タンクトップ
- □ ミニスカート
- □ サンダル

☞ 訪問先がクールビズでもジャケットは着用する

クールビズは、夏を快適に過ごすために軽装でもOKという取り組み。ただ、取引先の会社も自分の会社も、クールビズを実施していたとしても、くだけた服装で訪問するのは控えましょう。取引上の立場の違いをわきまえ、ジャケットを必ず着用します。半袖のワイシャツもカジュアルな印象を与えるため控え、長袖のワイシャツの袖をまくって着ます。

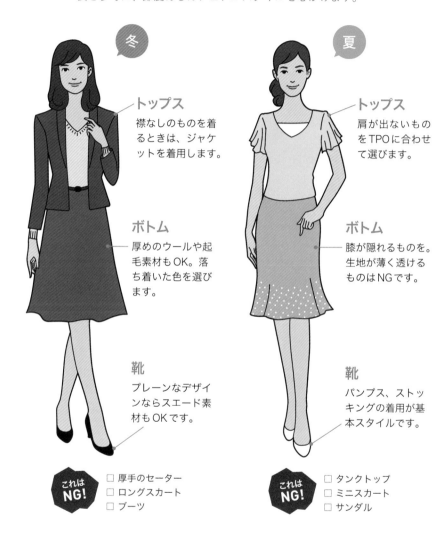

「ヘアスタイルと日常のケア」

身だしなみのポイント　その①

メガネ

汚れや傷をチェック

目元は相手の視線が集中する場所。皮脂や手垢で汚れやすいレンズはいつもきれいにしておきます。

髪

色は暗めが基本

前髪は目にかからない、襟足はワイシャツの襟にかからないように。髪色は黒が基本です。

ヒゲ

無精ヒゲはNG

おしゃれヒゲも若手のうちは避けるのが無難です。

爪

短く切りそろえる

爪が伸びていると汚れが溜まって不潔な印象を与えます。

その他

臭いケアも忘れずに

口臭や体臭は自分では気づきづらいもの。歯磨きや制汗剤でケアします。鼻毛のチェックも忘れないよう注意します。

POINT

- 見た目だけでなく、体臭などの臭いもチェック。
- 清潔感を身につけて、ビジネスの信頼を得る。

体や髪はいつも清潔に

スーツをきちんと着ていても、髪がぼさぼさで汗臭ければ、せっかくの服装も台無し。あなたの印象はよくないものになってしまうでしょう。

周囲に不快な思いをさせないようにボディケアやヘアケアに気を配るのは、社会人として最低限のエチケットです。

髪型や爪の長さなど、人それぞれ見た目にはこだわりがあるかもしれませんが、何をよいとするかは人によって違うもの。**価値観の違う人たちが円滑な人間関係を築く潤滑油になるのが、エチケットやマナーなのです。**

誰が見ても「清潔感がある」と感じてもらえる身だしなみを目指して、日々のケアを行いましょう。

身だしなみのポイント　その②

髪

長い髪は束ねる

髪が長い人はすっきり束ねます。前髪は目にかからない長さにするか、整髪剤で整えます。

髪の色

明るすぎない色に

髪も髪留めも、落ち着いた暗めのトーンにします。

爪

ネイルは自然な色に

マニキュアやネイルはベージュや薄いピンクに。爪は短めにそろえます。

メイク

派手なメイクはNG

濃いメイクは控え、ナチュラルメイクを心がけます。

香水

つけすぎに注意

香水は苦手な人もいます。つけるとしても少量にしましょう。

時間帯別 身だしなみチェックポイント

9:00前 出社したら

全身をチェック
通勤ラッシュにもまれて身だしなみが崩れることも。会社の洗面所などで確認します。

女性 会社でのメイクはNG
会社でゼロからメイクをするのはNG。メイクは自宅ですませましょう。

12:00 昼食後は

食後はオーラルケア
会社の洗面所で歯磨きができる場合は、食後にお手入れを。外回りの仕事で歯を磨く場所がない人は、タブレットなどでケアしましょう。

18:00 夕食以降は

夏は汗の臭い対策を
夏場はデオドラントシートで身体を拭くなど、体臭対策をしましょう。

男性 ヒゲを再度チェック
ヒゲが伸びるのが早い人は鏡で確認を。電動シェーバーでサッと剃りましょう。

「ビジネス小物の選び方」

アイテム別 押さえておきたいポイント

ビジネスバッグ

A4サイズの書類が入る大きさが基本。軽くて丈夫なものにします。色は黒や紺、茶系に。男性はバックパックでも可という職場も増えています。

機能性と丈夫さ
重い資料にも耐えられる丈夫なものを選びます。

底が広くて自立する
床に置いても倒れず自立するものがおすすめです。

軽くて丈夫
長く持ち歩ける軽くて丈夫なものにします。

装飾が少ない
余計な装飾のないシンプルなものを選びます。

チェックポイント
- □ 持ち手がしっかり縫われているか
- □ 内側に仕切りや小ポケットがあるか
- □ 底が広く、底板が入っているか

チェックポイント
- □ 空で持ったときに重さを感じないか
- □ 十分なマチがあるか
- □ アクセサリーなど余計な装飾はないか

POINT
- ●機能性や使い勝手、丈夫さを優先する。
- ●黒や茶などの落ち着いた色のものを選ぶ。

仕事にふさわしい小物を選ぼう

手帳や腕時計などの小物は、プライベートでは個性を演出するアイテムですが、ビジネスの場では、日々の業務を確実に遂行するための大切な道具といえます。**機能性**や**丈夫さ**を優先して考えることが必要でしょう。

見た目も、もちろん大切なポイント。**ビジネスバッグはA4サイズの書類が入るサイズで、革やナイロン製の丈夫なものを選びましょう。**最近はしっかりした素材のバッグパック（リュック）でもOKという職場もあります。

バッグや小物を高価なブランド品でそろえるのは、新人のうちは分不相応と思われる恐れも。落ち着いた色やデザインのものを使いましょう。

名刺入れ

無地の革製

収納は2つが便利

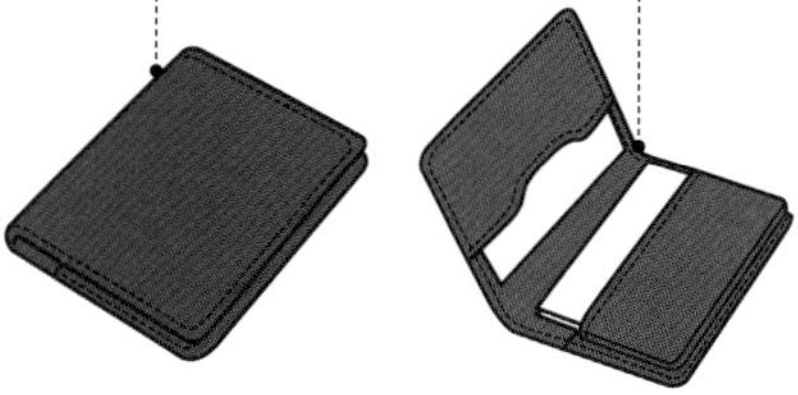

黒やこげ茶など、無地の革製が基本。マチのあるものは枚数も入って便利です。

もらった名刺と自分の名刺を分けて入れられるタイプがおすすめです。

筆記用具

落ち着いたデザインのボールペン

2色兼用でもOK

インクは黒と赤の2色を携帯しましょう。ボディーは黒などの落ち着いたものに。1本で2色を兼ねたものが便利です。

手帳

無地の革製

ボールペンが挿せるものも便利

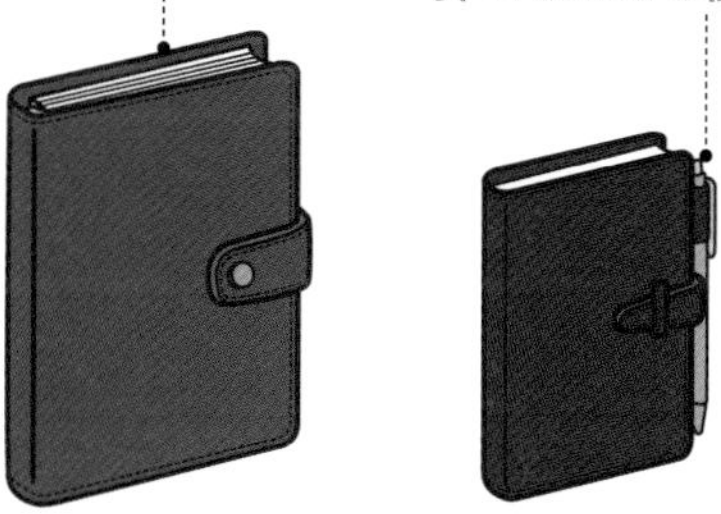

黒や茶、えんじ色など、落ち着いた色で無地の革製手帳を使いましょう。水色や鮮やかな赤色など、派手な色味はNG。ボールペンが挿せる手帳が便利です。

腕時計

メタル製

革製

男女とも革かメタル製の落ち着いたデザインかつ高価すぎないものを選びます。スマートウォッチでもOK。スマホを時計代わりに使うのはNGです。

先輩の失敗談

携帯電話を時計代わりにしたら……

学生時代からスマホが時計代わり。会社でも会議中にスマホで時間を確認していたら、メールをしていると勘違いされ、「何をいじってるんだ！」と注意されてしまいました。全員が一斉に私を見て、とても恥ずかしかったです……。（商社・営業事務／20代・女性）

『出社時と退社時の心得』

始業時前の心得

朝のスタートで1日が決まる

出発1時間前

早めに起床。朝食をきちんと食べて身支度を整えます。

▶服装P.12・14、日常のケアP.18

◆ 起床時間は始業時間から逆算
◆ 服装は前夜に決めておく

朝食抜きはNG
朝食を抜くと集中力や記憶力の低下につながります。

⇩

通勤中

通勤電車の中で、今日やることをイメージしましょう。

▶仕事の優先順位とTO DOリストP.162

◆ 前日つくったTO DOリストを見直す
◆ 読書や勉強で頭の準備体操を

マナーに注意
音楽を聴く際はイヤホンからの音漏れに注意します。

⇩

始業15分前

会社に到着。1日のスケジュールを確認します。

▶P.43

◆ 制服がある人は着替える
◆ コピー機やプリンターも電源をオン

会社での朝食はNG
始業前は食事の時間ではありません。

POINT
●始業15分前には出社して仕事の準備を。
●退社前には翌日の段取りを決めておく。

始業前と終業時の取り組みが肝!

任された仕事を、責任を持ってやり遂げることが、社会人としての最低限の役割。1日の過ごし方にも高い意識が求められます。**特に1日の始め方と終わり方は大切。**朝は始業と同時に仕事を始められるよう、**15分前**には出社して準備を整えましょう。そのためには、家を出るギリギリに起きるのではなく、**余裕をもって身支度することも大切です。**また、通勤中にその日1日のタスクをイメージし、タイムスケジュールを組み立てておきましょう。

退社時には仕事を区切りまで終え、上司に1日の報告を。次の日の段取りを整えて帰れば、翌日スムーズに仕事を始められます。

退勤時の心得

今日をスムーズに終えて、明日につなげる

終業2時間前

社外への連絡は相手の就業時間内にすませます。

- ◆ メールの返信忘れをチェック
- ◆ 今日締切の提出物がないか確認

ムダな残業を防ぐ

就業間際の問題発覚がないよう早めの行動を心がけます。

⇩

終業1時間前

上司や他部署への相談はこの時間までにすませます。

▶指示の受け方 P.44

- ◆ 残業する場合は上司に申請
- ◆ 他部署への依頼事をすませる

ホウレンソウが基本

報告、連絡、相談は業務の基本です。

▶ホウレンソウの基本 P.50

⇩

終業15分前

仕事の区切りのいいところで上司に進捗を報告します。

- ◆ 手伝うことがないかを確認
- ◆「お先に失礼します」とあいさつ

終業時間＝退社時刻ではない

早く帰りたくても時間内の片付けはNGです。

プラスα

● 寝坊・電車遅延で遅刻！

始業10分前までに会社に電話し、到着時間を知らせます。出社後は謝罪を。電車遅延の場合は遅延証明書を会社に提出します。

● 体調不良で早退したい！

無理せず上司に早退を願い出ましょう。業務に支障のないよう、ほかの人に仕事の代理をお願いする場合はすみやかに依頼します。

● 私用で定時に帰りたい！

その日は残業できないことを、早めに上司に伝えます。仕事が繁忙期であれば、私用を延期することも考えましょう。

直行・直帰のルール

自宅から直接訪問先に向かう直行や、出先から帰宅する直帰は、事前に上司に報告します。直帰の際は会社に電話をして進捗報告を。

社会人としての心がまえ

新人の心がまえのポイント

組織の一員の心がまえといっても、難しく考える必要はありません。新人や若手のうちは、毎日の基本的な行動を高い意識で徹底することが第一歩です。

朝は早く出社する

おはようございます

始業15分前には出社して、始業と同時に仕事を始められるよう準備を整えます。

▸P.42

電話はすぐに取る

すぐに取らなきゃ

電話応対は、新人でもできる仕事のひとつ。3コール以内に出ましょう。

▸P.52

目配り・気配りを

僕がやります

指示を待つだけでなく自ら動くことも大切。備品補充など気配りの意識をします。

▸P.38

POINT

- 組織における責任と役割を自覚する。
- 早めに出社するなど、行動で信頼を得る。

組織の一員としての自覚は行動に出る!

ビジネスマナーは細かなルールが多く面倒なもの。そう思う人もいるかもしれませんが、マナーで大切なのは「**社会人としての心がまえ**」です。

組織の一員として周囲と信頼関係を築き、力を合わせて成果をあげる。社外では、自分の言動が会社を代表するものとして見られることを自覚する。そうした意識があれば、自然とマナーに則った行動ができるはずです。

新人のうちはできることも少ないため、特に「**朝は早めに出社する**」「**電話はすぐに取る**」「**目配り・気配りを心がける**」といった「**日々の意識のあり方**」をより高めていきましょう。

返事はすぐ、気持ちよく

「はい」は、「あなたの言うことを聞く用意があります」という意思表示。呼ばれたらすぐ、気持ちよく返事をします。▶P.44

誠実に努力する

新人のうちは努力に結果が伴わないことも多いですが、誠実に努力していることが伝われば、次第に信頼されるようになります。

論点を明確に話す

要領を得ない相談や報告をしたのでは、相手の時間をムダにしてしまいます。論点を整理して、明確に伝えます。

姿勢は正しく

質の高い仕事は、正しい姿勢から。あごを引き背筋を伸ばして座ります。デスクに向かう状態が仕事への姿勢につながります。▶P.35

仕事とプライベートの区別をつける

仕事に慣れてくると公私の区別もゆるみがち。「公私混同はしない」意識が大切です。

OK

- 会社帰りに同僚と飲みに行く
- 休憩時間に私用で銀行の用事をすませる
- 会社のクラブ活動の資料を会社のコピー機で印刷する

グレーゾーン

- 社内で同僚の誕生日を祝う

⇒職場の活性化のために、こういったことを認める企業もあります。

※グレーゾーンは社風にもよるため周囲をよく見て判断します。

NG

- 業務中に自分の携帯電話で個人的な連絡をとる
- 就業時間中に許可なく病院に行く
- 会社支給の携帯電話や備品を私的利用する

「コンプライアンスの心得」

POINT

- コンプライアンスとは法令を守ること。
- 自分の行動が会社の信用につながる意識を持つ。

コンプライアンス＝法令を守る

「コンプライアンス」は、「企業における社会的責任の履行」という意味でよく使われます。**就業規則などの社内規定を守ること、倫理・道徳規範などの社会規範を守ること**を意味します。

企業として法令を守るためには、そこで働くひとりひとりがコンプライアンスを守る必要があります。つまり、**たったひとりの行動が、会社の信用を大きく落とすこともあるということ**です。

社内データや個人情報を持ち出さない、著作権を侵害しない、ハラスメントをしない、SNSにお客様の悪口を書き込まない、会社の名前を使って問題発言を投稿しないことが求められます。組織の一員であることを意識しましょう。

コンプライアンスを守る

情報漏洩

社内データをUSBメモリなどにコピーして持ち出すことは避けます。

【USBメモリを紛失したら…】
情報漏洩として会社が責任を負うことになります。

【こんな行動にも注意】
× 業務上知りえた機密情報を許可なく第三者に伝える
× 転職後、前職の顧客に連絡をとる

ハラスメント

サービス残業の強要など、ハラスメント行為およびもみ消しはNGです。

【不当な要求をしたら…】
労働基準法違反として会社が責任を追及されます。

家に持ち帰って仕事しよう
鈴木くんに徹夜してもらうか…
このイラスト使っちゃおう
この情報が発表されたら株価が上がるぞ…

著作権侵害

著作物の無断使用は著作権侵害にあたります。

【無断で著作物を利用したら…】
著作権法の侵害として会社が法的措置を受けることになります。

インサイダー取引

業務で知り得た事前情報を元に株の売買をしてはいけません。

【売買してしまったら…】
株取引をした本人だけでなく、情報を伝えた人も罰せられます。

「情報セキュリティの心得」

情報セキュリティの心得

社外での管理

基本的には持ち出さない

情報流出を防ぐ最善の対策は、外部に持ち出さないことです。どうしても持ち出しが必要であれば、上司に確認を取りましょう。

パスワードをかけ、盗難・紛失に注意

社内データの持ち出しが必要な場合は、盗難や紛失に備えて、記録媒体に閲覧用パスワードを設定しましょう。

社内での管理

引き出し内に管理

重要な書類やファイルの出しっ放しは厳禁。席を離れる際は、引き出しにしまって鍵をかけるなど厳重な管理を。

メールへの添付はパスワードを

電子ファイルの添付メールを送信する際は、開封用パスワードを設定。パスワードは、セキュリティ対策として別メールで通知します。

POINT

- 社内外を問わず、情報流出の対策は徹底的に。
- 情報保護は、会社の信用を守る施策のひとつ。

情報の管理に注意する

会社には、顧客情報や営業情報など、厳重な管理を求められる情報が複数あります。これらが流出すると、自社の機密事項が外部へ漏れるのはもとより、関係先へ損害を与え、信用を損なう恐れがあることにも留意しなければなりません。近年は、不正アクセスやマルウェアの侵入といったサイバー攻撃による情報流出が頻発しています。ですので、電子データの取り扱いには特に、万全なセキュリティ対策を講じるようにしましょう。

また、**電車内や飲食店内などの人が集まる場所で、機密事項に関する会話を無闇に行うことも控える必要があります。**

「オフィスでのあいさつの基本」

POINT

- TPOに応じたあいさつの言葉を身につける。
- 自分から進んで、笑顔であいさつする。

あいさつのOK例・NG例

○

**元気な声で
あいさつ**

相手の目をしっかりと見て、ハキハキとした元気な声であいさつしましょう。

おはよう
ございます

×

ながらあいさつはNG

作業をしながらのあいさつや、目を見ずに声だけでするあいさつはNGです。

ただいま
戻りました
お帰りなさい

自分から笑顔であいさつしよう！

仕事は一人でできるものではなく、社内外のさまざまな人と連携しながら進めていくもの。ビジネスにはよい人間関係を築くことが欠かせず、**あいさつはそのすべての基本**になります。

自分からあいさつしない、あいさつされても知人でなければ無視するといった態度は、社会人として失格。どんな場面でも「どうも」などのあいまいな言葉ですませることも禁物です。**自分から進んで、笑顔であいさつすることを心がけましょう。**

同じあいさつでもTPOに応じた言葉があります。とっさのときでもきちんと対応できるよう、あいさつの基本パターンを身につけておくと安心です。

社内でのあいさつの基本パターン

出社したら

おはようございます

「ううっす」など不明瞭な発音はNG。朝は1日の始まり。元気よくあいさつしましょう。

外出するときは

行って
まいります
行って
らっしゃい

不在にすることを周囲に知らせる意味も。外出用のボードがあれば、行き先、帰社時間等を書きます。

帰社したときは

ただいま
戻りました
お帰り
なさい

帰社を周囲に知らせる言葉です。大きな声で伝えましょう。迎える側もあいさつします。

退社するときは

お先に
失礼します
お疲れさま
でした

1日を締めくくるあいさつは気持ちよく。「お先です」と省略するのはNGです。

笑顔と声の出し方

おはようございます

目

表情豊かに

目の表情が笑顔の印象を左右します。目尻を下げるようにすると、自然に目も笑顔になります。

声

お腹から声を出す

相手に聞こえ、はっきりした声であいさつすることが大切です。腹式呼吸でお腹から声を出します。

口

口角をあげる

「イ」を発音する口が基本です。耳の下の筋肉で口角を引っ張るイメージで行うとよいでしょう。

姿勢

相手に顔を向ける

笑顔を心がけても、猫背でうつむいていてはよい印象を与えません。姿勢を正し、相手の目を見ます。

腹式呼吸の方法　丹田《たんでん》（おへその下あたり）に空気をためるイメージで鼻から深く息を吸い、口からゆっくりとはく。

エレベーターや廊下でのマナー

エレベーターに乗るときのマナー

エレベーター内は立ち位置に席次があります。
頭に入れておくようにしましょう。

エレベーターでの基本マナー

- □ 自分は最後に乗り降りする
- □ 乗降中は「開」ボタンを押し続ける

お先にどうぞ

- □ 進んでボタン操作をする
- □ 同僚と乗り合わせたら黙って会釈する

エレベーターの席次

操作盤が向かって左

1 2 3
6 5 4
操作盤

操作盤が向かって右

3 2 1
4 5 6
操作盤

※図の1から順に上座⇒下座。基本的に操作盤の前が下座

POINT

- 乗り降りはほかの同乗者を優先する。
- 廊下では前から来た人に道を譲る。

共有スペースでのマナーに注意！

エレベーターや廊下は、自社の社員だけでなく来客や取引先の会社の社員など不特定多数の人が通行するスペース。社内だからと気を抜いたり、急いでいるからと傍若無人にふるまったりするのはNG。**誰もが気持ちよく利用できるよう、基本的なマナーを守ることが必要です。**周囲を気遣い、譲り合う気持ちを持つようにしましょう。

NG

これはマナー違反！

途中の階で誰かが乗り降りするたびに「閉」ボタンをせわしなく押す、同乗者同士でぺちゃくちゃおしゃべり……などはよく見られる光景ですが、いずれもマナー違反。注意しましょう。

廊下でのマナー

すれ違うときは

廊下に十分な幅があっても黙ってすれ違うのはマナー違反。顔見知りかどうかにかかわらず、歩く速度をゆるめてあいさつします。

上司に同行するときは

上司の２、３歩後ろをついて行くようにします。前方から先輩が来て上司に道を譲った場合は、そのまま上司について行かず、会釈して先輩に道を譲ります。

幅が狭いときは

すれ違えるだけの幅がないときは道を譲ります。その際もあいさつを忘れずに。

先輩の失敗談

同期との話に夢中になり……

社内の同期３人と昼食に出るときに、話につい夢中になり、横一列に並んで廊下を歩く格好に。前から来た課長に「道をふさぐな」とにらまれました。

（情報サービス・営業／20代・女性）

彼と電話。誰もいないはずが……

彼から携帯に急用の電話があり、廊下に出たら誰もいなかったのでしばらくおしゃべり。ふと人の気配を感じて振り返ったら先輩が立っていて。後で注意されてしまいました……。

（不動産・経理／20代・女性）

上司はココを見ている!

廊下での立ち話に注意

廊下で同僚とばったり会い、「そうそう、この前の件だけど……」と立ち話。よくある光景ですが、長時間話し込むのはNGです。2、3分で切り上げましょう。特に会議室の前は室内に話が聞こえる恐れがあるので、立ち話は厳禁です。

基本動作はスマートに

美しい立ち方
背筋
体に1本の芯を通すイメージで伸ばします。
手
手のひらをズボンの縫い目に合わせるように伸ばします。
指先
丸まらないよう、指先まで伸ばします。
足先
両足に重心をかけ、かかとを閉じ、つま先は自然に開きます。
手
手のひらを身体に沿わせるように伸ばします。
指先
丸まらないよう、指先まで伸ばします。
足先
かかとを軽くつけ、つま先は少し開きます。

仕事ができる印象を与えよう！

背筋をすっと伸ばしてきびきびと動く人には、安心して仕事を任せられそうな印象を持つもの。仕事の成果をすぐにはあげられない新人のうちは、**姿勢や態度で意欲を伝え、信頼を得ることが大切です。**

お客様を迎えるとき、見送るとき、あいさつをするときは特に姿勢を意識します。**肩の力を抜いて、頭の先から引っ張られているように背筋を伸ばし、あごを引いて視線をまっすぐ前に向けましょう。**ただし、胸を突き出しすぎると腰痛や肩こりの原因になるため注意しましょう。

こういった行動が、あなた自身にもプラスの効果をもたらすでしょう。

POINT

- 前向きな印象は行動から得られる。
- 姿勢や態度で仕事への意欲を示す。

きれいな歩き方

ポケットに手を入れる

だらしない印象。転びかけたときに手をつくこともできません。

複数で広がって歩く

道を占領し、ほかの歩行者の通行の妨げになります。

ながら歩き

スマホを操作しながら歩くと、人にぶつかったりして危険です。

だらだら歩く

覇気がない印象。まわりと歩調を合わせて歩きましょう。

お腹・おしり

腹筋に軽く力を入れ、おしりの筋肉を引き締めます。

足

直線の上を歩くイメージで、つま先をまっすぐ前に出して進みます。

きれいに見える正しい足の運び方

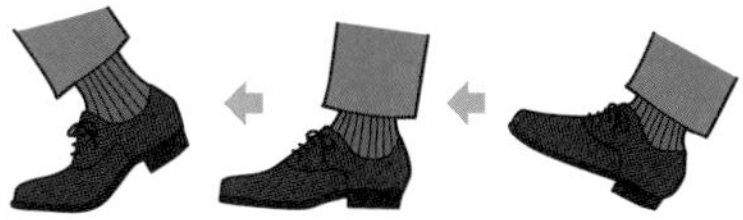

❶ かかとから着地する。
❷ つま先へ重心を移動させる。
❸ つま先で地面をける。

スマートなおじぎのしかた

▶ おじぎの基本

あごを引いて背筋を伸ばした姿勢からおじぎします。あいさつをするときは、まずあいさつ、その後おじぎを。あいさつしながらのおじぎはNGです。

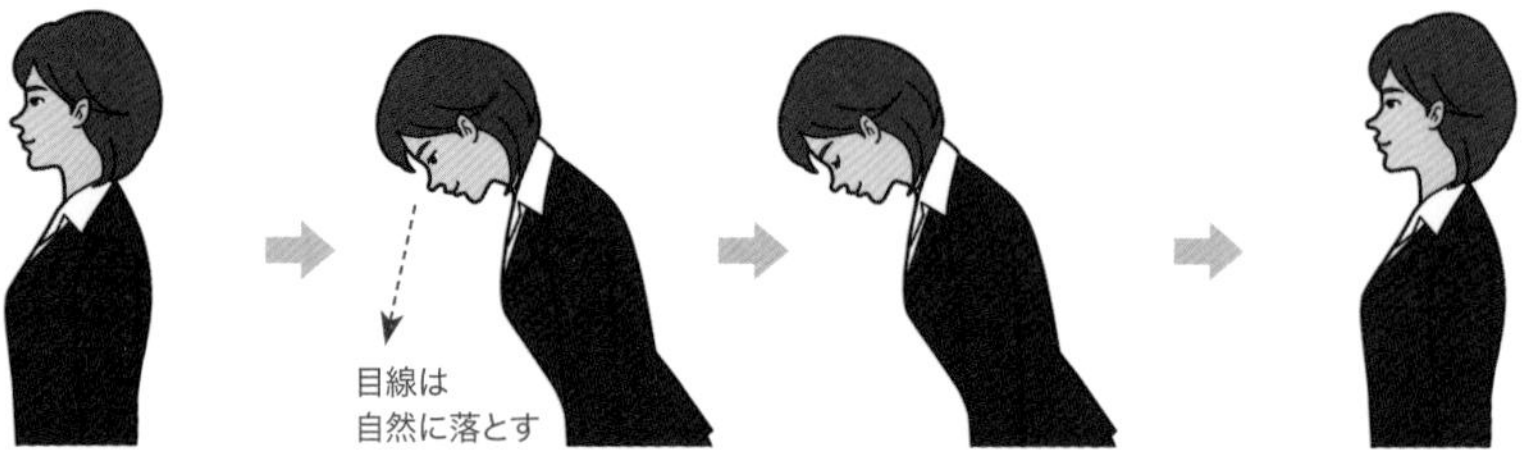
目線は
自然に落とす

まっすぐ立ち相手をきちんと見ます。

背筋を伸ばしたまま上半身を傾けます。

ひと呼吸、そのままで静止します。

ゆっくり起きあがり姿勢を正します。

▶ TPOに合わせたおじぎの使い分け

すれ違うときや軽くあいさつするときに

会釈

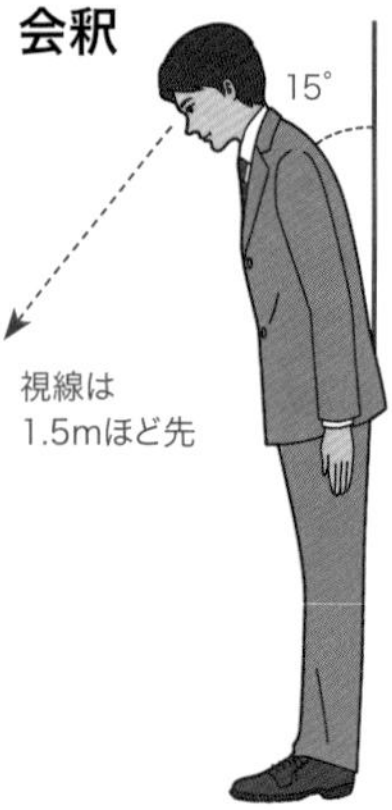
15°
視線は
1.5mほど先

朝夕のあいさつや、人とすれ違うときに使います。

ビジネスの一般的なあいさつの場面で

敬礼

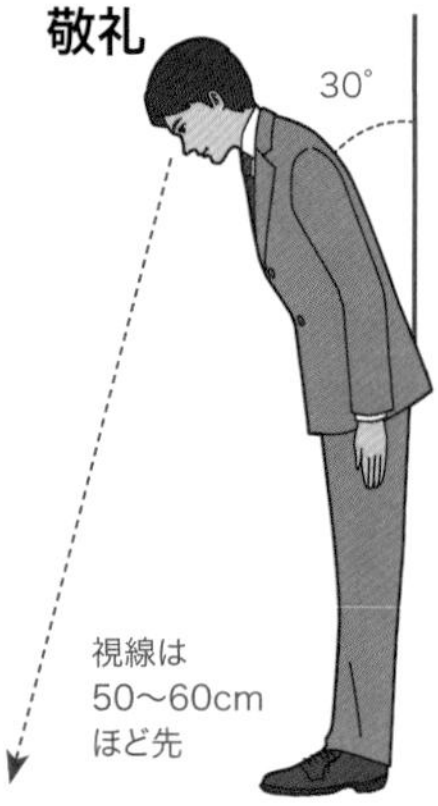
30°
視線は
50〜60cm
ほど先

一般的なおじぎ。あらゆるビジネスシーンで使います。

謝罪や深い感謝を伝えるときに

最敬礼

45°
視線は
足元に

最もていねいなおじぎ。お詫びや最大の感謝を伝えます。

NG こんなおじぎをしていないかチェック

× ペコペコする
卑屈な印象に。一度だけていねいに行います。

× 目線を下げない
相手の顔を見つめ続けると威圧的な印象を与えます。

× 首だけ下げる
軽々しい印象で誠意が感じられないこともあります。

× 目を合わせない
相手の顔を見ることがおじぎのスタートです。

仕事中の座り方

▶ オフィスでの座り方

正しい姿勢は周囲によい印象を与えるだけでなく、集中力が高まる、疲れにくくなるといった効果があります。

太ももは床と平行に

太ももが床と平行になるように座ると疲れにくくなります。

両足は床につける

足先はきちんと床につけます。重心が傾くと腰痛の原因になることもあります。

イスに深く座る

イスに深く座り、腰を伸ばします。背筋を伸ばしてあごを引きましょう。

▶ 訪問先での座り方

座り方も印象に影響を与える大事な要素。会社の代表として見られる場面です。基本を身につけましょう。

浅めに座る

背もたれによりかからないように浅めに座り、背筋を伸ばします。席次にも注意します。

▶P.69

ひざをそろえる

女性はひざをそろえます。ソファーが低い場合は、ひざから下を斜めに流しましょう。

バッグは足元に

バッグはテーブルやイスの上ではなく、自分の足元に置きます。

NG こんなしぐさは要注意

× 貧乏ゆすり

せっかちな印象を与えます。注意して直すように努めましょう。

× 机の下で靴を脱ぐ

サンダルに履き替えることも、会社によってはマナー違反になります。

× 髪をいじる

見る人によっては不潔な印象を持つこともあります。

「オフィスでの人間関係」

会社の役職と構造を知っておこう

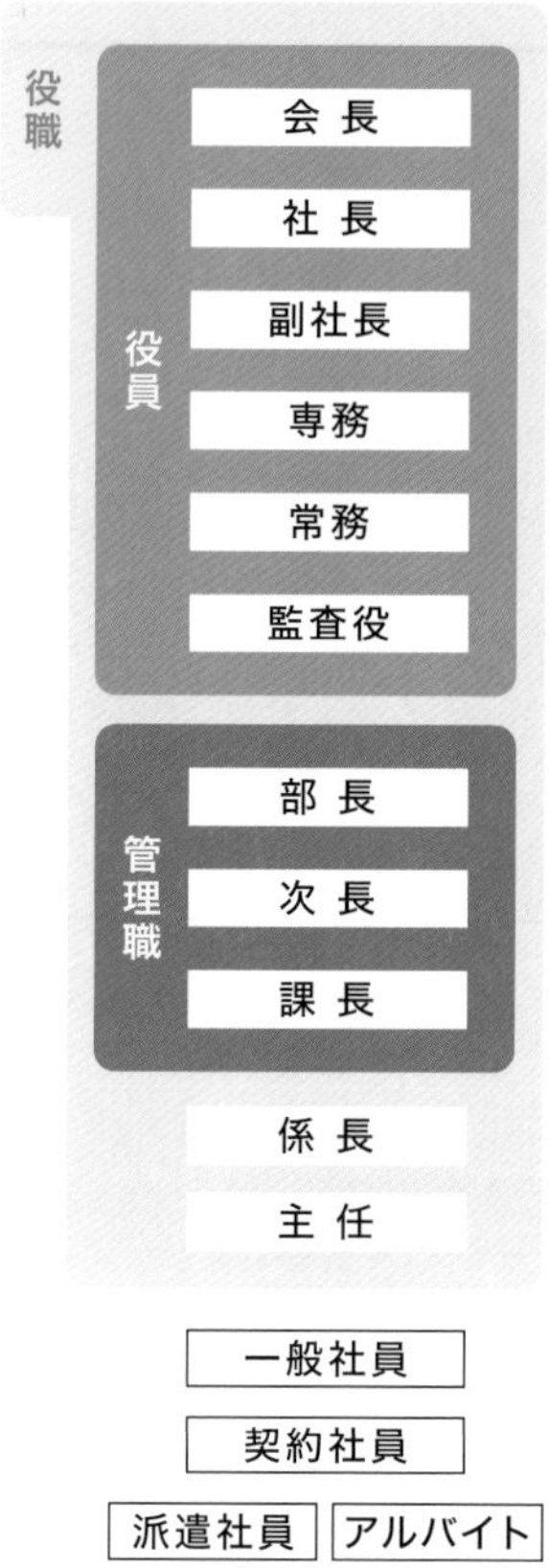
役職
役員
会長
社長
副社長
専務
常務
監査役
管理職
部長
次長
課長
係長
主任
一般社員
契約社員
派遣社員
アルバイト

【会長】社長の相談役。対外的な活動を行うこともある。

【社長】会社の代表として業務を指揮する。「代表取締役」の場合もある。

【副社長】社長の補佐。代表権を持つ「代表取締役副社長」もいる。

【専務】社長を補佐する役員。会社の業務全般の管理を担当。

【常務】社長を補佐する役員。会社の日常的業務を担当。

【監査役】取締役の職務の執行を監査。ときに職務改善を勧告する。

【部長】特定の部のトップ。部の規模は会社によってさまざま。

【次長】部長代理や部長サポートとして業務を行う役職。

【課長】特定の課の長。課長以上が管理職と呼ばれる。

【係長】課長の補佐役。特定の係は持たず「係長クラス」として立場のレベルを表すこともある。

【主任】係長を補佐する現場のリーダー役。これも立場のレベルを表す呼称。

POINT

- 会社の上下関係をしっかり頭に入れる。
- 相手によって呼び方や接し方に注意する。

相手ごとの接し方を身につけよう！

会社には**課長**や**部長**といった**役職**があり、役職が上になるほど権限や責任が大きくなります。かつては、年功序列で年長者が役職も上という組織が一般的でしたが、最近では年下の上司・年上の部下がいる会社も多くあります。こうした場合は、社歴や年齢では役職の上下を判断できないため、**誰がどの役職かを知っておくことが不可欠。**そうでなければ、呼び方や接し方を間違えることにもなりかねません。

上図は役職の一般的な呼称と序列、会社の構造です。会社によっては本部長や課長代理などの役職を設けている場合もあります。**会社にどのような役職があるのかを知っておきましょう。**

上司や同僚・後輩の呼び方に気をつけよう

上司の呼び方

役職名はそれ自体が敬称のため、「役職名＋さん」は二重敬称となり誤りです。「上杉（名前）＋部長」という呼び方が一般的です。

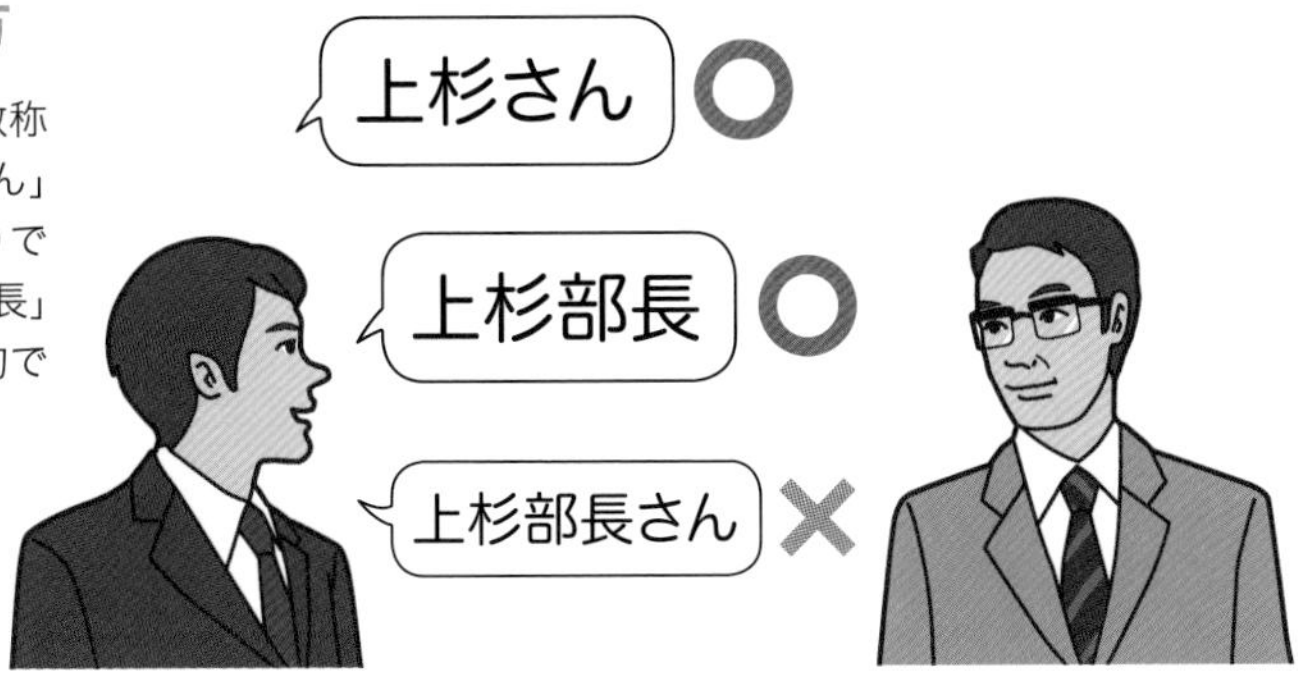
上杉さん ○
上杉部長 ○
上杉部長さん ×

ポイント

社外の人に上司のことを話すときは「部長の上杉」と言います。

同期・後輩の呼び方

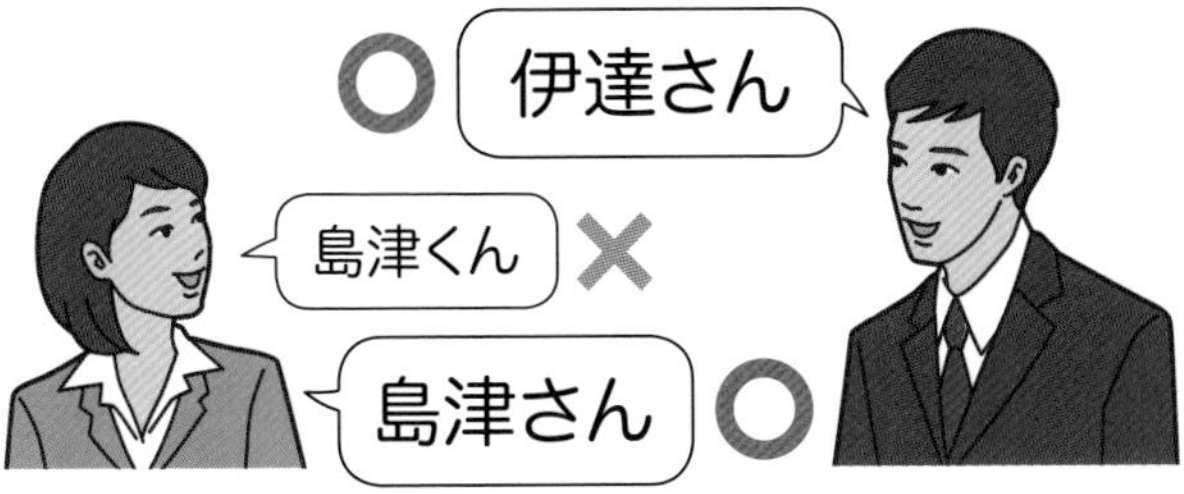
○ 伊達さん
島津くん ×
島津さん ○

親しくても呼び捨ては禁物。基本的には「○○さん」と呼びましょう。

ポイント

社外の人に同期や後輩のことを話すときも「さん」はつけません。

プラスα

社外の人がいるときの呼び方に注意！

面談のときなど、その場に社外の人がいるときは、たとえ上司であっても「さん」はつけずに呼びます。「上杉部長」ではなく、「部長の上杉」と呼び方を変えましょう。▸P.101

上司はココを見ている！

普段の言葉遣いが大切

上司や先輩に対してはきちんとした言葉遣いをしている人でも、同期や後輩と話すときは学生のような友だち口調になってしまうことがあるようです。上司や他社の方の前で、うっかり同僚を「○○ちゃん」と呼んでしまわないように、日頃から相手の呼び方や言葉遣いには気をつけましょう。

人間関係のポイント

上司に対して気を配るポイント

自分にできることを積極的に行う

上司は一般に中間管理職と呼ばれる立場。会社の方針に従って、ときには言いたくない指示や命令もしなくてはなりません。注意を受ける前に、できることを率先して見つけ、取り組みましょう。

ありがとう。頼むよ
明日も○○を手伝います
上司

先輩に対して気を配るポイント

アドバイスは素直に聞く

先輩は上司より身近な存在。何かを注意されても、アドバイスと受け止めることが大切。素直な後輩には先輩も親身になるものです。よい関係が築ければ、心強い味方になってくれるでしょう。

ここはこうしたほうがいいよ
ありがとうございます
先輩

POINT

- 先輩・上司の仕事を見習い、敬意を持つ。
- 同期とは互いに切磋琢磨し合う。

マメな報告・連絡・相談が大切

会社で仕事をうまく進めるコツは、円滑な人間関係を築くことと言っても過言ではありません。上司、先輩、同期、後輩など、さまざまな立場の人が共存しているのが会社、組織です。**自分の立場をわきまえ、相手を尊重しながらコミュニケーションをとることが大切です。**

上司に対しては、社会人として豊富な経験があることに敬意を持ち、**目上として立てる**ことが大切です。

先輩に対しては、仕事を教わるのを待つのではなく、**仕事ぶりを見て自分から吸収**します。報告・連絡・相談（▼P50）をマメに行い、アドバイスは素直な心で受け取りましょう。

同期とのつき合い方

同期

切磋琢磨できる関係を築く

同期とは、ライバル同士でもある関係。相手の成功をねたむ、足を引っ張り合うといったことは避け、お互いに切磋琢磨しましょう。

○ 公私のけじめをつける

勤務中にあだ名で呼び合ったり、プライベートな話をしたりすることは禁物です。

○ 互いに助け合う

競争しながらも助け合い、一緒に成長していける、よい関係を築きましょう。

○ 気軽に情報交換を

仕事に役立つ情報を得るだけでなく、仕事ぶりを知ることが刺激になります。

× 人の悪口を言う

聞かされる相手は、自分も悪口を言われているのではと疑い、信用を失います。

× 愚痴やうわさ話をする

うわさ話はいずれ本人に伝わります。気まずくならないためにも愚痴は控えます。

× 特定の人とだけつき合う

派閥をつくる行為は職場の人間関係にも影響します。誰とでも幅広くつき合って。

契約社員や派遣社員、アルバイトとのつき合い方

正社員と比べて、契約社員や派遣社員、アルバイトの人などを下に見る人がいますが、これは非常に失礼な態度です。契約形態が違うというだけで、一緒に働く仲間であることは同じ。敬意を持って接することが大切です。

プラスα

気をつけたいハラスメント

ハラスメントは無意識に自分がしていることもあります。悪気はなくても相手が嫌な気持ちになれば、ハラスメントです。パワハラ、セクハラだけでなく、モラルハラスメント（言葉や言動で尊厳を傷つける）や、サービス残業の強要及びもみ消しなど、労働基準法違反になるハラスメントもあります。ハラスメントを受けたと感じたときは、自社または厚生労働省の相談窓口に行くようにしましょう。

プラスα

後輩には「手助け＆ほめる」が大切

- **積極的に話しかける**

職場に早く慣れるよう働きかけましょう。

- **仕事の指示は明確に**

本人が考えて取り組む部分も残せるとOKです。

- **長い目で見守る**

すぐに成果が出なくても、長い目で見守りましょう。

column 1

“プロ意識”と“高いアンテナ”を持とう

[プロ意識の高さが信頼につながる]

ビジネスマナーは、ふるまい方次第で周囲の信頼を得る強い助けにもなります。何が分かれ道になるのでしょうか。ひとつは“**プロ意識**”です。

大阪に「伝説のドアマン」と呼ばれた方がいます。最終学歴は小学校。34歳でホテルのドアマンの職を得て、総支配人にまでなられました。その方はマナーを習得するだけでなく、「ドアマンを極める」と決心されたんですね。そして2年をかけて2000人の顧客の顔と名前、車種と運転手、ナンバーまで覚えました。ナンバーで識別して「○○様いらっしゃいませ」と出迎え、「本日は奥様のお誕生日ですね。おめでとうございます」と、細かな情報も頭に入れておられた。こうして業界で一目を置かれる存在になられたのです。この実話からわかるのは、**一流といわれる人は陰で大変な努力をしている**ということ。そして、そうさせるのは**プロ意識の高さ**だということです。

私たちに置き換えても、意識すればヒントは見つかります。**常に学ぶ姿勢でアンテナを張る**こと。これが、信頼を得るためのポイントです。

たとえば、老舗百貨店の紳士服売り場の接客は非常に洗練されています。注目すれば、学ぶことが多いでしょう。

学んだことを身につけるには、**メモを取り、実践して反復する**ことが一番の方法です。これも一流の人は皆していることです。機会を見つけて、メモしたワザを使おうと考えています。学び、実践し、自分だけのものにしていく。地道ですが、確実に自分の力をつける方法です。

PART

2

入社3か月で身につけたい

仕事のマナーの基本【社内編】

基本の「ホウレンソウ」の実行や来客応対など、
まずは社内の業務を中心に身につけよう

「始業前の準備をする」

始業前にやっておくこと

仕事を始められる環境を整える

- □ パソコンや周辺機器を立ち上げる
- □ 伝言、郵便、回覧物などを確認
- □ 必要書類やツールを準備する

やるべきことを確認する

- □ スケジュールをチェックする
- □ その日の作業内容をリスト化する ▶P.162
- □ 仕事の優先順位を考える

職場によっては、窓を開けて空気を入れ換える、スケジュールボードをきれいにするといった準備も。毎朝すべきことをメモしておけば、日々スムーズに業務に入れます。

POINT

- ●始めよければすべてよし！
- ●すばやく効率的に「オンモード」に入る。

下準備でスムーズに仕事を開始

始業時刻イコール出社すべき時間ではありません。働く前には制服に着替えたり、パソコンを立ち上げたり、必要書類を取り出したりといった、準備作業が必要だからです。**そのため始業時間ぎりぎりに出社すると、定められた時間に「始業」できません。**そこで遅くとも15分前には出社し、労働環境を整えることが重要になるのです。

始業時間前だからといって、スマホをチェックする、デスクでメイクをする、朝食をとるなど、私的な行動をとらないこと。始業時間前から仕事をしている人もいるので、出社したらデスクを整頓してパソコンを立ち上げ、すぐに「オンモード」に入りましょう。

効率的な１日のスケジュールを立てる

１日の流れをつくることで、効率よく仕事がこなせます。職場環境や仕事内容に応じて、一番効率のよい組み立てを考えます。

- 8:45　出社
- 9:00〜10:00　企画案作成
- 10:00〜10:30　移動時間
- 10:30〜11:30　マツモト社石川様打ち合わせ
- 11:30〜12:00　移動時間
- 12:00〜13:00　昼食
- 13:00〜13:30　企画会議
- 14:00〜14:30　移動時間
- 14:30〜15:30　ヒメジ商事池田様訪問
- 15:30〜16:00　移動時間
- 16:00〜16:30　資料作成
- 16:30〜17:00　明日の仕事の準備
- 17:00　退社

ポイント 1　集中できる午前中に重要度の高い仕事を

- 見積書や報告書作成などの業務にぴったりです
- アポイントで埋めず集中する時間を確保します

ポイント 2　すきま時間を有効に使う（電話やメール、情報収集など）

- アポイントと会議の間は時間を空けます
- 空いた時間で電話やメールなどの作業をします

ポイント 3　外出や打ち合わせは効率的に設定

- 外出の用件は、まとめてアポイントを取ります
- デスクワークに集中する時間とのメリハリをつけます

ポイント 4　終業前は今日の仕事の振り返りと明日の準備

- 機密情報を放置せず、書類を整理します
- TODOリストの作成など、明日の準備をします ▶P.162

OK　退社前に翌日のスケジュールを立てておく！

翌日にすべきことをリストアップし、優先順位をつけておきます。そうすれば翌朝は、何からスタートすべきかが一目瞭然に。アポイントがあるなら先方への経路を確認し、会議があるなら必要書類を整理しておくと、翌日も慌てません。

「指示を受ける」

指示を受けるときの流れ

1 呼ばれたら

上司や先輩に呼ばれたら、即座に相手の元へ向かいます。ダラダラとしていると、「ヤル気がない」と評価されてしまうので注意します。

2 仕事の説明を最後まで聞く

メモとペンを持参します。いつまでに何を、誰と、どのようにするのかといった要点をおさえ、自分の中で不明点などを確認しながらメモを取ります。▸P.46・48

今月の○日
までに…

3 わからないことを質問する

疑問点はその都度メモをとっておき、話が終了した時点で簡潔に質問します。

○日15時までに
見積書をつくる
ということでよ
ろしいですか?

4 要点を復唱する

最後にメモを見ながら復唱して確認します。目的と進め方、期日や予算など、しっかりと確認しましょう。

仕事の意味と目的を理解する

指示を受ける際に最も重要なのは、その意図を正確に理解することです。**「何のために何を、いつまでにしたらいいのか」**（5W2H ▸P93）をしっかりと把握しましょう。それが雑用や単純作業であったとしても、その業務には必ず目的があります。仕事を指示した上司や先輩がどうしてほしいのかを考えれば、ムダな作業をしないですみ、取り組み方も前向きになります。

不明点がある場合は、指示された時点で解消しておきます。勝手に判断をして物事を進めると、のちのちトラブルの元になりかねません。指示を正確に理解し、不安材料があったら相談したうえで仕事に取り掛かりましょう。

POINT

- 仕事の指示を受けたら内容を正確に把握する。
- 疑問点はすぐに解消し、自分で勝手に判断しない。

仕事を上手に進めるために心がけたいポイント

1 自分の役割と責任範囲を確認する

相手の話が終わったら、疑問点や矛盾点、不安な点を質問し、何をどのように、どこまで自分の責任で行えばいいかを明確にすること。誰かと役割や責任の範囲が重なっている場合は、必ず確認をします。

2 作業中も確認しながら進める

仕事を指示通りに進めていても、わからないことが出てきたり、問題点が見つかったりします。その場合は、遠慮しないで上司や先輩に早めに相談し、再度、指示やアドバイスを受けるようにします。

3 キャパシティーオーバーになりそうなときは相談する

実際に手をつけてみたら、想像以上に大変だった、ということはよくあること。抱え込んでしまうと、ほかの業務にも支障をきたしかねません。「厳しい」と思ったらすぐ、上司や先輩に相談をします。

プラスα

優先順位に悩んだら、遠慮せずに確認を！

複数の仕事をお願いされたとき、優先順位に悩む場面があると思います。特に締め切りが近い仕事をいくつかお願いされた場合は、作業時間が十分に取れない恐れもあります。その際は無理に仕上げようとせず、直属の上司に早めに相談しましょう。

メモの取り方①
メモを取りながら話を聞く

話を聞きながらメモを残す方法

1 メモを準備して話を聞く

上司などから話しかけられたときは、必ずメモを準備し、日時や依頼内容に注意して、聞きます。

課長
今週の金曜日の14時から、オカザキ不動産の松平さんと打ち合わせがあるから一緒にきてくれる?
そのときに見積書がいるから、木曜日の17時までにつくってもらえるかな

POINT

- こまめなメモが仕事上のミスを防ぐ。
- 色分けや付せんの活用でメモを補強する。

メモの習慣化で仕事のミスを防ぐ

例えば、上司や先輩から指示・業務依頼をされたときや、取引先から連絡があったときなど話を聞くとき。こんなときに、メモを取らずに話を聞いていると、連絡事項ややるべきことを忘れて、ミスにつながるかもしれません。**仕事で話を聞くときには、必ずメモを取りながら、しっかりと聞くようにしましょう。**

ただし、メモは一言一句もらさず取ればいいというものではありません。いつまでに、誰と何をやるのか、要点をまとめながら取るように心がけます。また、どこに書いたか忘れないように、メモを残す場所は手帳などにし、あとで見返せるようにしましょう。

2 箇条書きでメモをする

要点を簡潔に書くようにし、質問があれば確認します。

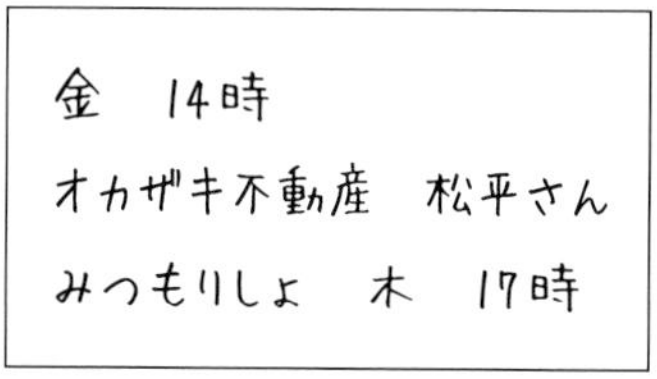
金　14時
オカザキ不動産　松平さん
みつもりしょ　木　17時

見積書の決まった書式はありますか？

メモを速くとるコツ

- 漢字は楷書で書かない
- ひらがなやカタカナで書く

3 まとめ直す

まとめ直すことで、聞き忘れがないかの確認もできます。

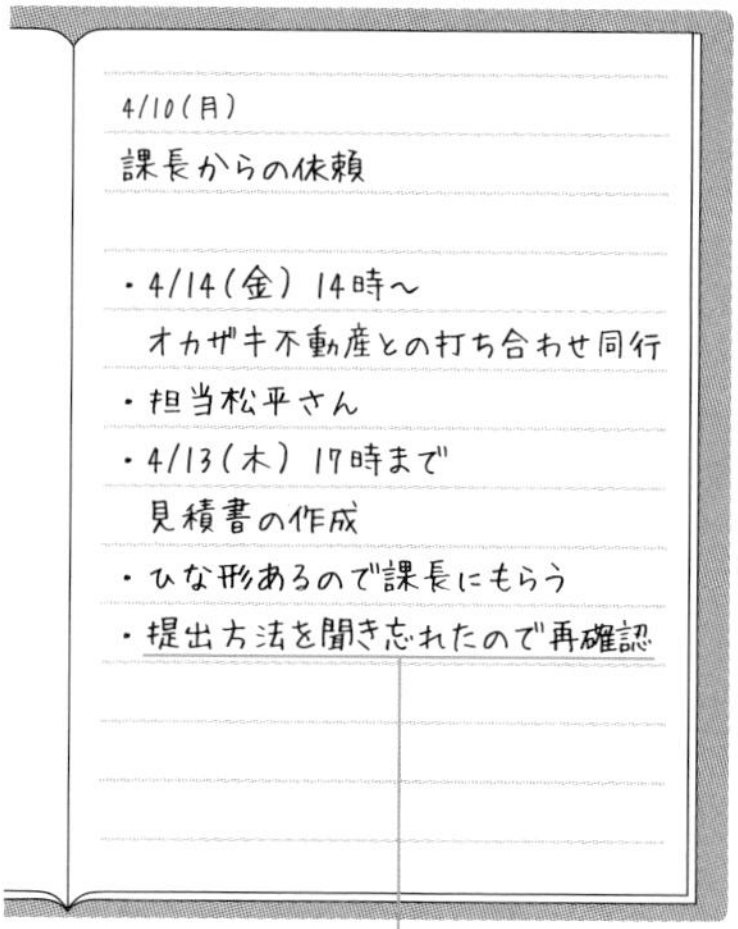
4/10(月)
課長からの依頼
・4/14(金) 14時～
オカザキ不動産との打ち合わせ同行
・担当松平さん
・4/13(木) 17時まで
見積書の作成
・ひな形あるので課長にもらう
・提出方法を聞き忘れたので再確認

不明点もメモして、確認しましょう。

4 日時は手帳などに記入

メモから日時を手帳などに記入します。

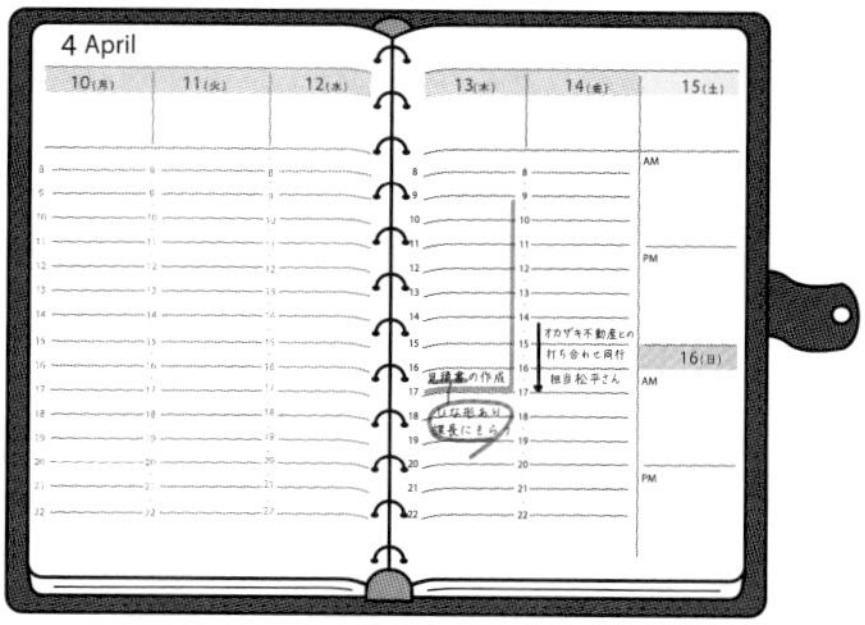
4 April
10(月)
11(火)
12(水)
13(木)
14(金)
15(土)
16(日)

プラスα

すぐ終わる仕事は、付せんなどへまとめる

電話の折り返しや、メールの送信など、すぐに終わる仕事を依頼されたときなどは、付せんにメモをしておくだけでもよいでしょう。

『メモの取り方② 仕事に役立つメモを残す』

POINT

- ●状況に応じてメモを使い分ける
- ●重要な情報をはっきりさせる

上手にメモを取ろう

仕事の依頼や業務内容の変更、連絡事項など、**仕事に必要な情報は、すぐに手帳などにメモを取って管理します。**

メモを取る際、重要事項は文字の色を変えて目立たせたり、終わった用件にはチェックを入れたりするとよいでしょう。

書き留めた情報は、必要に応じて仕事を管理するノートに整理し、マニュアル化します。整理すると、書き留めた内容をしっかり消化でき、自分の中に定着させることができます。

「メモを取り、整理して記録する」。これを繰り返すことで、単純なミスが次第に減り、より効率的に仕事が進められるようになります。

メモを取るべきシーン

仕事のやり方のメモ

手順が決まっている仕事のやり方などを教わったら、きちんとメモをします。

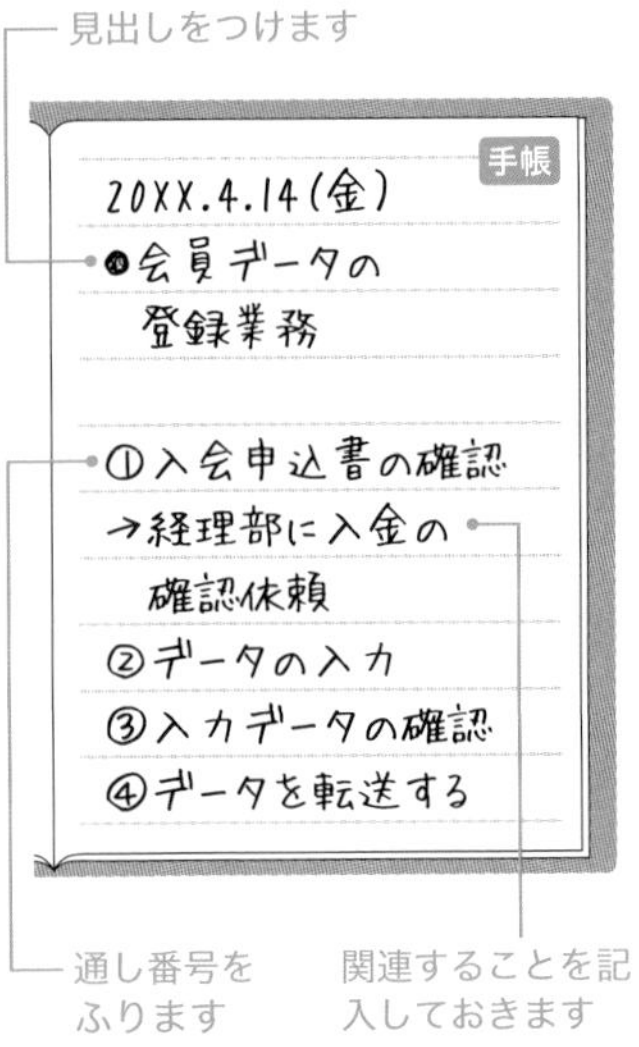
見出しをつけます
手帳
20XX.4.14(金)
●会員データの登録業務
①入会申込書の確認
→経理部に入金の確認依頼
②データの入力
③入力データの確認
④データを転送する
通し番号をふります
関連することを記入しておきます

仕事を依頼されたときのメモ

いつまでに何をすればいいのか、またそのために必要なことなどを書き留めます。▶P.46

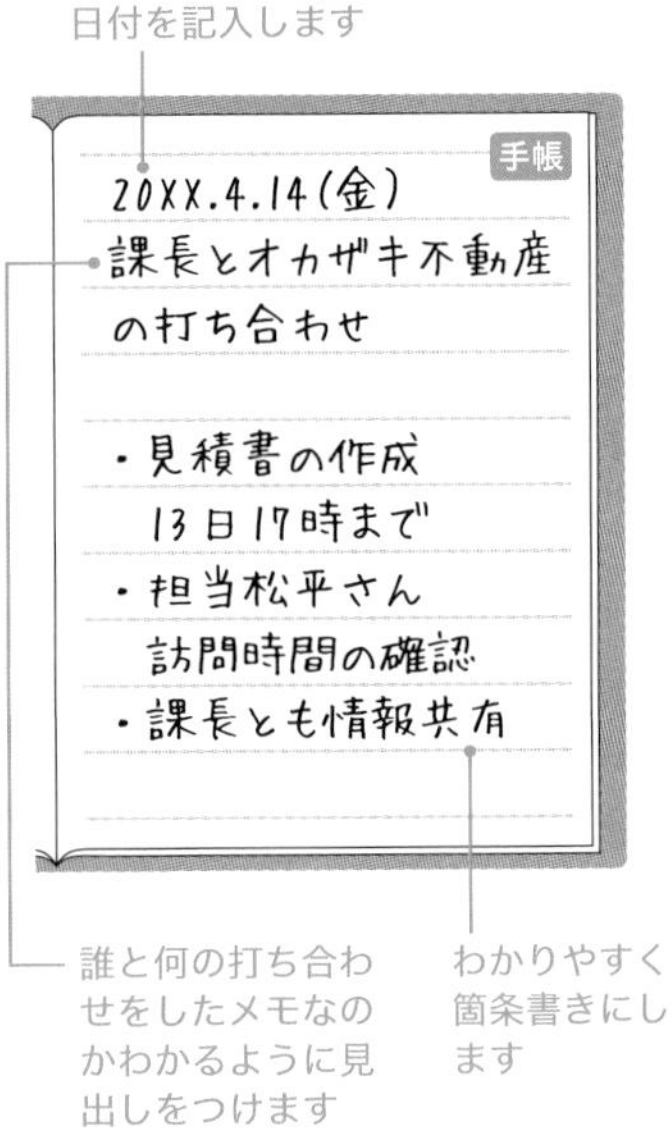
日付を記入します
手帳
20XX.4.14(金)
課長とオカザキ不動産の打ち合わせ
・見積書の作成
13日17時まで
・担当松平さん
訪問時間の確認
・課長とも情報共有
誰と何の打ち合わせをしたメモなのかわかるように見出しをつけます
わかりやすく箇条書きにします

上手なメモのコツ

ポイント
1 メモは見返す場所に書き写す

大切な情報はその都度、書き留めるのが「メモ習慣化」の近道。とっさに走り書きしたとしても、落ち着いたら手帳や付せん、メモやノートなどの所定の箇所に書き写す習慣をつけましょう。

ポイント
2 一時的なメモには付せんが便利

付せんはメモスペースが足りないときや情報を補足するときなどに活用できます。サイズを数種類用意しておきましょう。ただし、1枚の付せんに書くのはひとつの用件だけにします。

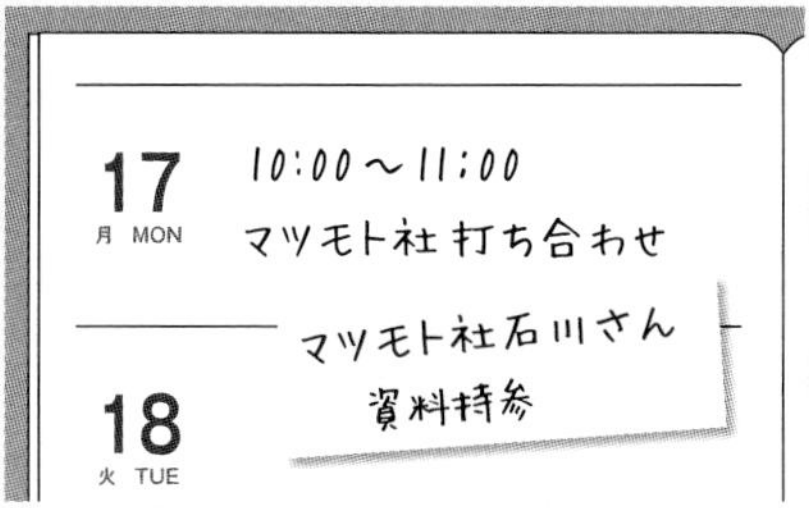
17
月 MON
10:00～11:00
マツモト社 打ち合わせ
マツモト社石川さん
資料持参
18
火 TUE

ポイント
3 重要な情報は目立たせる

重要な情報や用件は、色分けをする、アンダーラインを引く、印をつけるなどして目立たせ、後で見たときに、重要だとわかるようにしておきます。メモの分別ルールをつくるとよいでしょう。

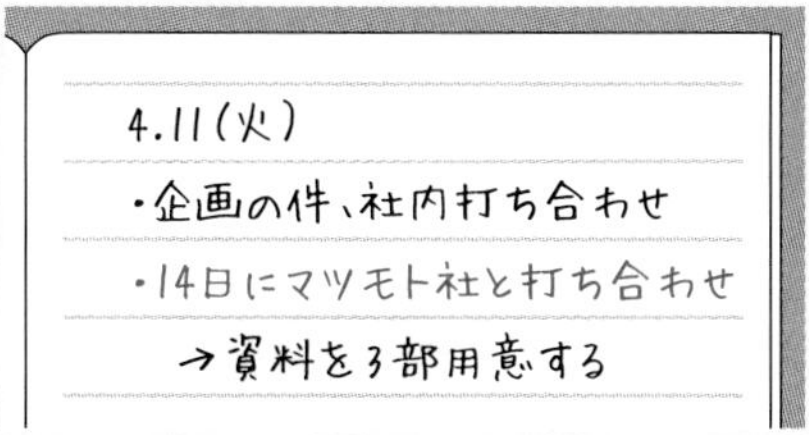
4.11(火)
・企画の件、社内打ち合わせ
・14日にマツモト社と打ち合わせ
→資料を3部用意する

反省のメモ

反省点や改善点はポジティブ思考で書き留めます。次につなげる書き方をしましょう。

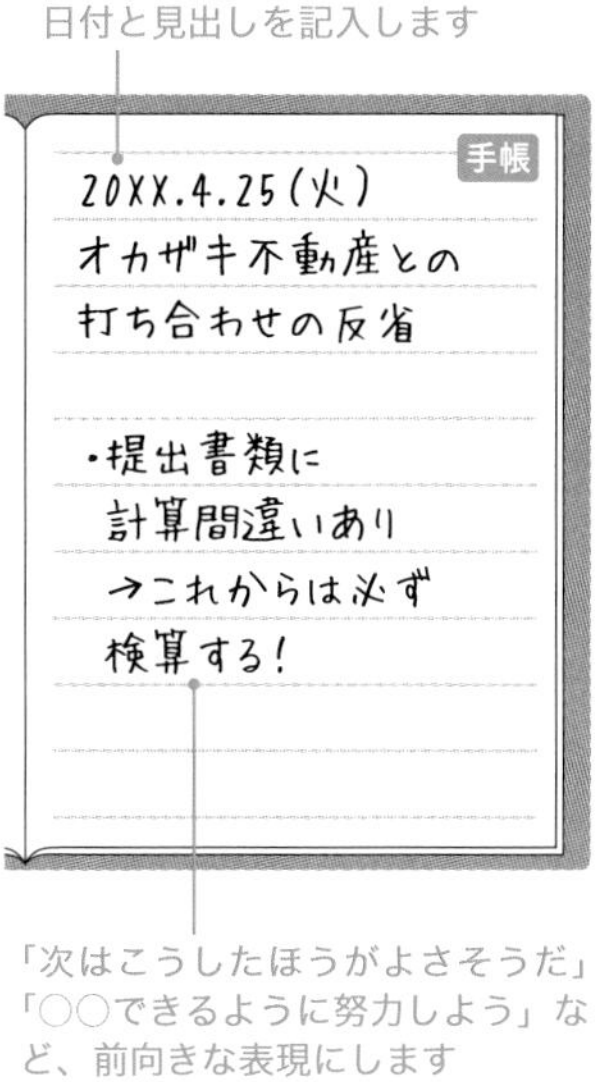
日付と見出しを記入します
手帳
20XX.4.25(火)
オカザキ不動産との
打ち合わせの反省
・提出書類に
計算間違いあり
→これからは必ず
検算する!
「次はこうしたほうがよさそうだ」「○○できるように努力しよう」など、前向きな表現にします

ポイント
4 終わった用件はチェックする

必要な情報はどんどん更新されていくもの。商談や進捗状況の管理を効率的に進めるためにも、終了した仕事は横線や×で消して、終わったことがひと目でわかるようにしましょう。

「ホウレンソウ」を実行する

「ホウレンソウ」の種類

ホウ
報告
経過や完了を伝えます。

Point
- □ 進行状況
- □ 仕事の完了
- □ ミス

業務が一段落したり、1日の終わりには、仕事の状況を上司に報告します。ミスやトラブルは、早めに報告をします。

レン
連絡
関係者と情報共有します。

Point
- □ 情報共有（決定事項・変更点）
- □ 遅刻連絡など

会議や訪問の予定は、決まり次第周囲へ共有と連絡をします。遅刻などもわかった時点で連絡しましょう。

ソウ
相談
迷ったらすぐに相談します。

Point
- □ 問題点
- □ 判断への迷い
- □ 悩み

トラブル発生時だけではなく、不安事もすぐに上司や先輩に相談。自分なりに解決方法も考えておくとよいでしょう。

POINT
- ●仕事完了時に「報告」、予定変更も「連絡」を。
- ●問題点や心配事などがあれば「相談」する。

ホウレンソウはビジネスの基本

「ホウレンソウ」とは、**「報告」「連絡」「相談」**のこと。チームで動くことも多いビジネスシーンでは、この一連のコミュニケーションがとても重要です。スタンドプレーを防ぎ、誤解や認識のズレからくるミスや勘違い、トラブルなどの防止にもつながります。**理想的な「ホウレンソウ」とは、何のための報告や連絡、相談なのか、目的がはっきりわかるもの。**さらには、伝えたい内容が整理されていることです。

口頭なら結論から言う、書面なら箇条書きで簡潔に報告するといった配慮をしましょう。事実に加えて、自分の意見や視点も添えるとグッド。はっきりとわかる形で伝えましょう。

「ホウレンソウ」を実行するときの注意点

報告

オカザキ不動産の見積りの件でご報告したいのですが、今、お時間よろしいでしょうか

重要な報告、悪い情報はすぐに伝える

ささいなことに思えても、実は命取りになる危険性も。自己判断せず、こまめに報告をしましょう。

報告をする際には結論を優先し、事実と意見は区別をする

「上司の時間をもらっている」ことを忘れずに、簡潔にわかりやすく伝えます。その際、起こっている状況をしっかり伝えてから、自分の意見や提案をするようにしましょう。

連絡

明日のマツモト社との打ち合わせが16時に変更となりました

すぐに連絡をする

伝言は自分の意図通りに伝わらないこともあります。「聞いてない」といったトラブルを避けるためにも、第三者に伝言を頼まず、直接伝えます。

正確に関係者全員へ連絡をする

状況や決定事項など、自分なりにきちんと把握し、関係者全員で情報共有できるよう連絡を取りましょう。

相談

営業企画の件でご相談したいのですが、よろしいでしょうか

疑問が生まれたら、直属の上司へすみやかに相談をする

業務上困ったことがあれば、まずは直属の上司に相談をしましょう。後回しにせず、すぐに相談するのが基本です。ただし、相手の都合も考えて、相談するタイミングには気を付けましょう。

自分なりの善後策を示す

相談し頼るだけでなく、解決を図るために「こうするのはどうでしょうか」と、自分の意見を伝えると好印象です。

NG

上司に嫌がられる「ホウレンソウ」はこれ！

報告は直属の上司にしましょう。直属の上司を介さずに報告をすると、個々の持つ情報が違うため、混乱を招きます。また、報告を先延ばしにすると対応に遅れたり、取引先へ迷惑をかける恐れもあるため、信頼を失いかねません。報告は早急かつ簡潔にし、未然にトラブルを防ぎましょう。

電話応対①　応対の基本

POINT

- 電話応対が会社の印象につながることを自覚する。
- 受け答えは明るい声でハキハキと。

電話応対のポイント

営業部の鈴木でございますね。
おつなぎいたしますので、お電話このままでお待ちください

1 メモとペンを常備

用件を書き留めるために、メモとペンは必須アイテム。常備しましょう。

2 3コール以内に出る

受話器を取るのは3コール以内がマナー。1～2コールがベストです。

3 自社名を名乗る

「ナガハマ商事でございます」と自社名を名乗り、電話に出ましょう。

4 明るい声ではっきりと

対面時よりも声のトーンを明るく、言葉を明確に発音するようにしましょう。

新人は率先して電話に出よう！

電話応対は、入社したばかりの新人でもすぐにできる仕事です。**職場にかかってきた電話は率先して取る**ようにし、電話の内容を確実に上司や同僚に伝えられるように準備しておく必要があります。

電話ではお互いの顔が見えないので、声のトーンや言葉遣いで印象が大きく左右されます。あなたの応対が会社の印象にもつながることを自覚して、明るくハキハキとした受け答えを心がけましょう。相手に見えないからと油断して、だらしのない姿勢で話すとそれが声にも現れます。対面しているときと同じように、正しい姿勢と笑顔で話すことが大切です。

電話の受け方の基本パターン

電話に出る

はい、ナガハマ商事でございます

ポイント
電話に出るのに３コール以上かかったら「お待たせしました」と一言添えます。

オカザキ不動産の松平と申します。
お世話になっております

あいさつする

こちらこそお世話になっております

ポイント
初対面の相手でも慣用表現として「お世話になっております」とあいさつします。

営業部の鈴木さんは、
いらっしゃいますか？

用件を聞く（担当者が不在）

私が代わりに
ご用件を伺います

担当者に取り次ぐ

では、鈴木に
おつなぎいたします

ポイント 社内の人を呼ぶときは「さん」はつけません。

電話を切る

（話を聞いたあと）失礼いたします

ポイント
基本的に電話はかけたほうから切るので、先方が受話器を置いてから切ります。

困ったときの対応方法

● 相手が名乗らないとき

失礼ですが、御社名とお名前を
お聞かせいただけますでしょうか

社名を言わない相手には「失礼ですが、どちらの○○様でいらっしゃいますか」と尋ねます。

● 相手の名前を聞き逃したとき

恐れ入ります。もう一度お名前を
お聞かせ願えますでしょうか

相手が名乗ったときに書き留めるのがマナーですが、メモをし忘れたときは失礼を詫び、再度確認します。

● 相手の声が聞き取りにくいとき

恐れ入ります。
お電話が少し遠いようですが

聞こえにくいことを伝えるのは失礼ではないので、早い段階で伝えるようにしましょう。

● 電話が途中で切れたとき

さきほどは失礼いたしました

電話が途中で切れたときは、かけたほうからかけ直すのがマナー。つながったときに一言添えましょう。

電話応対② 「取り次ぎ」

電話を取り次ぐときの基本手順

相手の社名と名前、誰あての電話か（名指し人）を確認

↓

取り次ぐ

では、鈴木におつなぎいたします

↓ 保留ボタンを押す

内線をかける

オカザキ不動産の松平さんから鈴木さんにお電話です

席が近い場合は直接声かけ

鈴木さん、オカザキ不動産の松平さんからお電話です

担当者が不在で、内線に出た相手も引き継いでくれない

↓

←次ページへ
（担当者不在の場合の対応）

担当者がいる、または内線に出た相手が引き継いでくれる

↓

つないだ相手が通話ボタンを押したら受話器を置く

POINT

- 相手を待たせない。保留は長くて30秒まで。
- 伝言は内容を復唱し、正確に伝える。

プラスα

受話器は静かに置こう！

上司や同僚に内線で電話を引き継ぐときは、引き継ぎ相手が受話器を取り通話ボタンを押したのを確認してから、静かに受話器を置くようにしましょう。電話は操作を誤ると切れてしまうこともあり、社内だけではなく先方にも迷惑がかかりトラブルになる可能性もあります。電話機の種類によって使い方はさまざまですので、事前に使用方法を確認しておきましょう。

担当者不在の場合の対応

担当者が不在の場合は、その旨を相手に伝え、折り返しが必要かどうかを確認します。

担当者不在の伝え方

社内にいる場合

会議中

申し訳ありません。鈴木は会議中で
○時に戻る予定になっております

終了予定がわかる場合はその時間も伝えます。

席を外している

あいにく鈴木は席を外しております

席にいないことを伝えればOK。理由は不要です。

退職した場合

申し訳ありません。鈴木は○月付で退職いたしました。後任の担当者におつなぎいたしましょうか？

退職したことは伝えてかまいませんが、理由などは伏せるようにします。

社内にいない場合

外出中

あいにく鈴木は外出しており、
○時頃に戻る予定です

帰社予定が不明ならその旨を伝え、急ぎの用件か確認します。

出張中

申し訳ありません。鈴木は
出張しており、○日に戻る予定です

急ぎの用件なら、内容を聞いて上司に対応を相談します。

休暇中

恐れ入ります。鈴木は本日（○日まで）
休みをとっております

代理の担当者がいなければ休暇後の対応でよいか確認します。

折り返し電話の要不要を確認

鈴木が戻りましたらご連絡を差し上げましょうか？

折り返しが必要な場合

それでは松平様にご連絡するよう申し伝えますので、
念のためお電話番号を伺えますでしょうか？

急ぎの要件かどうかも確認し、緊急の場合は担当者にすぐ連絡を入れます。

折り返しが不要な場合

相手がかけ直してくれる

恐れ入ります。松平様からお電話をいただいたことは
申し伝えますので、よろしくお願いいたします

あらかじめ伝言しておくことがないか確認できれば、よりていねいです。

伝言だけでOK

（伝言を聞いたうえで）復唱いたします。
×××××とのこと、確かに鈴木に申し伝えます

聞いたことに間違いがないよう、伝言の内容は必ず復唱して確認します。

電話応対③ 伝言メモを残す

1 電話に出て、伝言を復唱して確認する

会社で使用している伝言メモがある場合はそれに記入します。なければ左の例を参考に、記入用紙を作成し、必要事項を書くようにすると便利です。

❶誰あてのメモか

部署に同姓の人がいる場合は「鈴木一郎様」とフルネームで記入します。

❷誰が受けたのか

❶と同様に自分と同姓の人がいたらフルネームで書きましょう。

❸いつ電話があったのか

何時何分まで正確に記録します。

❹誰からの電話か

名前の漢字がわからないときは、カタカナで記入します。

❺どう対応すべきか

折り返すときは電話番号を、相手が再度かけ直してくれるときは予定時刻を記入します。

❻用件は何か

伝言内容は簡潔に。用件が複数あるときは箇条書きにします。

製品Aのお届け日を1日早めることができるかどうかを鈴木に確認されたい、とのことですね。承知しました。
私、石田が承りました

伝言内容をメモし、必ず復唱します。特に固有名詞や日付、場所や数量などは慎重に確認しましょう。また、最後に自分の名前を名乗り、責任を持って伝言を預かる姿勢を相手に伝えます。

プラスα

伝言メモの残し方はさまざま

近年、テレワークの推進でフリーアドレス（自席を持たないこと）の会社も増えています。その場合は、グループウェアによるチャットなどで伝言を残すこともあります。上司に会社のルールを確認し、正しい形で伝言を残しましょう。

POINT

- 復唱して確認した内容を、正確に記入する。
- 戻った本人に伝言があることを口頭でも伝える。

伝言メモのポイント

2 伝言メモを作成する

伝言メモ

❶鈴木 様へ　❷石田 受

❸4月 7日(金) AM(○)/PM 11時 15分

オカザキ不動産 ❹松平 様から

❺
□ 電話がありました
☑ 折り返し電話をください(TEL. 03-XXXX-XXXX)
□ もう一度電話します(　日　時　分頃に)

用件は下記の通りです

製品Aの納期を5月1日(月)から
4月30日(日)に早めてほしいとのこと。
❻

3 伝言メモを本人の机に貼る

伝言メモは本人の机の目立つ場所に置きます。その際にセロハンテープで貼るか、重しになるものを乗せ、飛ばされて落ちたり紛失しないよう工夫します。内容を他人に知らせたくない場合は、メモを折り込み、ホチキスで留めるとよいでしょう。

▶より効果的に伝える伝言の書き方

結論から書く

用件は下記の通りです

製品Aの仕様書に修正あり。部品の基準を見直したいとのこと。

結論から書き、続けて詳しい説明や理由を記入するようにします。

5W2Hを意識する

用件は下記の通りです

製品Aの仕様書について。
原価率28%を25%におさえたい。
4月11日(火)の打ち合わせに
先方の山本部長も同席されるので、
削減案を用意してほしいとのこと。

長い伝言は5W2Hを意識して聞き、もれのないように記入します。

緊急度を明確にする

用件は下記の通りです

至急です。
4月11日(火)の打ち合わせについて、連絡があるとのこと。

急ぎの用件かどうかを確認し、緊急度がわかるように記入します。

＋αの情報を添える

用件は下記の通りです

先週納品した製品Bに不備があるとのこと。
(お怒りのご様子です)

電話の相手の様子など、気づいたことがあれば添えるようにします。

心配りの一言を添えて

用件は下記の通りです

製品Aの見積OKとのこと。
成約おめでとうございます!

伝言メモも職場のコミュニケーションのひとつ。契約が決まったときはねぎらいの言葉を添えるなど、ちょっとした気遣いが喜ばれるでしょう。

電話応対④ クレーム電話の対処

クレーム電話への対応のポイント

電話応対のステップ

お詫びを伝える
▼
言い分を聞く
▼
事実を整理・確認
▼
上司に相談後、解決策を提示
▼
連絡のお礼を伝える

誠意をもって謝罪・対応する

ご迷惑をおかけして申し訳ございません

自分の過失によるものではないとしても、会社の一員としてまず謝罪します。ただし事実確認ができるまでは、全面的に責任を認めるような謝り方は避けます。

事実関係を正確に確認する

状況を詳しくお聞かせ願えますでしょうか

お客様の感情が高ぶっている場合は、話をさえぎらずに言い分を聞き、冷静になるのを待ちます。そのうえで5W2H（▸P.93）に基づいて事実関係を正確に確認します。

できること・できないことは明確に伝える

〜という対応ではいかがでしょうか？

いったん電話を切って、上司に確認してから迅速に対応策を伝えます。クレームに慌ててできない約束までですると、さらなるトラブルに発展するので、注意しましょう。

POINT

- お客様の言い分をよく聞き、事実を正確に確認。
- 自分の一存で対応せず、担当者に判断を委ねる。

クレームには誠意ある態度で対応！

クレームはお客様を自社のファンにするチャンスともいわれます。好意の反対は実は無関心。「サイレントクレーム」といって、商品やサービスに不満を持つ顧客の多くは、黙って離れていくものなのです。そんな中、労力を使ってクレームを寄せる顧客はありがたい存在と言えるでしょう。誠意を持って対応しましょう。

電話応対で大切なのは、お客様の言い分をよく聞いて事実を正確に確認すること。その後の対応は自分の一存で決めず上司の判断をあおぐ、または、担当者がいる場合は取り次ぐようにします。いずれにしても迅速な対応が肝要です。

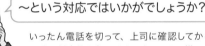

クレーム電話への悪い対応、よい対応

✕ 悪い対応例1 横柄な対応

「今日届いたお宅から買った食器、箱を開けたら割れていたのよ」

「❶こちらでは商品の状態をよく確認して出荷しています。お客様、箱を開封するときにどのように取り扱われたのですか？」

「ていねいに扱ったわよ。私はね、割れていたことにどう対応してくれるのかと聞いているの」

「❷では配送の問題ですね。配送業者に連絡してください」

「あなたじゃ話にならないわね。もういいわ、今回の分は返金してください」

「❸これはセール品ですので、ご返金はできかねます」

「どういうこと？　責任者を出しなさい！」

✕ 悪い対応例2 過剰な要求を安易にのむ

「今日届いたお宅から買った食器、箱を開けたら割れていたのよ」

「❹こちらの手違いで大変なことになり、申し訳ございません」

「明日の食事会で使う予定だったの。どうしてくれるの？」

「❺ご返金ではいかがでしょうか。恐らく、そのようにさせていただけると思います」

「そうね。それなら商品の代金だけでなく、明日の食事会がダメになってしまった分も賠償してください」

「❻かしこまりました。その件も担当者に確認いたします」

○ よい対応例

❶
① 相手に非があるような言い方は禁物

○ まずは**「ご迷惑をおかけして申し訳ございません」**と迷惑をかけたことを部分的に謝罪し、**「どのように割れていたか教えていただけますか」**と状況を確認します。

❷
① 責任逃れやたらい回しも禁物

○ 配送の問題が考えられるなら**「こちらから配送業者に確認いたします」**と、責任を持って対応します。

❸
① 頭ごなしに拒絶しない

○ 仮に返金できないなら**「恐れながら返金はできかねますが、代わりの対応を検討します」**など、相手の要望をくみ取る誠意を示します。

❹
① 冒頭から全面謝罪しない

○ ❶と同様に、**「ご迷惑をおかけして申し訳ございません」**と迷惑をかけたことを部分的に謝罪し、状況を確認します。

❺
① 自分の一存で決められない対応を安易に約束しない

○ **「どのような対応ができるか確認いたします」**と伝え、担当者に引き継ぎます。

❻
① 過剰な要求はのまない

○ **「商品の破損に関すること以外は受けかねます」**と、毅然とした対応を取ることが大切です。

NG クレーム電話のNG対応8か条

クレーム電話に対応するときに、やってはいけないことをおさえておきましょう。

1 相手の話をさえぎる
2 反論や言い訳をする
3 感情的になる
4 電話をたらい回しにする
5 過剰に謝る
6 自分の一存で対応を判断する
7 できない約束をする
8 過剰な要求を安易にのむ

『電話をかけるときの基本』

POINT

- ●電話のタイミングは、相手の都合に配慮する。
- ●事前に内容を整理し、手短かに伝える。

相手の都合を考慮してかけよう！

電話をかけるのは、相手の時間を奪う行為です。忙しいと思われる時間帯や昼休み、就業時間後は避ける、**用件をあらかじめ整理して手短かに伝える**など、なるべく相手に負担をかけないようにする配慮が必要です。用件が長くなりそうなら、「お時間よろしいですか」と相手の都合を確認するのがマナーです。

内容がこみいっていて、口頭のやり取りだけでは行き違いが生じる恐れがあるときは、**電話の後で内容をまとめたメールを送り、文書でも残します。**証跡を残すことでいわゆる「言った言わない」のトラブルを避けることができます。

電話をかけるときのポイント

用件は事前に整理しておく

手短かに伝えられるよう、また、伝えることに漏れがないよう、伝える内容を書いたメモを用意します。伝える順に箇条書きにしておくとよいでしょう。

就業時間内にかける

相手の就業時間内にかけましょう。始業後すぐ、昼休み、終業間際も避けること。終業後にかけるときは「遅い時間に申し訳ありません」と一言添えます。

メモや手帳を用意する

電話の内容を書き留める筆記用具は、必ず手元に用意します。スケジュールを確認する必要がある場合は、手帳やカレンダーなども用意しておきましょう。

メールもうまく併用する

事前に要件の概要や資料を送っておく、電話の後で内容をまとめたものを送るなど、うまく併用することでより正確なやり取りができ、備忘録にもなります。

電話のかけ方の基本パターン

はい、オカザキ不動産でございます

名乗ってあいさつする

ナガハマ商事の石田と申します。お世話になっております

取り次ぎを依頼する

営業部の松平様をお願いいたします

お電話を代わりました。営業1課の松平です

もう一度名乗ってあいさつする

ナガハマ商事の石田と申します。お世話になっております

用件を結論から伝える

さきほどメールでお送りした資料の件でご連絡しました。詳しいご説明をさせていただきたいのですが、今、お時間よろしいでしょうか?

あいさつして電話を静かに切る

それではよろしくお願いいたします。失礼いたします

相手が不在の場合の対応

相手が戻る時間を確認してかけ直すのが基本ですが、緊急度に応じて対応を使い分けます。

緊急度　低 → 高

- **かけ直す**　お戻りの頃にかけ直します
- **伝言を依頼する**　お言付けをお願いできますでしょうか

  簡単な用件なら伝言を依頼してもかまいませんが、こみいった内容はかけ直して、直接伝えましょう。
- **折り返しを依頼する**　お手数ですが、戻られたらご連絡いただけるよう、お伝えいただけますか

  相手がいつ戻るかわからないとき、何度かけ直しても不在の場合は、折り返しの電話を依頼します。
- **連絡を取ってもらう**　急いでお伝えしたいことがございます。恐れ入りますが、松平様に連絡をお取りいただくことは可能でしょうか

  緊急の場合のみの方法です。むやみに連絡を依頼することは控えてください。

『携帯電話のマナー』

携帯電話をかけるとき、受けるときのマナー

「自分」の携帯電話から「かける」

ナガハマ商事の
鈴木と申します

騒音や電波の状態に注意する

騒がしい場所や、電波の状態が悪い場所は避け、音が途切れたりしないように、静かで電波の状態がよい場所まで移動してかけます。

非通知モードにしない

非通知からの電話は相手が着信拒否にしていたり、不審に思って出なかったりする恐れがあります。設定が非通知モードになっていないか、確認を。

「自分」の携帯電話で「受ける」

さきほどは
失礼しました
○○駅

出られないときは折り返す

移動中など電話を受けられないときは、留守番電話設定に。電話をかけられるようになったらすぐ折り返すようにしましょう。

着信音は一般的なコール音に

業務用の携帯電話の着信音は、一般的なコール音を用います。個人所有の電話も業務中は設定を変えるか、マナーモードにしておきましょう。

POINT

- 基本は急用のみとし、重要な話題は避ける。
- 他人に操作されないように、ロックをかけておく。

話す内容と周囲への配慮が大切！

携帯電話は便利な道具であると同時に、使い方を誤ると相手に負担や迷惑をかけることになります。**「連絡は携帯電話に」と指定されたとき以外は、むやみにかけることは控えましょう。**必要があって相手の携帯電話にかける、またはこちらの携帯電話からかける場合は、周囲に不特定多数の人がいることを想定し、重要な話題は避けるようにします。

また、携帯電話はパソコンと同じように情報端末でもあります。画面を開いたまま机の上に置いておかない、他人に操作されないようにロックを設定するなど、セキュリティ対策も怠らないようにしましょう。

基本ルールもあわせて確認しよう！

●会社の携帯電話を私用で使わない

会社から貸与されている携帯電話を私用に使うのは厳禁。公私混同しないようにしましょう。

●紛失・盗難に注意する

携帯電話には個人情報にあたる重要なデータが入っています。紛失や盗難に十分に注意しましょう。

●電源オフ、マナーモード

会議の場など必要に応じてマナーモードにしましょう。場合によっては電源をオフにしておきます。

●固定電話を優先する

携帯電話を主たる連絡先にする人が増えていますが、名刺に固定電話番号が書かれていたら、まずそちらにかけます。

「相手」の携帯電話に「かける」

連絡してよいか確認しておく

相手の名刺やメールの署名に携帯電話の連絡先が書かれていたら、急用の場合にその番号へかけてよいか、あらかじめ確認しておきます。

相手の都合を確かめる

携帯電話にかけたときは、まず「今、よろしいでしょうか？」と都合を確認し、慌ただしいようであれば最低限の用件に留めるようにしましょう。

重要な話はしない

周囲に人が多い、メモが取れないなど、相手が落ち着いて話せる環境にいない場合があります。重要な話やこみいった話は避けるようにしてください。

プラスα

こんなときはどうする!?

取引先から携帯電話の番号を聞かれた！

仕事用の携帯電話があるときは、その番号を伝えます。私用の携帯電話は教える必要はありません。「会社にご連絡いただければ、私につながるようにしております」と伝えましょう。

会社貸与の携帯電話を紛失した！

中のデータが流出する恐れがあります。遠隔操作ができる場合はデータを消去するといった対応が必要ですが、自己判断は禁物。紛失したことをすみやかに上司に報告します。

『名刺交換のマナー』

名刺交換のやり方

1

机越しに渡すのはNG。移動して名刺交換をします。

名刺は訪問した側（訪問者）から差し出しましょう。

2

名刺は起立して渡します。

はじめまして。
ナガハマ商事
営業部の鈴木です
鈴木 一郎

名刺は相手に向けて、正面向きに。

名刺は名刺入れの上に置きます。

渡すときは、会社名と部署名、名前を伝えましょう。

3

頂戴《ちょうだい》します

受け取るときは相手の目を見ましょう。

「頂戴《ちょうだい》します」と一言添えます。

受け取ったあとはすぐに両手で持ちます。複数の人と交換する場合は名刺入れの下に重ねます。

交換の際は右手で渡し、左手で受け取ります。相手の名刺を名刺入れの上に乗せます。

4

名刺は、受け取った順に並べます。最も役職の高い人は名刺入れの上に乗せます。

POINT

- 名刺と名刺入れはいつもきれいな状態を保つ。
- 名刺交換は目下の者から名刺を差し出す。

複数で名刺交換する場合の作法

上司が同行した場合

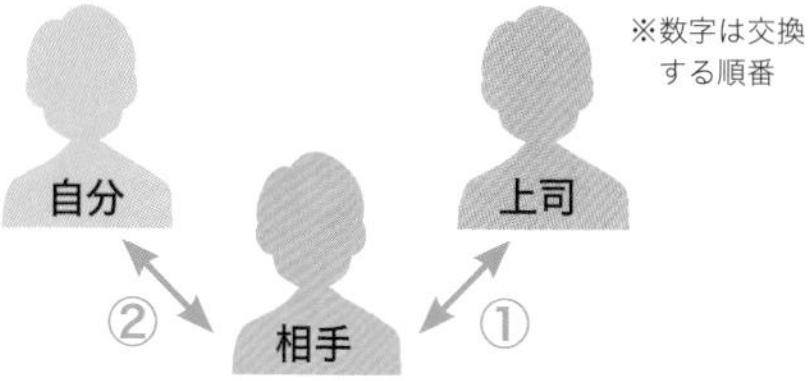
※数字は交換する順番
自分
上司
相手
②
①

他社訪問では、先に名刺を差し出します。上司の名刺交換後に交換をします。

相手が複数の場合

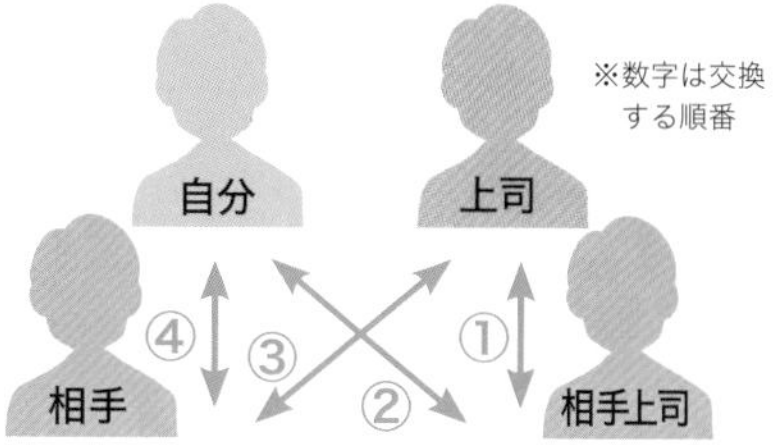
※数字は交換する順番
自分
上司
相手
相手上司
④
③
②
①

相手が２人以上の場合、上座に座っている役職が高い順番に渡していきます。

名刺交換トラブルQ&A

Q 相手の社名や名前の読み方がわからない場合は？
A **恐れ入りますが、どのようにお読みすればよろしいでしょうか。**
ローマ字表記やメールアドレスで読み方がわかることも。確認前にチェック。

Q 名刺交換のタイミングを逃してしまった場合は？
A **ごあいさつが遅くなりました。**
相手が話し始めてしまったときなどは一段落したときに一言詫びて交換します。

Q うっかり相手の名刺を落としてしまった場合は？
A **失礼いたしました。**
すぐに拾って謝罪を。自分の名刺を落とした場合は、新しい名刺で交換します。

名刺はていねいに扱う

初対面の際には必ず交換される、お互いの名刺。**自己紹介のツールであり、ビジネスパーソンの顔ともいえる重要なアイテムです。**

最も避けたいのは、名刺を持たずにのぞんでしまうこと。外出時は常に多めの枚数を持ち歩き、急な名刺交換に備えましょう。やむを得ず切らしている場合は詫びたあとに社名、所属部署、フルネームを言って自己紹介をし、帰社したらメールで連絡先を知らせます。次回会ったときに、名刺を渡すようにします。**相手の名刺をていねいに扱うことも、交換時の大切なポイント。**折り曲げたり、その場で何かを書き込んだりするのはマナー違反です。打ち合わせ中は相手が座っている順に相手の名刺をテーブルに並べます。

来客応対① 受付のマナー

来客時の応対の手順

1 あいさつ

たとえ見覚えのない来客者でも、会社に用があって訪れていることには変わりありません。笑顔で「いらっしゃいませ」とあいさつをします。

2 社名や名前を確認

社名や名前を確認し、どのような用件で来訪したのかを確認します。相手が名乗らない場合でも、ていねいに名前を聞きます。

3 面会相手の確認

続いて面会先を確認します。名指しをしてきた場合、アポイントがなくても重要な案件である可能性が。引き続き、笑顔で対応しましょう。

4 担当者へ連絡

お客様に「少々お待ちください」と告げて、担当者に連絡を取ります。相手の会社名と氏名、用件を簡潔に伝えて取り次ぐのが理想的です。

5 案内

担当者が迎えにくる場合には、そのことを告げます。自分が応接室などへ通すときは、その旨を伝えて応接室などへ案内します。

POINT

- 迅速かつスムーズな応対がよい印象に。
- 大切なお客様をお出迎えすることを意識する。

来客応対が会社イメージを左右！

会社には、さまざまな人が訪れるものです。**来訪者に気づいたら、すぐに笑顔で立ち上がって用件を伺うことが大切です。**また、受付スペースやエレベーターホールなどで困っている様子の来訪者を見かけたら、積極的に声をかけて気持ちのよい応対を心がけましょう。

　来客に応対する際は、まず相手の**社名**と**氏名**を、続いて尋ね先の**部署名**と**名前**、**用件**を聞いてメモを取り、該当先に連絡を入れます。

　状況によっては、招かざる客であるケースも。自己判断は避け、必ず該当先の担当者に指示を仰いで対応するようにしましょう。

お客様タイプ＆状況別　受付応対の流れ

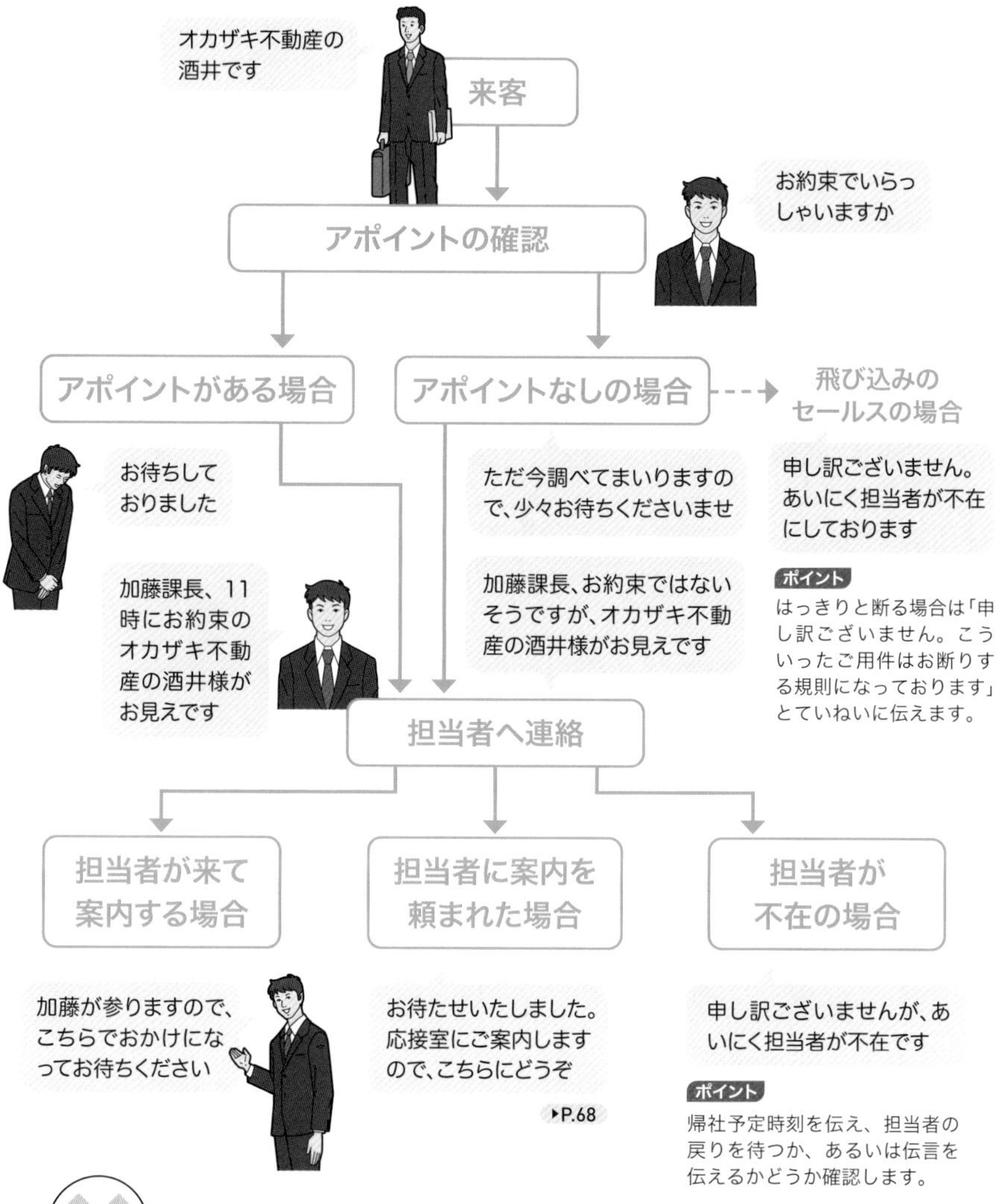
オカザキ不動産の酒井です
来客
お約束でいらっしゃいますか
アポイントの確認
アポイントがある場合
アポイントなしの場合
飛び込みのセールスの場合
お待ちしておりました
加藤課長、11時にお約束のオカザキ不動産の酒井様がお見えです
ただ今調べてまいりますので、少々お待ちくださいませ
加藤課長、お約束ではないそうですが、オカザキ不動産の酒井様がお見えです
申し訳ございません。あいにく担当者が不在にしております
ポイント
はっきりと断る場合は「申し訳ございません。こういったご用件はお断りする規則になっております」とていねいに伝えます。
担当者へ連絡
担当者が来て案内する場合
担当者に案内を頼まれた場合
担当者が不在の場合
加藤が参りますので、こちらでおかけになってお待ちください
お待たせいたしました。応接室にご案内しますので、こちらにどうぞ
▶P.68
申し訳ございませんが、あいにく担当者が不在です
ポイント
帰社予定時刻を伝え、担当者の戻りを待つか、あるいは伝言を伝えるかどうか確認します。

NG 気づかないふりはイメージダウン！

訪問客への応対が、そのまま会社のイメージとなることもあります。見て見ぬふりすることや、聞き返したくなるような小さな声で話すことがないように。

先輩の失敗談

顔なじみだと思って通したら……

課長の取引先が、アポなしで訪問してきたときのこと。課長の指示を仰がずにお通ししたのですが、「居留守を使いたいときもある。逐一確認して！」と怒られてしまいました……。（設計・営業／ 20 代・女性）

「来客応対② 応接室への案内の仕方」

一歩差がつく案内のしかた

1 まず、行き先をしっかり告げる

案内先が何階にあるのかも伝えるとていねいです。

3階の応接室へ
ご案内します

最近はあたたかくなってきましたね

2 右斜め前の2、3歩先を歩く

相手の様子に気を配り、雑談を交えてもいいでしょう。

3 階段では相手よりも一段下のステップに立つ

足元にお気をつけください

昇るときも降りるときも相手より下のステップに立ち、万が一相手が落ちそうになったら、すぐに支えられるようにします。

どうぞ。3階にご案内します

4 エレベーターは上座に案内する

エレベーターに乗る場合は先に乗せ、上座に案内します（▶P.30）。

POINT

- 相手にとっては「知らない場所」と心得る。
- ていねいに案内することを意識する。

細やかな気配りで印象アップ！

ときには来訪者を、担当者が指定した場所へ案内するケースもあります。こうした際には、まずは自分の**部署名**と**名前**を告げ、これから**どこに案内**するのか伝えましょう。

これらのアナウンスがすんでから、実際に案内します。

案内している最中は、自分にとっての「社内」は、相手にとって「知らない場所」であることを忘れないようにしましょう。

相手のペースに合わせて歩きながら、「こちら右です」などと道順を示していくと親切です。また、段差があるときは「足元にお気をつけください」と声をかけましょう。

応接室&応接コーナーの席次マナー

応接室には席次があり、その場にいる人たちの上下関係を表します。お客様は上座、迎える側は下座に座ります。

上座の決め方　※数字の順に上座→下座

応接室

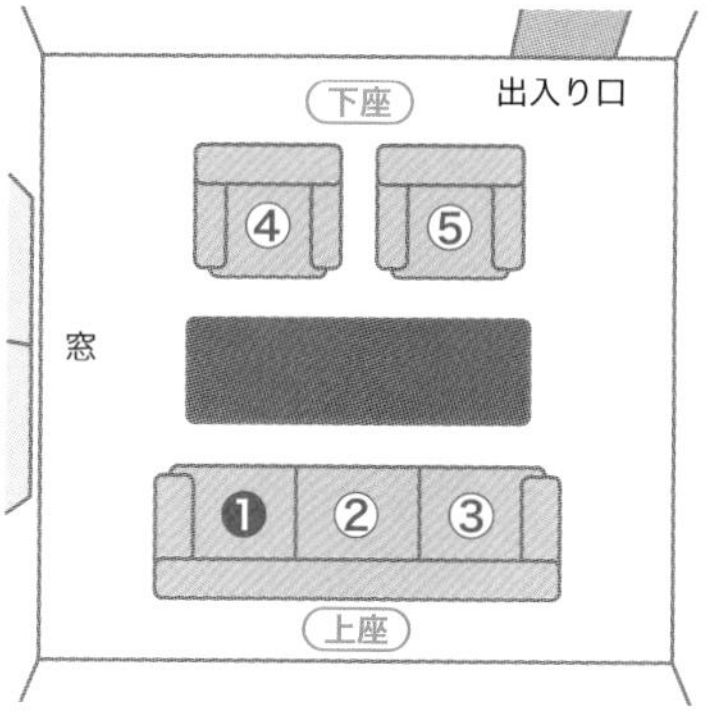

応接コーナー

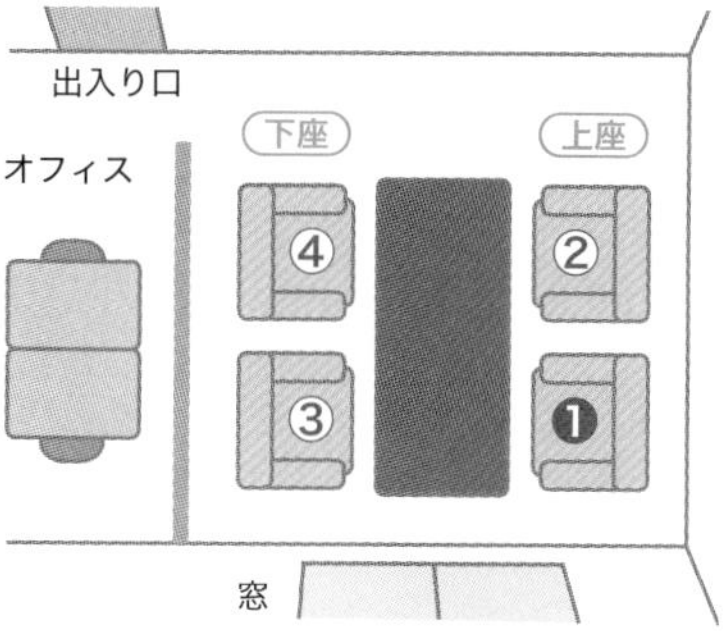

上座はお客様、下座は迎える側

内開きのドアなら自分が入り込んで相手の入室を促し、外開きならドアを開いて入ってもらいます。入室後は「こちらへお座りください」と、上座をすすめましょう。

上座は出入り口から一番遠い場所

原則的に席次は、出入り口から遠いほど上座であると覚えましょう。下座は入り口に最も近い場所です。

上座はイスの形によっても変化する

上等なイスがあればそちらが上座に。背もたれや肘掛けのある長イスが一番格が高く、背もたれや肘掛け付きの１人用、背もたれや肘掛けのない１人用の順に下がります。左図のような３人掛けの長イスでは、②が上座になる場合もあります。話の中心となる②に上役が座り、❶と③の人が必要に応じて書類を渡すなど、補佐をします。担当者が主に話すなら、上役は❶に座るときもあります。

お茶の出し方

お茶を出すときも席次に注意し、最も上座のお客様から順に出していきます。次に、自社の役職順に出します。

1 お茶を用意する
お盆に茶わんと茶たくは別々に乗せる。ふきんも用意。

2 応接室に運ぶ
ドアをノック、失礼しますと声をかけ入室。

3 お盆を置く
サイドテーブルかテーブルの下座側にお盆を置きます。

4 ふきんでふく
茶わんの底を軽くふいてから茶たくに。

5 お茶を出す
茶たくを両手で持ち、お客様の右側から。絵柄は正面に。

6 あいさつして退出
お盆を持ち、ドアの前で一礼して退出。

来客応対③ お見送りのマナー

お見送りをする際のポイント

本日はありがとうございました

話題は雑談を選ぶ

仕事の話ではなく、天候など当たり障りのない話題にします。

ここ数日、急に寒くなってまいりましたね

相手を気遣う言葉

取引先が足を運んでくれたことに、感謝しましょう。

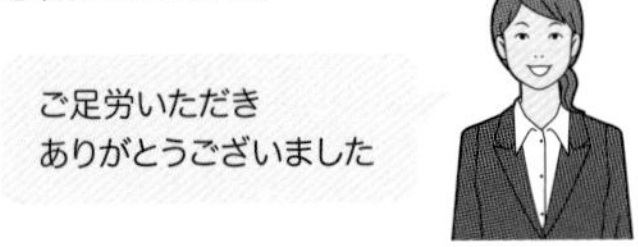
ご足労いただきありがとうございました

最後にあいさつとおじぎ

別れる前に、改めてお礼を述べて深く頭を下げます。

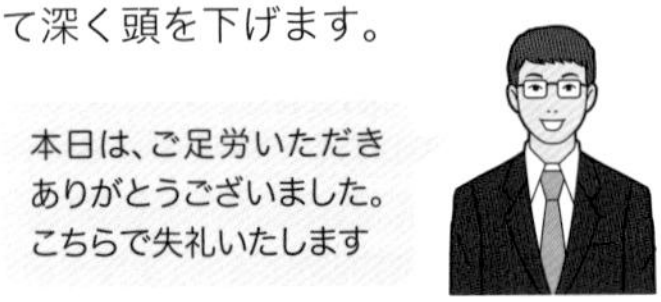
本日は、ご足労いただきありがとうございました。こちらで失礼いたします

姿が見えなくなるまで

別れたあとには、相手の姿が見えなくなるまで、その場で見送ります。

今後とも、よろしくお願いします

感謝の意を伝えて円満な関係に

来社したお客様を見送ることは、相手に対する感謝と敬意の表れといえます。同時に、ほかの部署に立ち入らせないなど、**セキュリティ面**でも重要でしょう。

注意したいのは、帰りを急がせる印象を持たせないようにすること。次の用事があるときなどは、事前にその旨と時間を伝えておくようにします。

迎え手が無理に話を切り上げずに、相手が退出するそぶりを見せるまで待ちましょう。

また、大きなおみやげや重い書類を持たせたときや、相手の荷物が多いときなどは、必ず見送り先まで運ぶのがマナーです。

POINT

- 最後までていねいに見送りする。
- 来訪してくれたことに対する感謝を。

相手や状況に応じて変化するお見送りの場所

応接室の前

気心の知れた相手から「見送りはけっこうです」と言われたら、応接室のドアの前で「本日はこちらで失礼いたします」と、しっかりとおじぎをして別れます。

エレベーター

通常はエレベーターホールまで見送ればOK。扉がしっかり閉まりきるまでおじぎをして見送ります。

会社の玄関

大事なお客様は会社の玄関まで送るのがベスト。出口までの行き方が複雑な場合は、玄関まで送る心遣いを意識しましょう。

相手の車

重要な相手の場合、車寄せで見送ります。社用車やタクシーを事前に手配しておくことも。相手を乗せた車が見えなくなるまで、頭を下げて見送ります。

NG

相手によって態度を大きく変えるのはダメ！

自分にとって立場が上の相手だけではなく、下の相手にもていねいな見送りを心がけましょう。ぞんざいな態度をとっていると、相手の気分を害するだけでなく、社内の誰かに見られて悪印象を与える危険性もあります。最悪の場合、大切なお客様に見られて「信用できない人」と思われてしまうかもしれません。

会議に参加する①
会議の種類と目的

知っておきたい会議の種類

▶ 社内会議

これから
全社会議を
行います

組織全体の会議

経営方針説明会や全社会議、部門の月次報告会などは定期的に行う大規模な会議です。

これから
新商品の
企画会議を
行います

部内・課内の会議

必要なときに必要なメンバーだけで実施される会議。意見が求められることも多いです。

▶ 社外会議

これから新規
プロジェクトの
会議を行います
○○会議

社外メンバーが参加

プロジェクトの会議など、社内外の関係者が集まる会議の準備は入念に。

POINT

- 会議の種類は社内会議と社外会議。
- 会議の目的を把握して参加する。

会議には異なる目的がある

会社には参加メンバーが全員社内の人の**社内会議**と、社外メンバーも参加する**社外会議**があります。

社内会議は、部内会議や企画会議、役員会議など規模や種類は実にさまざまあります。**新人であっても会議の場で発言を求められる機会も少なくありません。**

また、社内会議の目的は、大きく分けると「**情報共有**」「**アイデア出し**」「**意思決定**」「**問題解決**」の4つ。どういった目的で行われる会議なのかを理解して参加しましょう。

会議で使用する資料は必ず事前に目を通し、意見を求められたときに答えられるよう、準備しておきましょう。

知っておきたい社内会議の目的

これから各チームの営業成績について報告します

▶情報を共有する

まずは「情報伝達」があり、「対話」でメンバー間の理解を深めます。疑問はその場で解決。会社や部署の方針、今後の戦略などが共有されます。

▶アイデア出しをする

自由に意見を交換し、企画や戦略などを練ります。議題となるテーマに沿って、事前準備が欠かせません。

▶意思決定する

必要な情報がメンバーに告知されます。少数意見も尊重し、総意をまとめ、異論がないかを確認のうえ意思決定します。

▶問題を発見・解決する

仕事の進捗状況を報告し、問題点を洗い出したら、問題解決のための意見を交換して解決策を見つけます。再発防止策を考えることもあります。

どうすれば備品の予算を削減できるでしょうか？

プラスα

上司が部下を教育する目的で行われるコーチング型会議

会議の中には、上司と１対１で行われるものもあります。目的は情報共有の場合もありますが、部下を教育したり、キャリアアップを支援したりするためであることも。上司とのコミュニケーションの場では、率直に話すことが大切です。よいことばかりではなく不安なども素直に話しましょう。

会議に参加する②
『事前準備や会議でやるべきこと』

会議に参加するときのポイント

○

会議前

- □ 配られた資料に目を通しておく
- □ 自分の意見を書き出しておく

今度の営業会議に向けて
不明点をまとめておこう…

会議中

- □ 積極的に発言する
- □ 素直な意見を述べる

×

会議前

- □ 配られた資料に目を通さない
- □ 会議の目的を調べない

会議中

- □ 資料を紛失する・忘れる
- □ 意見を求められても発言しない

POINT

- ●会議で求められるのは新人ならではの視点。
- ●発言できるように事前準備もしっかりと。

意見交換をすることが大事！

新人が会議で発言するのは、とても勇気がいるもの。けれども、間違いが許されるのは新人の特権。**発言を求められたときは、積極的に自分の意見を述べるようにしましょう。**

上司や先輩も、新人に対して100点満点の答えなど求めてはいません。必要とされているのは、会社の色に染まっていない立場からの思い込みのない素直な意見です。たとえ的外れな発言であっても、何も言わずに座っているだけの人よりも評価されるはず。

指名されて慌てないためにも、事前に配布された資料を読み込む、自分の意見をメモするなどの準備をしておきましょう。会議中のメモも忘れずに。

会議で気をつけたい行動

途中で何度も席を立つ社員

進行がストップするなど、周囲に迷惑をかけてしまいます。段取りよく仕事を進めて、会議に集中できるようにします。

意見が異なる人にケンカ腰の社員

会議を台無しにしてしまう社員です。自分の意見を批判されても感情的にならず、冷静に対処するよう心がけましょう。

会議中スマホが鳴っている社員

携帯電話の電源はOFFにしましょう。業務上の緊急メールは「失礼します」と一言添えて外で対応します。

プラスα

会議における自分の役割を把握しておこう！

会議に参加する際は、その会議における自分の立場や求められていることを事前に上司に確認しておくのもおすすめ。会議で自分がやるべきことが明確になり、周囲により貢献できるようになるはずです。また新人のうちは、会議室の確保や必要機材のセッティング、資料のコピーなど、雑用を進んで引き受けます。

会議に参加する③
「オンライン会議に参加」

オンライン会議の事前準備

使用方法は事前に調べておきましょう。また、社内会議であればミーティングルームの設定は新人が積極的に行います。社外の人と会議をする場合は主催者側や事務局側などホスト権限（参加者を決める権限など）を持つ必要があるほうが行います。

部屋の照明や背景に注意

自分の姿が相手の画面にきちんと映るように明るい照明にします。

周辺機器の確認！

パソコン、マイク付きイヤホン、Webカメラ、Wi-Fiなど、事前に動作を確認します。

5分前行動をとる

自分がミーティングルームを設定した場合は、接続不具合を防ぐためにも開始5分前には部屋を立ち上げましょう。

資料は事前に送る

会議で使用する資料があれば事前に参加者に共有しておきます。

オンライン会議でも身だしなみに注意

自宅からの参加でも、部屋着はNG。出社時と同様に身だしなみを整えます。

POINT

- 早めの接続確認で開始時刻に間に合うように。
- 背景にまで気を配り、話すときはゆっくり。

►目線・画面の映り方にも注意

○

目線は正面

発言中はWebカメラを見るように意識します。

背景は整理整頓

バーチャル背景などでもよいでしょう。

×

上半身が切れている

画角に収まるよう注意します。

背景が乱雑

自宅や社内の様子が見えるのはNGです。

オンライン会議中の注意点

会議開始時

音声の確認をする

参加者がそろったら、全員の音声に不具合がないか最初に確認を。不具合があれば、チャット機能でやりとりをするなど、会議がスムーズに進められる環境を整えます。

会議中

大きな声でハキハキと話す

通信環境によって声が聞き取りづらいこともあります。大きめの声でマイクに向かってはっきり話しましょう。また、身振り手振りを加えて、大きめなアクションをとることも大切です。

会議終了時

あいさつをしてから退室

会議終了時には、「本日はありがとうございました。失礼します」とあいさつをしてから退室します。自分がホストの場合は、全員が退室してからミーティングルームを閉じましょう。

プラスα

こんなときはどうする!?

参加者と発言がかぶってしまった

発言のタイミングが重なってしまったら謝罪して、相手に発言権を譲ります。意見を述べるときは挙手をして、発言したい旨を参加者に知らせてから話しましょう。

「雑音で声が聞こえづらい」と言われた

周囲の音をマイクが拾ってしまうことがあります。自分の発言時以外はミュートにするか、周囲の音を拾いづらいマイクの使用を検討しましょう。

相手が話しているのに聞こえない…

自分側の端末で音量がゼロになっていたり、相手側のマイクがミュートの場合があるため、聞こえない場合はそのままにせず、確認をしましょう。

自宅から参加していたら来客が…

気心の知れたメンバーでの会議なら一言断ってから離席してもOK。戻ったら「失礼いたしました」と伝えます。ただし、会社によって対応は異なるので上司に確認しておきましょう。

「ミスや失敗をしたときの対処法」

ミスや失敗に気づいたときにすべきアクション

この度はご迷惑をおかけし、大変申し訳ございませんでした
原因を検証して、再発防止策を考えてみましょう。フォローアップしますよ

① すぐに報告して謝罪する

気づいた時点で、すぐに報告して謝ることからスタート。ミスを認めなかったり誰かのせいにしたりといった、見苦しい対応は避けて。

② 事情を詳しく説明する

直属の上司に、どのような状況で誰に迷惑をかけ、現状はどうなっているかを細かく報告。感情的にならずに伝えるようにします。

③ 反省の言葉を伝える

「私の確認が足りませんでした。次回からは、念を入れてチェックをするようにします」など、反省の言葉を前向きに伝えましょう。

④ 上司の指示に従って対応する

ミスをした相手にどのようにフォローをするかなど、実際に動く前に上司に相談を。与えられた指示に従い、ミスのリカバリーをします。

POINT

- ミスは早め早めの対処が肝心！
- 起こったことよりも、その後の対応が評価に。

迅速な対応で被害を最小限に！

仕事上のミスは、新人であれベテランであれ、どうしても避けられないもの。**肝心なのは、どうフォローして再発防止への方策を立てるかというところにあります。**フォローの仕方やその後の対応を上司は見ています。

ミスには個人で解決できるもの、上司に謝ってすむもの、部や会社、取引先に迷惑や損害を与えるものと、レベルがあります。どのミスでも、まずは失敗を認めて迷惑をかけた相手や上司、同僚などに謝罪します。その後、起こってしまった状況を直属の上司に報告。言い訳せずに、客観的な事実を伝えるように心がけます。早めに報告をすることで被害を最小限にできます。

反面教師にしたい、ミスや失敗時のNGパターン

✖ 報告せずに勝手に対処する

報告をしないままにするのは最悪の対処法。そのうちに、自分１人では手に負えないトラブルに発展する恐れもあります。気づいた時点で報告を！

上司の一言

傷口を広げる危険性があるので絶対ダメ！

✖ 言い訳をする

「だって……」「でも……」といった言い訳は、たとえ正当だとしても聞き苦しいものです。ましてやビジネスシーンでは、決して口に出してはいけません。

上司の一言

言い訳をするよりもまず謝ること！

✖ 他人に責任をなすりつける

自分のせいではないと主張するのも、社会人失格の言動です。たとえ誰かのミスだったとしても、自分のものとして処理する度量の大きさを持つのが理想的です。

上司の一言

人としての信用を失いかねません！

✖ 感情的になる

大声を出したり、泣き出したりといったアクションも避けるべきです。自分の至らなさに涙が出てしまう、といった場合でも、人前で泣いてしまわないように制御しましょう。

上司の一言

どう対処すればいいのか困ってしまいます！

お詫びフレーズ集

- 申し訳ございません
- ご迷惑をおかけしました
- 深く反省しております
- 私の力不足で
申し訳ございません
- 私の不手際でした
大変失礼いたしました
- 今後はこのようなことのないよう、
十分に注意いたします

OK 日頃から上司に報告しやすい関係をつくっておく

常に上司との心の距離を近く保つことが、緊急事態をまるくおさめる近道となります。そのためには、日頃から報告・連絡・相談を欠かさず、現状を常に把握してもらうことが重要です。よいことだけではなく、不安や問題点、今後の課題といった話題も、積極的に上司に持ちかけるようにしておきましょう。

「デスクまわりを機能的に整理する」

デスクまわりの整理のポイント

電話

利き手の反対側に置く

電話をしながらメモが取れるように、利き手の反対側に電話を置きましょう。

机の上

機能的に整理する

電話と、進行中の業務に関わるファイルを中心に整理を。デスク上に書類を置けない場合は、「処理前」「保留」「保管」のファイルに分けて、引き出し下段に収納します。

机の下

不要なモノを置かない

不要なモノがたまりやすいので、普段からできるだけ物を置かないこと。ゴミ箱を置くなら通行の邪魔にならない位置に！

引き出し

用途で使い分ける

手前の薄い引き出しは、進行中の書類を入れる仮スペースとして活用。上段に文房具、中段に名刺や上段に入らない備品、下段に個人用の資料やファイルを入れます。

POINT

● 業務効率をアップさせるだけでなく、周囲への好感度も上がるデスクを目指す。

整理整頓で機能的なデスクを実現！

仕事をするうえでのベースキャンプというべきデスクは、使い勝手のよいように環境を整えておきたいもの。**乱雑にしていては、捜し物をする時間が増え、業務効率を落としてしまいます。**ポイントは、物の置き場所を決め、使った後は必ず元へ戻すようにすること。さらに**毎日の退社時に、出社時と同じ状態にリセットしておくことも大切といえます。**

NGなのは、デスクまわりに私物を置くこと。物理的に作業のじゃまになるほか、多くの人に見られる場所だけに、悪評価の元となりかねません。もちろん、乱雑なデスクも印象を損ねます。

書類の整理と保存のポイント

書類編

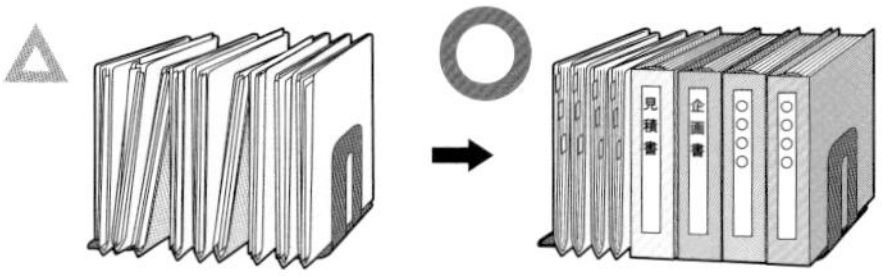

使用頻度が高いものを手前に

引き出しに入れる場合は、よく使うものから手前に入れていくと効率的です。

書類は案件ごとに分ける

クリアファイルにはさんだだけの状態は△。進行中のものは案件ごとにクリアファイルに納め、見出しシールや付せんで見出しをつけます。終了案件はバインダーに納め、背表紙に案件名や取引先名、日付などを記入します。

データ化で引き出しをスッキリ

空き時間に書類を整理。処分するもの、PDF化して保管するものに分類を。

パソコン編

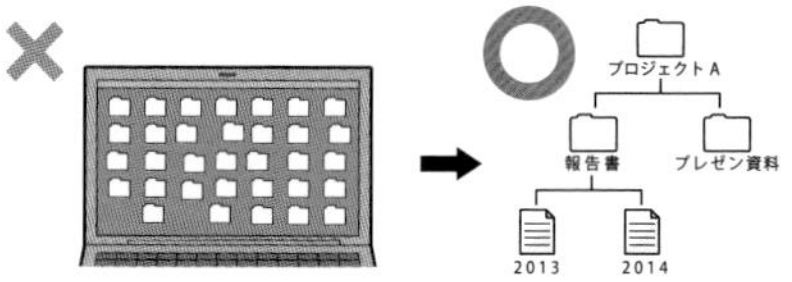

検索しやすいファイル名のつけ方

XX0410_Aプロジェクト_鈴木

年月日　タイトル　担当者名

フォルダ分けはルールをつくって検索しやすく

デスクトップにファイルやフォルダがあふれている状態は×。案件ごとにフォルダを分けて整理を。日付や案件名など、フォルダの名前づけには統一ルールをつくって検索しやすくし、3 階層程度にまとめましょう。

メールもフォルダ分けする

受信メールは内容や相手によって、グループ分けするとよいです。

名刺編

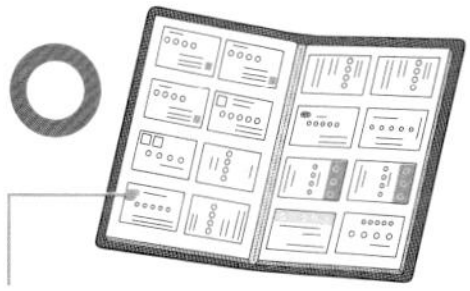

よく使用する名刺を分類

すぐに使う名刺は携帯できるファイルに入れます。

持ち帰った名刺はすぐに整理を

名刺入れに入れっぱなしにするのではなく、その都度ファイリングしましょう。

名刺は管理ソフトを活用してデータ化

名刺管理ソフトを使って電子化すると便利です。

プラスα

書類は自分の判断で捨てると大変なことに！

書類の中には、法律や会社ルールで保存期間を設けている場合があります。書類を廃棄する際は、上司や先輩に判断を仰ぎます。日々の管理についても確認をしておきましょう。

プラスα

書類は電子化して有効活用しよう！

日々の書類の管理は、仕事の効率化にもつながります。特に紙の書類は、個人持ちになりやすく、かさばるので、会社ルールに基づき、電子化して共有し、有効活用しましょう。

「日報や報告書の書き方」

仕事の把握と情報共有が目的

社会人になって、最も多く作成する書類の代表的なものが**日報**や**報告書**。上司が部下の業務内容や進捗状況を把握するために作成を求めるもので、マネジメントを行う際の材料となる重要な書類のひとつです。**上司が何のために読む書類なのかをしっかり意識して、わかりやすい文章でまとめることを心がけてください。**

また、事実を正確に記入すること、提出期限を必ず守ることも忘れてはいけません。日報や報告書を書く際に、「いちいち行った業務を思い出すのが大変」という人は、仕事の合間にこまめに手帳やノートにメモを取る方法がおすすめです。

日報と報告書の見本例

▶日報の見本例

業務日報	所属	氏名
○○○○年　○月　○日（○）		
時刻	業務内容	
9:00〜10:45	資料作成	
11:00〜12:00	マツモト社石川様来社　新商品の打ち合わせ ・スケジュールとスタッフの確認 ・予算について→見積り書作成	
13:00〜15:00	プロジェクト会議 ・スケジュール、スタッフ確認	
16:00〜17:00	ヒメジ商事訪問 池田様と新商品のデザインについて打ち合わせ	
17:30〜18:30	オダワラ社新表品のキャンペーン資料作成	
：		
連絡事項 ・マツモト社の見積り書は○日までに提出とのこと。		

一文は短く

箇条書きにする

日時や数字は具体的に

一文を短くし、簡潔で読みやすい文章を心がけましょう。また、「たぶん」「気がする」といったあいまいな表現は使わずに、できるだけ具体的に書くことも大事。

▶報告書の見本例

令和○年○月○日

教育訓練部長

営業部

鈴木一郎

研修報告書

先日、受講しました研修について、下記のとおりご報告いたします。

記

1　研修名　「営業マナーの実践研修」
2　主催者名　○○マナー研究所　岩井講師
3　日　時　令和○年○月○日（月）　午後2時〜4時
4　場　所　日本会館　第2会議室
5　研修内容　・電話応対のマナー
・名刺交換のマナー
・セールストークのマナー
6　所　感　実際の営業現場での応対の方法などを具体的に学ぶことができました。営業時に気をつけるべきことなど、実践的なことを多く知り、勉強になりましたので、今後の営業活動に活かしていきたいと思います。

以上

POINT

●日々の業務の合間にメモを取るクセをつけて、効率よく日報や報告書を書く工夫を。

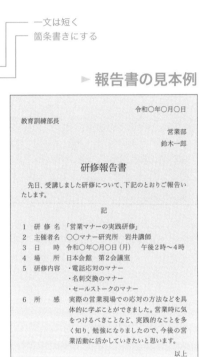

日報や報告書の書き方のポイント

▶日報で業務を「見える化」する

日々の業務内容を「見える化」した書類のこと。終業時にその日の業務内容を書き記したもので、会社によっては、目標、進捗状況や成果などの実績、問題点、改善点などを記入するケースもあります。

▶報告書で「情報共有」する

プロジェクトの終了時など、毎日ではなく区切りとなるタイミングで作成する書類。事業報告書や収支報告書など、情報共有するための、さまざまな書類があります。

その他の報告書の注意点

客観的事実を書く

報告書の書式はさまざまですが、どの報告書も情報は客観的事実を箇条書きなどでわかりやすく記入します。必要であれば、最後に自分なりの視点や分析を記して締めくくります。

> 調査結果を分析すると、昨年の商品〇〇の購買層は主婦から独身女性に移っている。
> このことから、商品〇〇のターゲットを独身女性に絞るべきだと考える。

事実を先に書き、自分の意見は事実の後に述べる

グラフや図などを添える

必要に応じ、報告内容の裏付けとなるデータを添える方法もあります。報告内容に対する説得力もアップします。ただ、文章で簡潔にまとめられるなら無理に添える必要はありません。

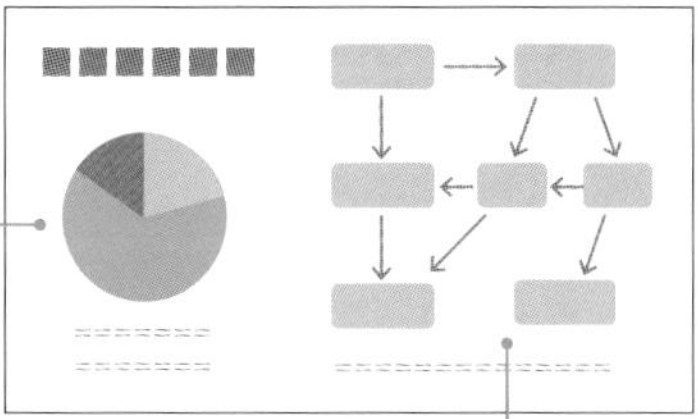

裏付けとなるデータを添える
数字をグラフにまとめる

チャート図で
表現する

プラスα

日報や報告書を成長のためのツールとして活用しよう！

日報や報告書は上司のマネジメントのためのものですが、実は自分自身にとっても有用です。なぜなら書くという行為を通じて自分の仕事を客観視でき、それによって課題や改善すべきポイントが明確になってくるからです。日報や報告書を保存し、自身の成長のためのツールとして活用しましょう。

『会社への連絡と届け出』

連絡が必要なもの

直行直帰や欠勤など、事前にわかっているときは早めに上司に申し出ますが、急な事態でやむを得ない場合は、必ず会社に電話で連絡をします（▸P.23）。

客先への直行	自宅から直接取引先などに行くときは、前日までに上司に許可をとります。	明日、お客様のところに直行してもよろしいですか	
客先からの直帰	出先から直接帰宅するときは、終わり次第上司に電話で許可をとります。	「今、商談が終わったのですが、このまま直帰してもよろしいでしょうか」	
遅刻	不測の事態で遅刻しそうなときは、できるだけ早く会社に電話連絡をします。	申し訳ございません。電車のトラブルで15分ほど出社が遅れそうです	
早退	事前に予定がわかっている場合は、早めに上司に申し出て届け出を。急な場合は口頭で上司に申し出をします。	「（急な場合）体調が悪いので、午後から早退させてもらえないでしょうか」	
欠勤	やむを得ない事情で急に仕事を休む場合は、始業までに上司に連絡します。	かぜで高熱が出てしまいましたので、突然で申し訳ありませんが本日はお休みをいただけないでしょうか	

POINT

● 周囲に心配や迷惑をかけないためにも、連絡や届け出を絶対に怠らない。

会社への連絡や届け出は義務！

社会生活を送るなかで、病気やケガ、身内の不幸などで、急遽《きゅうきょ》会社を休まなければならないこともあるでしょう。いかなる事情があっても、無断欠勤するのは社会人として完全にルール違反。**事前に上司に連絡したり、届け出を出したりするようにしてください。**届けには**事前届**と**事後届**があります。やむを得ない事情で遅刻・早退・欠勤を当日に上司に伝えたとしても、後日、事後届を提出します。

遅刻や**有給休暇**（有休）の取得を始め、連絡や届け出が必要なシーンはさまざま。有給休暇のように予定がわかるものは上司に報告・相談のうえ、事前に届け出ます。

届け出が必要な例

欠勤届　会社を休むとき

予定がわかっているときは早めに提出し、当日やむを得ない理由で休んだ場合は、事後に提出しましょう。

結婚・離婚届　結婚や離婚をする

各種手当とも関わってくるので、会社では手続き上、把握しておく必要があります。必ず届け出を提出しましょう。

有休届　有給休暇をとるとき

半年以上継続勤務をすると有給休暇が取れます。ただ、忙しい時期を避けるなどの配慮が必要です。

代休届　代休をとるとき

休日に出勤して、その代休を取得する場合は、事前に申請して許可をもらう必要があります。

住所変更届　住所が変わったとき

引越しなどで住所が変わったときに提出します。通勤手当にも関わってくるので、早めに届け出を提出しましょう。

給与振込先変更届　銀行口座を変更したとき

給与の振込先となっている銀行口座を変更した場合も、早めに届け出を提出しましょう。

主な休暇

年次有給休暇	定められている休日のほか、毎年一定の日数の休暇が有給で保障されます。
夏季休暇	年次有給休暇とは別に、夏季に休暇が設けられています。会社によって日数が異なります。
年末年始の休暇	こちらも夏季休暇と同じく、年次有給休暇とは別に、年末年始に設けられています。
慶弔休暇	結婚や出産などの慶事、親族の死亡などの弔事の際に取得できる休暇です。
介護休業	親や家族の介護のために、一定期間仕事を休むことができます。
産前産後休業／育児休業	出産や育児のために一定期間、会社を休むことができます。育児休業は、男女とも取得できます。

OK 連絡と届け出は早めに！

連絡と届け出は、わかった時点で早めに行うのがマナー。うっかり忘れてしまうと、自分の業務に支障が出るだけでなく、周囲に迷惑をかけてしまうことにもなりかねません。届け出の種類によっては、自分の生活や給料に影響が出る場合もあるので気をつけましょう。

社内行事に参加するとき

POINT

● 結果的に仕事に好影響をもたらすことも多いので積極的に参加してほかの社員と交流しよう。

親交を深めるチャンス！

会社には、忘年会や社員旅行を始めとしたさまざまな社内行事が存在します。**行事を行う一番の目的は、社員どうしのコミュニケーションを活性化させること。**チームの結束がより強くなったり、他部署のメンバーと仲よくなれたりと、快適に働くうえでも大きなメリットがあるでしょう。

社内行事はたくさんの先輩たちと交流を深める絶好のチャンス。**普段は関わりのない部署の先輩とコネクションを持つこともできるでしょう。**

仕事に直接関係ないからといって尻込みするのではなく、積極的に参加して職場での良好な人間関係を築いてください。

会社で開催される社内行事

多くの会社で開催される定番の社内行事は、忘年会、新年会、歓送迎会の大きく3つ。いずれも社内のほかのメンバーと交流を深める絶好の機会でもあります。

忘年会　新年会　歓送迎会

プラスα

会社によっては社員旅行やスポーツ大会もある

忘年会や新年会といった定番行事のほか、社員旅行やスポーツ大会、お花見、バーベキューなど、さまざまな社内行事が用意されている会社も少なくありません。新人にとっては顔を広めるチャンスなので、積極的に参加するとよいでしょう。

お酒の席で失敗しないためのマナーガイド

席での立ち振る舞い

すみません、
注文をお願いします

新人は入り口近くの下座に座るのが基本です。率先してメニューの注文を引き受け、会計時には幹事に声をかけ、手伝うことがないか確認しましょう。また、「無礼講だから」と上司に言われてもタメ口や失礼な態度は控え、節度を守って楽しみましょう。

お酒のつぎ方や断り方

先輩、
どうぞ！

飲めない
体質で……

相手のグラスが空になる前にお酌をするのがマナーです。ビール瓶の場合、ラベルを上にしてゆっくりと注ぎます。お酒が飲めなくても乾杯のときだけはグラスを持ちましょう。お酒をすすめられたら体質的に飲めないことを伝えましょう。なお、飲酒の強要など、飲酒に関連した嫌がらせや迷惑行為(アルコール・ハラスメント)をしてはいけません。

OK 自分のお酒だけ注文せず、周囲に気配りを

お酒を注文するときは周囲にも気を配り、グラスの空きそうな人がいたら「なにか飲まれますか？」と声をかけ、次の注文を確認しましょう。食事の場では率先して動き、周囲への気配りを忘れずに行動することで上司や先輩へのアピールにもつながりますが、なによりも節度とマナーをもって楽しむことが大切です。

column 2

在宅勤務で仕事を進めるコツ

[働きやすい環境や仕事に必要な道具をそろえよう]

時代とともに働き方は変わり、近年は在宅勤務を取り入れている企業が増加しています。新入社員でも、入社後早い段階から在宅勤務を経験する人もいるでしょう。在宅勤務をするには、**自宅に働きやすい環境を用意して、仕事に使う道具をそろえる**必要があります。

働きやすい環境とは、労働安全の観点から安全で快適であり、情報セキュリティの観点から情報漏洩の恐れがない場所です。仕事しやすい机とイス、快適な空調や照明、インターネット環境などを用意して、家族にも仕事の情報を見聞きされない場所を選びましょう。会社によってルールが異なりますので、事前によく確認してください。

必要な道具とは、パソコン、携帯電話はもちろん、事務用品など、さまざまな備品があります。パソコンや携帯電話は、情報セキュリティの観点からも会社から貸与されることが多いですが、あくまで**業務用なので、会社のルールに従って適切に扱いましょう**。業務以外で使用したり、会社の許可なくソフトウエアやアプリをインストールしてはいけません。

インターネット環境の整備にかかる費用、文房具など事務用品の購入費、在宅勤務時の光熱費などは、会社によって対応が異なります。全く支給されないところもあれば、「在宅勤務手当」として毎月一定の金額を支給したり、実費精算したり、事務用品は現物支給する企業もあります。不明点は、上司に確認しましょう。

PART 3

ビジネスを円滑に進める

ビジネス会話のマナー

信頼される上手な話し方や
聞き方のポイントをおさえ、
コミュニケーションをスマートにこなそう

「相手に信頼される話し方」

POINT

- ビジネスの場でよく使われる言葉を身につける。
- 話の目的で表情や声のトーンを使い分ける。

表情や声のトーンで印象が変わる

取引先と商談する、上司に仕事の報告をするなど、ビジネス上での人とのやり取りには必ず何らかの目的があります。そこでいかに信頼を得て、相手の心を動かすか。**そのための重要な役割を果たすのが〝話し方〟です。**

話し方では、使う言葉や内容のわかりやすさにも気を配ります。また、視線や表情、声のトーンといった要素も相手からの印象を大きく左右します。

相手の目を見て、表情豊かに話せば、相手も自然と好感を持ってくれるでしょう。相手が聞き取れないような小さな声になることは避け、語尾まではっきりと、自信を持って話せるようになることが大切です。

好感を持たれる話し方のポイント

► 視線や表情、声のトーンを意識

相手の目を見ながら

この三角形の中を見ます

時折視線を外し、書類や相手の眉間、口元を見るのもよいでしょう。

表情豊かに

笑顔や真剣な面持ちなどの表情を使い分けます。大げさな表情は逆効果です。

目的に合わせたトーン

明るめの声
落ち着いた声

場の雰囲気を盛り上げたいときは、やや高めの明るい声、クレーム対応は低めの落ち着いた声で話します。

語尾ははっきり

～ですが…
～でーす

尻すぼみだと頼りなく、語尾を伸ばすと、だらしない印象を与えます。

話し方・話す内容

わかりやすい言葉

専門用語や外来語を多用すると、理解できないストレスを与えることもあります。

反応を確かめながら

会話は相手の反応や考えを確かめながら進めることが大切です。

話のポイントは明確に

言いたいことが伝わるよう論点を整理し、流れを組み立てておきます。(▶P.92)

大切なことはゆっくり

話し方に強弱をつけて、重要な事柄を相手に印象づけます。

ビジネスでよく使う言葉、避けるべき言葉

ビジネスの場で、ふだん通りに話すと稚拙な印象になることも。よく使う言葉は頭に入れておくようにしましょう。

よく使われる言葉

日常使う言葉		ビジネスで使う言葉
今日	➡	**本日**
昨日(きのう)	➡	**昨日(さくじつ)**
今度	➡	**このたび**
後で	➡	**後ほど**
もうすぐ	➡	**まもなく**
うちの会社	➡	**当社**
おたくの会社	➡	**御社**

NG 避けるべき言葉や口調

✖ ら抜き言葉

例 ✖見れる ➡ ○見られる
✖来れる ➡ ○来られる
✖食べれる ➡ ○食べられる

✖ 若者言葉

例 うざい、ヤバイ、超、マジ、めっちゃ、○○じゃないですか

✖ 語尾を上げる、伸ばす

例 ○○なのでぇ〜
○○ですからぁ〜

『ビジネスでの伝わる話し方』

伝えたいことを明確にする

目的が不明確な会話は相手にストレスを与えます。
自分の中で目的を明確にしてから話しかけます。

何を伝えるのか	報告	連絡	相談
	経過や結果を伝える	事実や情報を知らせる	アドバイスを求める

▶ホウレンソウP.50

○
そうだな、私も一緒に確認してみよう
オカザキ不動産の外注費のことでご相談があるのですがよろしいでしょうか

何を伝えるかを明確にし、メモしておくことで、メモを見ながら相手にも何をしてほしいか簡潔に伝えやすくなります。

×
……？
部長、えーっと……オカザキ商事……あ、違った……オカザキ不動産のことで……

メモをしておかないと、話し始めてから何を話すのか混乱してしまうこともあります。相手にもうまく伝わりません。

POINT

- 話の目的や結論を冒頭で伝える。
- 「5W2H」を意識して、正確かつ簡潔に話す。

慣れるまではメモを用意しよう！

相手に話をきちんと伝えるには、内容を**どう組み立てるか**が大切です。話すときの表情や言葉遣いに気を配っても、話が要領を得なければ、「仕事ができない人」という印象を持たれかねません。**慣れるまでは、何を話すかをあらかじめ紙に箇条書きにしておくなどの準備をするとよいでしょう。**

メモの例

4/11

〈オカザキ不動産への見積書の件について〉

相談確認したいこと

①外注費がかなりかかっていておさえたい点

②利益率、最終金額の確認

話すときは「5W2H」を意識

実際に話をするときには、どう話せば相手がわかりやすいか「5W2H」を意識して内容を組み立てます。

▶「5W2H」とは

What（何が、何を）

行為の対象となるものを表します。

例 見積書をつくる
見積額を相談する

When（いつ、いつまでに）

出来事の時点（過去）や、先の予定（未来）です。

例 昨日の会議で～

Where（どこで、どこに）

出来事が起こった場所や今後の目的地などを表します。

例 大阪の展示会で～

Who（誰が）

行為の主体。個人だけでなく組織の場合もあります。

例 経理課が担当する

Why（なぜ、何のために）

出来事の目的や理由のことです。

例 想定外のトラブルのために納期が遅れた

How（どのように）

目的達成の手段のことを表します。

例 工場に協力を依頼し納期に間に合わせる

How much（いくら）

経費や見積額など、金額のことを表します。

例 500万円の見積書を提出する

❶ 冒頭で話の目的を伝える

✖ 部長、見積書をつくってみました
〇 部長、オカザキ不動産への見積書についてご相談があります

ポイント 用件が相談であること、何を相談したいのか明確に伝えます。

❷ 5W2Hを意識して話す

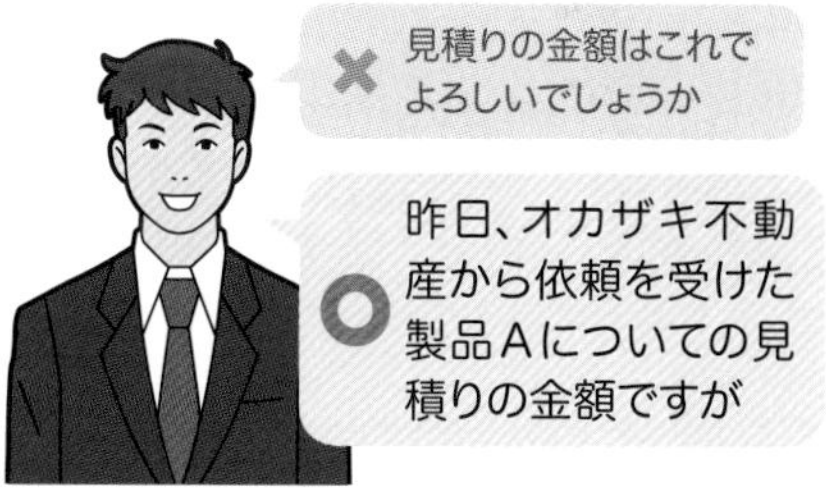
✖ 見積りの金額はこれでよろしいでしょうか
〇 昨日、オカザキ不動産から依頼を受けた製品Aについての見積りの金額ですが

ポイント 同じ顧客で複数取引がある場合、どの案件かわかるようにします。

❸ 結論を確認する

報告や連絡は伝えるべき内容が正しく伝わっているか、相談では得られたアドバイスを自分が正しく理解しているかを、会話の最後に改めて確認します。

！話すときに大切なこと

- □ 説明は、概要→詳細の順に
- □ 事実と意見を分けて話す
- □ 正直に話す

相手に伝わりやすいように、かつ、誠実に話すようにしましょう。

『ビジネスでの定番フレーズ』

POINT
- 定番の慣用句を頭に入れて使えるように。
- 「クッション言葉＋疑問形」でソフトに伝える！

定番の言いまわしをうまく使う！

ビジネス会話には、「**慣用句**」ともいえる言いまわしがあります。たとえば、何かを依頼するときは命令形ではなく「恐れ入りますが〜していただけますか」と依頼形や疑問形でお願いするのが代表例。**ビジネス会話の基本は、相手への尊敬の念や思いやりです。**

話の内容を手短に伝えつつ、事務的にならないよう相手を思う一言を添える、言いにくいこともショックを和らげる「**クッション言葉**」を使ってソフトに伝えるなど、ビジネスを円滑に進めるための工夫があります。こうした気遣いを心に留め、定番の言いまわしをうまく使うことが大切です。

よく使われるビジネス慣用句

スッと口から出るように、覚えておきたい慣用句。上司や先輩がどんな場面で使っているかも確認しましょう。

あいさつ	「お世話になっております」	例「お世話になっております。ナガハマ商事の鈴木と申します」 社外の人との会話やメールの冒頭でよく使われる言葉。「いつもお世話に〜」とすると、よりていねいです。
感謝	「恐れ入ります」	例「お忙しい中、ご足労いただき恐れ入ります」 感謝に加えて、恐縮していることも伝えられる。相手に何かを依頼するときにも使える便利なフレーズです。
承知	「承《うけたまわ》りました」	例「明日の時間変更の件、承りました」 ほかに「承知しました、かしこまりました」など。「了解です」は横柄に聞こえるのでNGです。
否定	「〜いたしかねます」	例「私の一存では、判断いたしかねます」 ほかに「わかりかねます」など。次ページのクッション言葉と一緒に使うとよいです。
謝罪	「申し訳ございません」	例「ご迷惑をおかけし、申し訳ございません」 「申し訳ありません」に丁寧語を用いた、ていねいな謝罪の表現。軽々しく多用しないよう気をつけます。

シーン別 上手に使いたい「クッション言葉」

ビジネスでは、言いにくいことを言わなくてはならない場面も。
そんなときにソフトに伝えることができる言葉です。

断るとき

残念、申し訳ない気持ちを表します。

例 残念ながら、申し訳ございませんが、お気持ちはありがたいのですが

✖ その日は予定があるので欠席します

〇 あいにくですが、その日は予定がありますので欠席いたします

依頼するとき

語尾は疑問形にします。

例 お忙しいところを恐れ入りますが、差し支えなければ、お手すきでしたら

✖ 資料を用意してください

〇 お手数をおかけいたしますが、資料をご用意いただけますか？

反論するとき

意見を肯定したうえで反論します。

例 もっともです。しかし～、お気持ちはよくわかります。ですが～

✖ その案にはリスクがあるので反対です

〇 おっしゃる通りです。しかし、その案にはリスクもあるように思います

催促するとき

責められたと思われない伝え方にします。

例 たびたびお尋ねして申し訳ございませんが～、ご多忙かとは存じますが～

✖ 見積書のご返答はまだですか？

〇 重ねてのお願いで恐縮ですが、見積書のご返答はいかがでしょうか？

『ビジネスでの上手な話の聞き方』

話の聞き方のポイント

相手の顔を見る

視線を向けることで、関心があることを伝えます。（▶P.90）

適度なあいづち

相手の話に弾みをつけることができます。

同調→「そうですね」
驚き→「そうなんですか」
共感→「わかります」

自分
そうですね
新規開拓営業に力を入れていきたいと考えています

興味を持つ

自然と熱心に聞く姿勢になります。

メモを取る

その話題を重要視していることが伝わります。

「聞くが8割、話すは2割」が会話上手のコツ

「聞き上手は話し上手」という言葉があるように、会話において「聞く」ことはとても大切な行為です。**ポイントは、ただ受け身的に聞くのではなく、相手の話を引き出せるように積極的に聞くこと。**

相手の価値観や考え方を知ることができれば、こちらが話すときにより相手に伝わる話し方を工夫でき、コミュニケーションが深まります。具体的には、「**聞くが8割、話すは2割**」を意識すること。相手の顔を見て、あいづちをうち、話に興味を持ちます。

こういった工夫が、会話を弾ませることにもつながりやすくするでしょう。

POINT

- 話を引き出せるよう能動的に聞く。
- 内容に興味を持ち、心から聞くことを楽しむ。

こんな聞き方はNG

話の腰を折る・否定する

何か言いたいことが思い浮かんでも、話は最後まで聞きましょう。

メモに集中しすぎる

あいづちをうつなどのリアクションを忘れないようにしましょう。

リアクションが過剰

オーバーなリアクションはよい印象を与えません。適度な反応を心がけます。

NG

気をつけたい あいづちのNGワード

若者言葉	:「ていうか〜」「マジで」
否　　定	:「ですが〜」「しかし〜」
要　　約	:「要は〜」「要するに〜」

要約は、話がわかりにくいと暗に伝えてしまう場合もあります。

困ったときの上手な聞き方

相手が黙り込んでしまった

▼

あせらずに相手に合わせて沈黙し、言葉を待つ

相手が触れたくない話題なら話を変えます。無理に話を盛り上げてはいけません。

話が理解できない

▼

「今のお話をもう少し詳しくお話しいただけますか」

聞き逃したことや理解できないことがあるのに、わかったふりをするのは不誠実です。

緊張して話に反応できない

▼

緊張していることをあまり意識せずに、話に集中する

「相手を楽しませなくては」という気持ちや、とらわれを捨てて話に意識を集中します。

「敬語の正しい使い方」

敬語の種類と使い分け

敬語にするときは、それぞれいくつかのパターンがあります。

丁寧語

立場にかかわらず使用

物事をていねいに表現するときに使います。

❶「です」「ます」「ございます」を文末につける

例 お電話です　行きます　こちらでございます

❷「お」「ご」をつける

例 電話→お電話　返事→ご返事（お返事）茶→お茶

謙譲語

自分がへりくだる

自分の行為や状態をへりくだって表現することで、相手に敬意を表します。

❶「お（ご）～する（いたす）」と言いかえる

例 知らせる→お知らせする　会う→お会いする

❷特定の形に言いかえる

例 言う→申す、申し上げる　食べる→いただく

❸「～いただく」と言いかえる

例 連絡をもらう→ご連絡いただく
　する→させていただく

尊敬語

相手を立てる

社外の人や年長者など目上の人の行為や状態を表現するときに使います。

❶「お（ご）～になる」と言いかえる

例 尋ねる→お尋ねになる

❷特定の形に言いかえる

例 言う→おっしゃる　食べる→召し上がる

❸「～れる（られる）」をつける

例 話す→話される

❹「お（ご）～くださる」と言いかえる

例 連絡する→ご連絡くださる　話す→お話しくださる

※文化庁文化審議会により、敬語は5つに分類（尊敬語、謙譲語Ⅰ、謙譲語Ⅱ、丁寧語、美化語）されていますが、本書では使いやすさを考慮し、尊敬語、謙譲語、丁寧語の3つに分けて解説しています。

POINT

- 使い分けは「上下関係」と「社内か社外か」。
- 自分と身内のことを言うときは常に謙譲語を。

3タイプの敬語を使い分けよう！

敬語なら、学生時代も先生に「です・ます」調で話していたから大丈夫、と思う人もいるかもしれません。しかし、改めておさらいすると、**敬語には「尊敬語・謙譲語・丁寧語」の3種類があり、相手や場面に応じて使い分ける必要があります。**正しく使えない、もしくは間違った敬語を正しいと思い込んで使っている人が、実は社会人にも多いのが現状です。

間違った敬語表現は、相手に失礼なだけでなく、社会人としての常識を疑われることにもなりかねません。**正しい敬語を使うことで「礼儀正しくしっかりしている人」という印象を与えられます。**

ビジネスシーンでよく使う敬語

丁寧語、尊敬語、謙譲語のよく使うパターンを覚えておきましょう。

基本形	尊敬語	謙譲語	丁寧語
言う	おっしゃる	申す、申し上げる	言います
行く	いらっしゃる	伺う、参る	行きます
いる	いらっしゃる	おる	います
帰る	お帰りになる	失礼する、おいとまする	帰ります
聞く	お聞きになる	伺う、拝聴する	聞きます
来る	いらっしゃる、お越しになる	伺う、参る	来ます
知っている	ご存じ	存じる、存じ上げる	知っています
する	なさる、される	いたす、させていただく	します
尋ねる	お尋ねになる、お聞きになる	伺う、お尋ねする	尋ねます
食べる	召し上がる	いただく	食べます
見る	ご覧になる	拝見する	見ます
読む	お読みになる	拝読する	読みます
わかる	おわかりになる	承知する、かしこまる	わかります

▶ 尊敬語と謙譲語の正しい使い方

本日、オカザキ不動産の井伊部長が参ります（謙譲語）　×

○　本日、オカザキ不動産の井伊部長がいらっしゃいます（尊敬語）

課長、先輩が申していたのですが（謙譲語）　×

○　課長、先輩がおっしゃっていたのですが（尊敬語）

母が課長にお礼をおっしゃっていました（尊敬語）　×

○　母が課長にお礼を申しておりました（謙譲語）

▶ 丁寧語の「お」と「ご」の使い方

お　訓読み言葉（和語）につく

- お名前
- お住まい
- お年
- お知らせ
- お帰り
- お勤め先
- お話
- お招き
- お気持ち
- お気づきの点

など

ご　音読み言葉（漢語）につく

- ご氏名
- ご住所
- ご年齢
- ご連絡
- ご帰宅
- ご勤務先
- ご高話
- ご招待
- ご心境
- ご意見

など

例外

音読み言葉に「お」がつく
例 お時間、お食事、お勘定、お天気、お葬式、お電話、お餞別　など

「お・ご」がつかない

外来語、動物名、公共物、自然現象名など
例 コーヒー、テレビ、ラジオ、犬、学校、台風、雨　など

敬語表現のよくある間違い

二重敬語

「尊敬語＋尊敬語」や「謙譲語＋謙譲語」など、
本来の敬語にさらに敬語を重ねた表現のことです。

✕ 部長がおっしゃられました

◯ 部長がおっしゃいました

「おっしゃる」（尊敬語）＋「～られる」（尊敬語）の二重敬語です。

✕ お客さまがお答えになられています

◯ お客さまがお答えになっています

「お答えになる」（尊敬語）＋「～られる」（尊敬語）の二重敬語です。

✕ お戻りになられましたか

◯ お戻りになりましたか

「お戻りになる」（尊敬語）＋「～られる」（尊敬語）の二重敬語です。

✕ 資料をご覧になられましたか

◯ 資料をご覧になりましたか

「ご覧になる」（尊敬語）＋「～られる」（尊敬語）の二重敬語です。

慣用表現

本来は目上の人が目下の人に対して使う言葉です。
うっかり口にしないよう注意しましょう。

✕ 課長、ご苦労さまです

◯ 課長、お疲れさまです

目下の人が目上の人に対して「ご苦労さま」を使うのは失礼です。

✕ （取引先に）お世話さまです

◯ （取引先に）お世話になっております

目上の人や取引先に対しては、「お世話になっております」と言います。

相手による敬語の違い

自分と相手の言い方

行為や物事を指す言葉には、自分の側に使う場合と相手の側に使う場合があります。

私からそちらの会社に伺います ×

○ 私から御社に伺います

相手を敬って、その人が属する会社を「御社」と言います。

私のご意見をお伝えします ×

○ 私の意見をお伝えします

自分に関することを言うときに「ご」はつけません。

自分側	基本形	相手側
わたくし	本人	○○様、そちら様
当社、わたくしども	会社	御社、そちら様
私見、考え	意見	ご意見、ご意向
家族、家族の者	家族	ご家族の皆様、ご家族様
父母、両親	両親	ご両親様

社内と社外の使い分け

人の呼び方や敬語の使い方は、相手が同じ会社の人か社外の人かで異なります。

社外に対して

明日のミーティングは加藤課長が伺います ×

○ 明日のミーティングは課長の加藤が伺います

社外に対して「○○課長」とは言いません。

課長の加藤がおっしゃっていました ×

○ 課長の加藤が申しておりました

上司の話したことでも、社外の人に伝えるときは謙譲語を使います。

	社内で	社外で
上司の呼称	加藤課長	課長の加藤、加藤（呼び捨て）
先輩の呼称	福島先輩	福島（呼び捨て）
上司・先輩の行為	加藤課長がご覧になる	課長の加藤が拝見する
相手の会社の社員の呼称	オカザキ不動産の松平様	松平様
相手の会社の役職者の呼称	オカザキ不動産の井伊部長	井伊部長（様）

「しかられ方とほめられ方の注意点」

しかられたときの態度と姿勢

最近のキミの仕事はミスが多いぞ。どうなっているんだ

さきほどの書類の不備の件でしょうか	➡ まずはミスの内容を確認
ほかに私が気づいていないミスがあれば、ぜひ教えてください	➡ ほかにもミスがないか聞く
仕事に慣れて、注意力が散漫になっていました	➡ 考えられる原因を述べる
今後はチェックを怠らず、ミスのないよう努めます	➡ 対策を添えて謝罪する
ご指摘をありがとうございました	➡ 上司の指摘はアドバイス。感謝を伝える

これはNG!

- □とりあえず謝ってやりすごす
- □他人のせいにする
- □反抗する・感情的になる

　しかることは、しかる側にもエネルギーが必要な行為です。よい気分がしないでしょうが、時間をさいてあなたのために注意してくれている、ということを念頭におきましょう。

POINT

- ●叱責は真摯に受け止め、今後の改善につなげる。
- ●ほめられたときは素直に喜び、周囲にも感謝する。

素直に受け止めよう!

　どんな人にも失敗はつきもの。大切なのは、失敗から学んで成長の機会にすることです。**失敗を自分自身の成長につなげるためにも、受けた叱責をどう受け止めるかが問われることになります。**しかられたときは、ミスに対して考えられる原因を述べ、対策をもって謝罪しましょう。

　また反対に、何かをほめられたときの上手な対応も身につけておきたいものです。まずは素直にお礼を伝え、協力してくれたことに感謝し、「もっとがんばります」と前向きな言葉で締めましょう。どんなほめ方、しかり方がやる気につながったかを覚えておけば、先輩になったときにも役立ちます。

上手なほめられ方

今日の会議での発表は、内容がよくまとまっていてとてもよかったよ

ありがとうございます ➡ 素直にお礼を言う

部長が事前に資料を見てくださったおかげです ➡ 周囲の協力に感謝する

次はもっとうまくできるようがんばります ➡ 前向きな言葉で締めくくる

まずは気持ちよく素直に喜びましょう。そのうえで、自分１人の力ではできなかったことなど、周囲への感謝を伝え、今後に向けた意欲を示します。

これはNG!

□照れてしどろもどろになる →「い、いやあ」
□過剰に謙遜する →「いいえ、まだまだです」
□図に乗る、うぬぼれる →「よく言われます」

照れてお礼も言えないのは幼い印象。また、謙遜も度が過ぎると相手の見る目も否定することになってしまいます。もちろん、うぬぼれるのも禁物。適度な謙虚さを身につけましょう。

後輩ができたときの効果的なしかり方・ほめ方

相手のやる気を引き出すしかり方、ほめ方のポイントをおさえておきましょう。

心に届くしかり方３原則

ほめてからしかる
まずほめて、相手を認めていることを伝えてからしかると、本人も素直に聞き入れやすいです。

本人の言い分も聞く
頭ごなしにしかるのではなく、本人の言い分や事情も聞く心の余裕を持ちましょう。

プライドを傷つけない
しかる対象は、あくまでも本人がした行為やその結果。人格を攻撃するしかり方は禁物です。

やる気にさせるほめ方３原則

人前でほめる
本人の「認められた」という気持ちを強める効果が期待できます。

短くほめる
「よかったよ」。こんなストレートな言葉ほど、相手の心にいつまでも残るものです。

努力をほめる
結果や成果ではなく、認めるべきは本人の努力。ほめられた側の意欲も高まります。

column 3

いつもの口癖を直すと印象が変わる

[何気ない口癖で、あなたの印象は決定づけられる]

仕事をするうえでは、上司や先輩とのコミュニケーションが欠かせません。報告や連絡、相談はもちろんですが、指導や指示を受けるときなど、業務に関する会話を交わす機会は多々あります。その際に注意したいのが**口癖**です。

上司から、営業資料の提出にあたって、期日の指示を受けたとしましょう。しかしあなたは、その期日までに複数の資料をつくらなければならず、とても業務時間内には間に合いそうにありません。ここで、もしもあなたの口癖が「でも」であった場合、「でも、たくさんの資料作成が控えています」や「でも、期日までに間に合いそうにありません」などと言ってしまうのではないでしょうか。

おそらく上司はこのとき、あなたに「仕事に対して後ろ向きな人」という烙印を押すはずです。それは、期日に間に合いそうにない事情が理由ではなく、「でも」というマイナス思考ともとれる口癖に対して。

こういった普段何気なく使っている口癖が、上司や先輩、さらには取引先からの印象を決定づけてしまうことはよくあります。場合によっては、**相手が強い不快感を示し、業務に支障をきたすこと**も考えられるでしょう。その中には、私生活で多用しているであろう「超」や「ヤバい」などのいわゆる若者言葉も含まれます。仕事上のコミュニケーションにおいて求められるのは、ポジティブでていねいな言葉選び。相手から受ける印象に意識を向け、今一度、自身の口癖を振り返ってみてください。

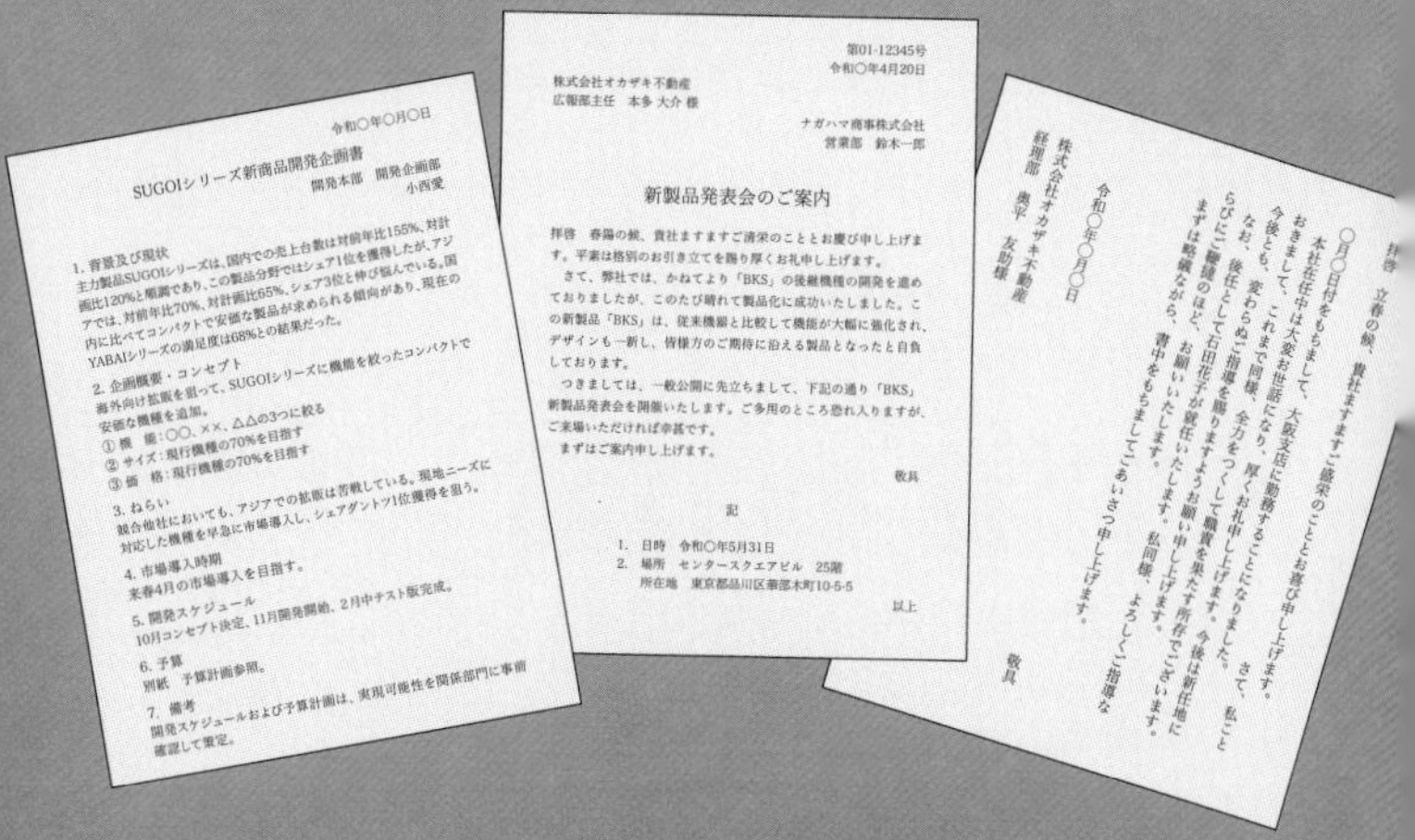
令和○年○月○日

SUGOIシリーズ新商品開発企画書

開発本部　開発企画部
小西愛

1. 背景及び現状
主力製品SUGOIシリーズは、国内での売上台数は対前年比155%、対計画比120%と順調であり、この製品分野ではシェア1位を獲得したが、アジアでは、対前年比70%、対計画比65%、シェア3位と伸び悩んでいる。国内に比べてコンパクトで安価な製品が求められる傾向があり、現在のYABAIシリーズの満足度は68%との結果だった。

2. 企画概要・コンセプト
海外向け拡販を狙って、SUGOIシリーズに機能を絞ったコンパクトで安価な機種を追加。
① 機　能：○○、××、△△の3つに絞る
② サイズ：現行機種の70%を目指す
③ 価　格：現行機種の70%を目指す

3. ねらい
競合他社においても、アジアでの拡販は苦戦している。現地ニーズに対応した機種を早急に市場導入し、シェアダントツ1位獲得を狙う。

4. 市場導入時期
来春4月の市場導入を目指す。

5. 開発スケジュール
10月コンセプト決定、11月開発開始、2月中テスト版完成。

6. 予算
別紙　予算計画参照。

7. 備考
開発スケジュールおよび予算計画は、実現可能性を関係部門に事前確認して策定。

第01-12345号
令和○年4月20日

株式会社オカザキ不動産
広報部主任　本多 大介 様

ナガハマ商事株式会社
営業部　鈴木一郎

新製品発表会のご案内

拝啓　春陽の候、貴社ますますご清栄のこととお慶び申し上げます。平素は格別のお引き立てを賜り厚くお礼申し上げます。

さて、弊社では、かねてより「BKS」の後継機種の開発を進めておりましたが、このたび晴れて製品化に成功いたしました。この新製品「BKS」は、従来機器と比較して機能が大幅に強化され、デザインも一新し、皆様方のご期待に沿える製品となったと自負しております。

つきましては、一般公開に先立ちまして、下記の通り「BKS」新製品発表会を開催いたします。ご多用のところ恐れ入りますが、ご来場いただければ幸甚です。

まずはご案内申し上げます。

敬具

記

1. 日時　令和○年5月31日
2. 場所　センタースクエアビル　25階
所在地　東京都品川区華部木町10-5-5

以上

拝啓　立春の候、貴社ますますご盛栄のこととお喜び申し上げます。

さて、私こと○月○日付をもちまして、大阪支店に勤務することになりました。本社在任中は大変お世話になり、厚くお礼申し上げます。今後は新任地におきまして、これまで同様、全力をつくして職責を果たす所存でございます。今後とも、変わらぬご指導を賜りますようお願い申し上げます。

なお、後任として石田花子が就任いたします。私同様、よろしくご指導ならびにご鞭撻のほど、お願いいたします。

まずは略儀ながら、書中をもちましてごあいさつ申し上げます。

敬具

令和○年○月○日

株式会社オカザキ不動産
経理部　奥平　友助様

PART

4

正確に伝えるための

ビジネス文書・メールのマナー

ビジネス文書の基本ルールと
決まり文句の使い方、
メールのルールをおさえよう

「ビジネス文書の基本ルール」

ビジネス文書は大きく分けて3つ

社外文書

取引文書

依頼、提案に

会社を代表して、取引先やお客様などに依頼や提案、発注や回答といった意思表示をする文書。こちらもひな形がフォーマット化されているのが一般的です。

依頼書／提案書／
案内状 ▶P.112
見積書 ▶P.113
督促状 ▶P.113
注文書 ▶P.114
発注書／詫び状 ▶P.114
回答状　など

社交文書

つきあいを深めたいときに

事実関係よりも人間関係を深めるコミュニケーションツールとして活用されるもの。礼儀を重んじて、手書きで縦書きに書くのが理想ですが、会社対会社の場合は印刷で横書きの場合も多いので、臨機応変に対応します。

あいさつ状 ▶P.116
招待状／祝い状／
お礼状 ▶P.203
悔やみ状／年賀状
など

社内文書

連絡や報告などに

社内での業務を円滑にするためのコミュニケーションツールとして活用。会社によって、ひな形がフォーマット化されているのが一般的です。

指示書／業務日報 ▶P.82
報告書 ▶P.82、P.119
企画書 ▶P.118
案内書 ▶P.119
稟議書 ▶P.120
始末書 ▶P.120
議事録　など

POINT

●「社内文書」「取引文書」「社交文書」は、それぞれの特性を知ってルールを守る。

正確かつ簡潔に、わかりやすく書く

ビジネス文書とは、業務を行ったり外部と取り引きしたりするために作成する文書です。ビジネス上の用件を社内や社外に伝達するのが目的です。そのため**形式に則って的確に伝えたいことを記載する必要があります。**

作成の際、「5W2H」（▶P93）をしっかりとおさえているかをチェックすると安心です。固有名詞や名称、日時、場所、金額などの情報に誤りがないか、確認しながら作成を。**また、一般的に会社規定のフォーマットがあるため、それを使用します。**祝い状やお礼状といった「社交文書」は、相手とのコミュニケーションを深めることで、信頼関係を築くことができます。

ビジネス文書の心得

「仕事で作成するもの」と心得る

社内文書は相手の時間を取らせないようになるべく簡潔にし、社外文書は先方への敬意を示す正しい敬語で作成します。仕事を円滑にする有益なツール、と心得ましょう。

わかりやすい言葉を使う

相手に必要な情報を提供する目的である以上、誤解を生じるようなややこしい内容はNG。誰が読んでもわかるように専門用語は避け、あいまいな表現も避けましょう。

証拠として残ることを意識する

文書として相手と情報を共有することで、トラブルを未然に防ぐ役割があります。さらにトラブルが起こったときに、情報を正確に伝達したか否かの証拠として力を発揮します。

ビジネス文書の文章術

事実を正確に書く

ビジネス文書で最も大切なことは、伝えたい情報を的確に、効率よく相手に伝えるということ。「恐らく」「～と思われます」といった個人の見解は控えます。文章を読んだ人が短時間で概要が理解できるよう、文章はなるべく簡潔にします。結論から入り、その根拠を述べましょう。件名もわかりやすくします。

文体を統一する

口語体は避け、「です・ます体」で作成するのが基本。ただし会議資料などは、「である調」で作成する会社もあります。いずれも、文体は文書ごとに統一しましょう。数字は漢数字ではなく、アラビア数字で統一し、3桁ごとにカンマで区切ります。桁数が多い場合は、1万など単位を漢字で記載する場合もあります。

ビジネス文書の基本的なフォーマット

受信者名
相手の会社名、部署名、役職名、氏名、敬称の順に記入します。

文書番号と発信年月日
必要に応じて文書番号を記載します。証拠としての信憑性を高めるため、相手方に送付した年月日を記載しておくことは必要不可欠。西暦、和暦は会社のルールに従います。

敬称
会社や部署宛なら「御中」、個人宛なら「様」、複数に対するなら「各位」をつけます。

件名
「〜のご案内」や「〜のお知らせ」など、誰が見ても、ひと目で内容がわかるタイトルをつけます。

発信者名
会社名と部署名、役職名、氏名の順番で記入。原則として、この文書の責任者名にします。

第01-12345号
令和○年4月20日

株式会社オカザキ不動産
広報部主任　本多 大介 様

ナガハマ商事株式会社
営業部　鈴木一郎

新製品発表会のご案内

拝啓　春陽の候、貴社ますますご清栄のこととお慶び申し上げます。平素は格別のお引き立てを賜り厚くお礼申し上げます。

　さて、弊社では、かねてより「BKS」の後継機種の開発を進めておりましたが、このたび晴れて製品化に成功いたしました。この新製品「BKS」は、従来機器と比較して機能が大幅に強化され、デザインも一新し、皆様方のご期待に沿える製品となったと自負しております。

　つきましては、一般公開に先立ちまして、下記の通り「BKS」新製品発表会を開催いたします。ご多用のところ恐れ入りますが、ご来場いただければ幸甚です。

　まずはご案内申し上げます。

敬具

記

1. 日時　令和○年5月31日
2. 場所　センタースクエアビル　25階
   所在地　東京都品川区華部木町10-5-5

以上

主文
本題の用件。改行して、「さて」の言葉で始めます。「つきましては」は「そこで」「従って」の意味です。

頭語・前文
「拝啓」が最も一般的。1字分空けて時候のあいさつなど（▶P.110）を続けます。

別記
添付書類の内容や、イベントなどの日時や場所を箇条書きで簡潔に、そして正確に記載します。

結語
頭語に対応する結語を必ず入れます。「拝啓」なら「敬具」です。

末文
用件をしめくくる言葉を入れます。

POINT

- 文書によってさまざまな言葉を使い分けて作成。
- 敬称の種類と使い分けを覚える。

① 敬称の種類と使い分け

語頭につけて尊敬語にする例

語頭に「貴」や「御」をつけて、相手や、相手の気持ちに敬意を表します。

使う場面	尊敬語
相手の会社に対して	**貴**社・**貴**部門・**貴**校（学校の場合）
参加者に対して	**ご**参加者
承諾を求める場合	**ご**承諾
相手の考えや気持ちに対して	**ご**高察・**ご**高説・**ご**高配
弔電に	**御**尊父様（故人が喪主の父の場合） **御**母堂様（故人が喪主の母の場合）

名前などの下につける敬称の例

名前などの下に「様」や「御中」をつけて、相手に対する敬意を表します。

対象	敬称
すべての人に対して	お客**様**・皆**様**・○○**様**
役職の人に対して	井伊**部長**・酒井**課長**
組織の中の誰かに対して	オカザキ不動産**御中**・営業部**御中**
集団に対して	お客様**各位**

② 頭語と結語の一例

頭語は相手への敬意を表す言葉で、文頭につけます。文末につける結語は頭語に対応したものを使います。文書の内容によって、使う用語が変わるので気をつけましょう。

略式の場合

頭語　結語

前略《ぜんりゃく》－草々《そうそう》

通常の場合

頭語　結語

拝啓《はいけい》－敬具《けいぐ》

改まった場合

頭語　結語

謹啓《きんけい》－敬白《けいはく》

③ 前文、主文、末文の組み合わせ方

社外文書は、前文⇒主文⇒末文の流れで構成します。前文と末文は季節や文書の内容、相手の立場に応じて使い分けましょう。別記や付記があるときは末文のあとに続けます。

前文（順に組み合わせてつくる）

頭語

一般的な場合	拝啓	丁重な場合	謹啓
返書の場合	拝復	事務的な場合	前略

＋

時候のあいさつ ▸P.111

＋

繁栄・安否のあいさつ

皆様には ／ 貴社
↓
ますます・いよいよ
↓
ご清祥 ／ ご発展・ご繁栄
↓
のこととお慶び・のこととお喜び
↓
申し上げます

または

感謝を伝えるとき

平素は・日頃は
↓
格別の・ひとかたならぬ
↓
ご高配・ご愛顧・お引き立て・ご厚情
↓
を賜り・にあずかり・いただき
↓
厚く御礼申し上げます・誠にありがとうございます

＋

主文（このあとに本題を続ける）

初めての相手	突然お手紙を差し上げる失礼をお許しください
お礼をいうとき	このたびは、お問い合わせをいただき誠にありがとうございます
お願いするとき	はなはだ申し上げにくいのですが、折り入ってお願いがございます
返信のあいさつ	このたびはごていねいなお手紙をいただき、誠に恐縮に存じます
お詫びをするとき	このたびは多大なご迷惑をおかけし、心よりお詫び申し上げます

結びの例

基本①	今後ともよろしくお願い申し上げます
基本②	末筆ながら貴社のますますのご発展を心からお祈り申し上げます
返信依頼	ご多忙とは存じますが、ご返事を賜りますようお願い申し上げます
添付	ご査収のほどよろしくお願い申し上げます
出席依頼	万障お繰り合わせの上、ご出席いただけますと幸いです

＋

末文

あいさつ	まずは取り急ぎ、ご通知申し上げます （社交文書の場合）まずは略儀ながら、書中にてごあいさつ申し上げます

結語

一般的な場合	敬具	丁重な場合	謹白
返書の場合	敬具	事務的な場合	草々

例

（頭語）拝啓　（時候のあいさつ）初春の候、（前文）貴社ますますご清祥のこととお慶び申し上げます。（主文）突然お手紙を差し上げる失礼をお許しください。（本題を記載）。（末文）まずは略儀ながら、書中にてごあいさつ申し上げます。（結語）敬具

④ 前文に入れる時候のあいさつ例

頭語に続けて入れる、季節に応じたあいさつ例を紹介します。最近では時候のあいさつを省略して、どんな時期でも「時下」とするケースもあり、その場合は「時下貴社ますますご清祥のこととお慶び申し上げます」などとします。

	時期	季語（+〜の候／〜の折／〜のみぎり）
1月	1月1日〜1月7日	初春
	中旬〜下旬	寒風
2月	立春（2/4頃）	立春
	中旬〜下旬	余寒
3月	上旬	早春
	中旬〜下旬	春陽
4月	上旬	陽春
	中旬〜下旬	春暖
5月	上旬	晩春
	中旬〜下旬	新緑
6月	上旬	初夏
	中旬〜下旬	向暑
7月	上旬	盛夏
	中旬〜下旬	炎暑・烈暑
8月	立秋（8/8頃）まで	猛暑
	立秋以降	残暑・晩夏
9月	上旬	初秋
	中旬〜下旬	秋涼
10月	上旬	清秋
	中旬〜下旬	紅葉
11月	上旬〜中旬	向寒
	下旬	晩秋
12月	上旬	初冬
	中旬〜下旬	歳末

『ビジネス文書の書き方① 社外文書（取引文書）の書き方』

POINT

- フォーマットに則って作成する。
- 日時や数量、金額を正確に書く。

「記録として残る」ことに配慮を

報告書や見積書、契約書、請求書、詫び状など、**取引文書**はすべて「**会社の意思**」を書面にしたものです。誰が見てもわかるように簡潔明瞭に書くことが大切です。また、会社の品格を下げないように、**フォーマットに則った文書を作成する**よう心がけることが求められます。

会社と会社の間で交わされる文書である以上、正確さには万全を期したいもの。**日時**や**数量**、**金額**といった**数字**や**データ**の誤りは、思わぬトラブルの元になってしまいます。

逆にきちんと作成しておけば、トラブル発生時の証拠としても力を発揮します。

業務文書の基本パターン

▶ 案内状

新製品の発表会や新サービス開始の案内のほか、資料送付、支店の新設や移転の案内など、さまざまな局面で作成される文書です。

令和〇年〇月〇日

株式会社オカザキ不動産　御中

ナガハマ商事株式会社
代表取締役社長　竹中太郎

新製品発表会のご案内

拝啓　初夏の候、皆様におかれましては、いよいよご清祥のこととお喜び申し上げます。平素は格別のご厚情を賜り、厚く御礼申し上げます。

このたび、新製品「アクア」が完成いたしました。既存製品と比較しても、操作性、デザインともに皆様方のご期待に添える製品ができあがったと自負しております。

つきましては、一般公開に先立ちまして、下記のとおり新製品発表会を開催したいと存じます。

ご多忙のところ恐縮ではございますが、万障お繰り合わせの上、ご来臨をいただけますようお願い申し上げます。

略儀ながら、書中にてご案内申し上げます。

敬具

記

1．日　時：令和〇年〇月〇日　10：00～16：00
2．場　所：弊社　本社ショールーム
3．連絡先：鈴木一郎（電話03-9876-0000）

（同封）新商品リリース及び会場案内図　1通

以上

広報部　黒田次郎
電話03-0000-0000

会社名は略さない
会社名は略さずにきちんと書き、株式会社を「(株)」と表記するのも避けます。

発信者は代表者名に
会社のイベントの案内状は、代表者の名前で送付します。

具体的な名称を入れる
新製品や新社屋のお披露目会の案内状には、具体的な名称やアピールを入れます。

きちんと末文を入れる
結びのあいさつや、頭語に対応した結語も記載します。

付記は箇条書きに
日時や開催場所は箇条書きに。発信者と担当者が違う場合は、氏名と連絡先を明記します。

同封物の明記を
必要なら、会場の地図、新製品のリリースといった資料を添付します。その場合、添付資料の内容を「同封」などとして明記します。

見積書

見積もりとは、依頼された業務の量や期間、金額を前もって概算すること。見積書に記載された内容は、契約書と同じ効果を持っています。有効期限も明記します。

20XX年○月○日

株式会社オカザキ不動産　御中

ナガハマ商事株式会社
（住　所）東京都台東区八尾5-8-10
（代表者氏名）竹中太郎　社印
（部署　担当者名）営業部　鈴木一郎　印

御見積書

拝啓　時下ますますご清栄のこととお慶び申し上げます。平素は格別のご高配を賜り、厚くお礼申し上げます。
ご依頼の件、下記のとおりお見積もりさせていただきます。ご検討のほど、よろしくお願い申し上げます。

敬具

御見積金額　165,000円

見積有効期限　20××年○月○日

No	品名	個数	単位	単価	金額
1	○○○	10	個	¥10,000	¥100,000
2	○○○	1	式	¥50,000	¥50,000
				消費税	¥15,000
				合計	¥165,000

備考：仕様が変更になった場合は再見積書をご提出いたします。

主文は簡潔に

必要なのは、見積もり金額とその内容の提示です。見積書の場合、だらだらと主文を書かなくてよいです。

有効期限を入れる

見積書には通常、有効期限を入れます。そのほか必要に応じて、納期や納入場所、納入方法といった情報を提示します。

社印を押す

社印や担当者印が必要になるケースがあるので必ず上司に確認を。押し忘れると無効になりかねないことを念頭に置きます。

社印の例　ナガハマ商事株式会社之印

消費税も明記する

見積金額には、税金の内訳なども明記する。くれぐれも誤りがないようにしましょう。

備考欄を設ける

連絡事項や説明したいことがあれば、備考欄に記入を。あくまで簡潔に、伝えたい事実だけを記載すればOKです。

督促状

催促の手紙で、強い意味を持つ請求書ともいえます。支払いや返済の催促、納入や納品の催促のほか、回答や返却の督促などもできます。

令和○年○月○日

株式会社オカザキ不動産
経理部主任　奥平友助　様

ナガハマ商事株式会社
営業部　鈴木一郎

代金お支払いのお願い

拝啓　若葉の候、貴社におかれましては、ますますご清栄のこととお慶び申し上げます。
さて、先般ご送付申し上げました弊社商品アクアの代金でございますが、令和○年○月○日現在、いまだご入金が確認できておりません。
つきましては、振込用紙を再送いたしますので、至急お振り込みいただきますようお願い申し上げます。
なお、本状と行き違いにお振り込みをいただいておりましたら、何卒ご容赦下さい。
今後ともよろしくお願い申し上げます。

敬具

主文は客観的に書く

主文は、感情を交えずに客観的に具体的な事実、または経緯を説明する内容に。礼儀正しく、困っていることを伝えます。

相手に配慮した一文を

督促状と支払いが行き違いになっていた場合、相手の気分を害してしまう危険性も。そうした事態を防ぐための一文を添えます。

作成日時の記載

どの時点で支払いや回答、返却などが確認できていないのかを示すためにも、必ず作成日時を記載するようにしましょう。

責任者の名前を記載

責任者の名前を記載する。自社名と肩書き、氏名を記入すればOK。作成者の名前で送付するのはNGです。

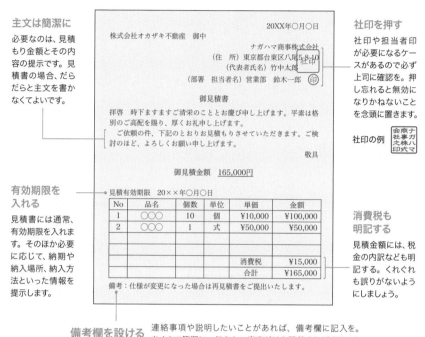

▶ 注文書

商品や資材などを注文するための書類で、発注書とも。多くの場合、品名や数量、納期や支払い納期といった必要最低限の情報を記載します。

あいさつ文の使い分け

あいさつ文は、相手先との関係や日頃の取引の度合いで使い分けます。時候のあいさつを省略し「平素は大変お世話になっております～」とする場合もあります。

注文内容はわかりやすく

ひと目で注文したい商品と数量、納期、納品場所など、具体的な情報がわかるように記載します。

収入印紙

注文番号1234567890
令和○年○月○日

株式会社カスガヤマ設計　御中

株式会社オダワラ社印
東京都小田原市江戸4-10
制作部　北条満男
電話03-0000-0000

注文書

拝啓　時下ますますご清栄のこととお慶び申し上げます。平素は、格別のご高配を賜り、厚く御礼申し上げます。

さて、今月の注文は下記のとおりです。ご手配のほど、よろしくお願い申し上げます。
敬具

記

商品名	個数	単位	単価	金額
超軽量ネジ	100	個	150	¥15,000
ピッタリナット	200	個	250	¥50,000
小計				¥65,000
消費税（10%）				¥6,500
合計				¥71,500

希望納品日：令和○年○月○日（　）
納品場所：弊社貨物倉庫
以上

収入印紙を貼る

課税文書の場合、収入印紙を貼ります。貼り忘れがないか、消印を押したか最後に必ず再確認をしましょう。

会社名を記入

会社対会社の取引の場合は、個人名ではなく会社名を記入。また、会社が発行する場合は社印を押すのが一般的。押し忘れに注意します。

社印の例　ナガハマ商事株式会社之印

▶ 詫び状

取引先やお客に対して、謝罪の気持ちを表すための文書です。商品の不備や業務上のミスがあった場合、クレームが入った場合などに作成します。

再発防止策も明記する

今後、再発防止のためにどのような対策を講じるかをきちんと述べることが大切。こうすることで、先方の気持ちも和らぐはずです。謝るだけで、善後策を提示しないのはNGです。

今後のおつき合いのお願い

最後に、変わらぬおつき合いのお願いを述べて締めます。必ず上司にチェックしてもらいましょう。

令和○年○月○日

株式会社オカザキ不動産
経理部　奥平友助　様

ナガハマ商事株式会社
〒000-0000　東京都台東区八尾5-8-10
03－9876－0000
経理部　小早川直美

請求書誤記のお詫び

拝啓　残暑の候、貴社益々ご清栄のこととお喜び申し上げます。平素は格別のご高配を賜り厚く御礼申し上げます。

さて、このたびは、請求書誤記の件で大変ご迷惑をおかけし、誠に申し訳ございませんでした。

こちらで原因を調査いたしましたところ、当方の入力ミスによって誤った金額でのご請求になったことがわかりました。こちらの人的ミスにより、多大なご迷惑をおかけしましたことを深くお詫び申し上げます。改めて請求書を同封させていただきましたので、恐れ入りますが、先般お送りした請求書は破棄をお願い申し上げます。

今後、こうしたミスの再発を防止するために、全社でバーコードによる管理の導入をすすめていく所存です。

引き続き変わらぬご指導、ならびにご愛顧をいただけますよう、よろしくお願い申し上げます。

取り急ぎ書面にてお詫び申し上げます。
敬具

謝罪の言葉を書く

主文は、謝罪からスタート。その後、ミスの起こった原因を述べ、改めてこちらのミスで迷惑をかけたことをお詫びします。

起きたことへの対応を明記

ミスが起きた原因と、起きたことへの対応を明記します。相手がどのような対応をすればよいのかも、きちんと提示します。

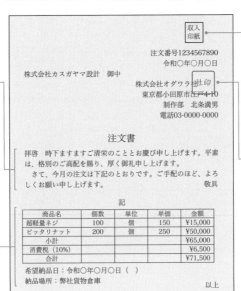

送付状の基本パターン

書類などを社外に送る場合は、送付書類を明記した送付状を添えます。宛名や部署名は省略しないで書き、発信日、発信者名、連絡先をきちんと入れましょう。

基本パターン

令和○年○月○日

株式会社オカザキ不動産
経理部　奥平友助　様

ナガハマ商事株式会社
営業部　鈴木一郎

書類送付のご案内

拝啓　時下ますますご清栄のこととお喜び申し上げます。平素は格別のご高配を賜り、厚く御礼申し上げます。

本日は、以下の書類を送付させていただきます。

ご査収くださいますようよろしくお願いいたします。

敬具

記

1. ご請求書　1通
2. カタログ　1部

以上

送り先の社名・部署名・担当者名
左上の見やすい場所に配置します。

タイトル
ひと目で用件が伝わるようにタイトルを入れます。

頭語
社外の人に送る際は必ず入れます。

本文
用件を具体的かつ簡潔に記入します。

送付書類の詳細
箇条書きで、添付書類の詳細を記入します。

日付
右上に年・月・日を記入します。

自社の社名・部署名・担当者名
送り先の社名などより低い場所の右側に入れます。

前文
あいさつ文としてビジネスの定型フレーズを。

末文
最後に一言、締めの言葉を入れます。

結語
社外の人に送る際は必ず入れます。

以上
「記」以下を締めくくるために入れます。

業務文書作成のポイント

誤字・スペルミスに注意
社外文書は仕事の誠実ぶりを示します。誤字やスペルミスは信頼を損なう恐れもあるので気をつけましょう。

事実は正確に
数値データ・金額・日時・場所などの書き間違いは致命的なミスです。細心の注意をしましょう。

なるべく1枚で完結させる
見やすく簡潔な内容にします。伝えたい内容が多いときは、別途、参考資料を添付するなど工夫しましょう。

上司にチェックしてもらう
文書が完成したら、表現の不備や固有名詞の誤りなどがないか念入りにチェックし、上司にも確認をお願いしましょう。

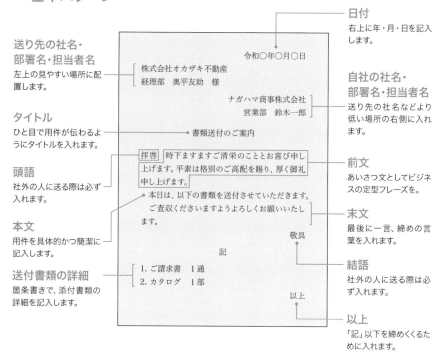

ビジネス文書の書き方②

「社外文書（社交文書）の書き方」

POINT

- 社交文書で取引先との関係を良好に保つ。
- 相手への敬意や敬愛の念を伝える。

基本形式に沿って書き、礼儀を示す

　請求書や注文書などの取引文書のように取引内容を伝える目的ではなく、**より私的な内容を伝える**社外文書として**「社交文書」**があります。具体的には異動や会社の移転に際しての**あいさつ状**、**招待状**、**祝い状**、**見舞い状**、**お礼状**、**悔やみ状**などです。

　折に触れて取引先に社交文書を送ることで、相手との人間関係を円滑にできます。連絡文書とは違い、**相手への敬意や敬愛の念を伝えること**がポイントです。

　基本となるフォーマットやルールをしっかり守り、正しい敬語を用いて、礼儀正しく作成するように心がけましょう。

社交文書の基本パターン

あいさつ状

支店などの開設、転任や異動、退職などを知らせるあいさつ文書のこと。連絡先や担当者の変更などを知らせる意味合いもあります。

拝啓　立春の候、貴社ますますご盛栄のこととお喜び申し上げます。　さて、私こと

○月○日付をもちまして、大阪支店に勤務することになりました。

本社在任中は大変お世話になり、厚くお礼申し上げます。今後は新任地におきまして、これまで同様、全力をつくして職責を果たす所存でございます。

今後とも、変わらぬご指導を賜りますようお願い申し上げます。

なお、後任として石田花子が就任いたします。私同様、よろしくご指導ならびにご鞭撻のほど、お願いいたします。

まずは略儀ながら、書中をもちましてごあいさつ申し上げます。

敬具

令和○年○月○日

ナガハマ商事株式会社
営業部　鈴木一郎

株式会社オカザキ不動産
経理部　奥平　友助様

季節のあいさつを入れる

時候の言葉は、時期に合わせたものを使います（▸P.111）。

頭語と結語を入れる

社交文書も頭語と結語を必ず入れます。簡略な用件のときに用いる「前略」は使わないようにします。

お礼やお願いの言葉を

転勤や異動の場合などは、これまでのお礼や今後の指導のお願いの言葉を必ず添えます。新しい部署やオフィス、連絡先も伝えます。

! 宛名は最後に書く

縦書きの場合は、宛名を左側に記載します。宛名は自分の名前よりも高い位置に配置するのもポイントです。

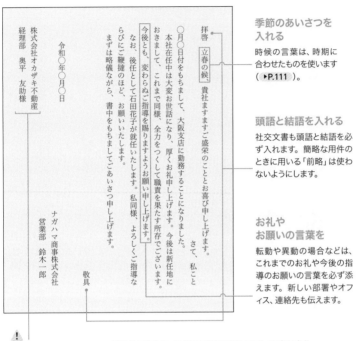

社交文書作成のポイント

手紙と同じように縦書きで書く

社交文書の大きな特徴は、格式が重んじられるということ。縦書きで書くのが基本となります。

定まった型に従う

一定の形式を用いて、礼儀にかなった表現で書くことも大切。また、出すタイミングもきちんと見計らって出すようにしましょう。

原稿用紙やレポート用紙は使わない

業務で使用するレポート用紙や原稿用紙では、いくら社名が入っているとはいえ、味気ないもの。季節感のある便せんやはがきを使うと印象アップにつながります。

必ず封書で送る

お中元のお礼などは、はがきでもよいですが、社交文書は原則として封書で送ります。招待状やあいさつ状のように一斉同封するもの以外は手書きで書きます。

宛名ラベルは避ける

宛名書きは、先方への第一印象に直結する部分です。社交文書を送る場合は、心を込めて直筆で書いたほうが好印象につながります。

プラスα

格式と素直な感情のバランスをとって

社交文書の目的は、相手への感謝の気持ちを表すなど、今後の良好なおつき合いを構築することにあります。格式やルールを重視すると同時に、自分の素直な気持ちを表現することも大切だといえるでしょう。礼儀とのバランスを見ながら、自分なりの表現を加えたり、先方と自分にだけわかるエピソードなどを添えてみてもよいかもしれません。

また、社交文書は出すタイミングにも注意しましょう。慶弔の文書なら事実を確認したあとすぐに、季節の挨拶状は定められた時期に、お礼状は遅くとも１週間以内に出すことが大切です。

『社内文書の書き方』

ビジネス文書の書き方③

社内文書の基本パターン

企画書

新しい企画を提案する、ビジネス上でも重要な企画力が問われる文書です。その企画が会社に及ぼすメリットを、熱意を込めて伝えましょう。

提出日も忘れずに
提出日は必ず記入。タイトルはひと目でわかるものにします。

1通につき、ひとつ
企画書は1通につき、ひとつの企画が鉄則。複数併記はやめましょう。

企画の根拠を記載
現状や背景をデータとともに記載することで、企画の必然性・重要性をアピールできます。

企画概要は簡潔に
企画内容を簡潔にまとめます。箇条書きでもOK。企画実施時のねらいも記入します。

現実的な計画を添える
実現時の市場導入時期や予算などの計画も添えます。特記事項は備考欄に記入します。

令和○年○月○日

SUGOIシリーズ新商品開発企画書

開発本部　開発企画部
小西愛

1. 背景及び現状
主力製品SUGOIシリーズは、国内での売上台数は対前年比155%、対計画比120%と順調であり、この製品分野ではシェア1位を獲得したが、アジアでは、対前年比70%、対計画比65%、シェア3位と伸び悩んでいる。国内に比べてコンパクトで安価な製品が求められる傾向があり、現在のYABAIシリーズの満足度は68%との結果だった。

2. 企画概要・コンセプト
海外向け拡販を狙って、SUGOIシリーズに機能を絞ったコンパクトで安価な機種を追加。
① 機　能：○○、××、△△の3つに絞る
② サイズ：現行機種の70%を目指す
③ 価　格：現行機種の70%を目指す

3. ねらい
競合他社においても、アジアでの拡販は苦戦している。現地ニーズに対応した機種を早急に市場導入し、シェアダントツ1位獲得を狙う。

4. 市場導入時期
来春4月の市場導入を目指す。

5. 開発スケジュール
10月コンセプト決定、11月開発開始、2月中テスト版完成。

6. 予算
別紙　予算計画参照。

7. 備考
開発スケジュールおよび予算計画は、実現可能性を関係部門に事前確認して策定。

POINT
● 要点をおさえたスマートな社内文書で、社内の業務効率をアップ。

書式をふまえて簡潔に用件をまとめる

社内の人に向けた文書が「**社内文書**」です。簡潔でわかりやすい表現を心がけましょう。前文などは省き、**要点がすぐに伝わる文書**にします。文体も過度の敬語は省き、「**です・ます**」体でていねいに書けば大丈夫です。「である調」でよいケースもあります。

上司への報告や議事録のような文書の場合は、文章量が多くなりがち。**文章を短く切る、結論を先に述べる、箇条書きを用いるなどの工夫**をし、読む相手がストレスを感じないようにしましょう。精算書や休暇届など会社のフォーマットが決まっている文書は、それに従います。

案内書

歓送迎会や新年会、忘年会、懇親会、社員旅行といった社内イベントを知らせる文書です。出欠確認も兼ねていることを忘れないようにしましょう。

宛名は「社員各位」に

社内でのお知らせの場合、宛名は「社員各位」が一般的です。

作成者を記載

作成者および幹事責任者は、氏名のほか連絡先を記載しておくと親切です。

必要事項を明記

日時、時間、場所のほか、会費についても明記。会場の連絡先も忘れないようにしましょう。

出欠の連絡先を明記

誰に、いつまでに出欠を伝えればよいのかを明記します。

20XX年○月○日

社員各位

総務部　浅野春夫
（内線0000）
info@taiyoumedia.co.jp

令和○年度新入社員歓迎会のお知らせ

恒例の新入社員歓迎会を下記の要領で開催いたします。
時節柄、公私多忙と思いますが、各自予定を調整してご参加ください。

記

1. 日時：20XX年○月○日
18：00～21：00
2. 場所：東京都品川区吉野1-2-3
居酒屋　夢の舞（03-1234-5678）
3. 会費：3,000円（新入社員無料）
4. 備考：出欠については、○月○日までに総務部中山まで連絡のこと

以上

報告書

出張やプロジェクトの成果の報告、調査を依頼された際の調査報告などを行う文書。わかりやすく、簡潔に作成するのが重要なポイントです。

タイトルは簡潔に

何を報告する文書なのか、具体的にストレートに記載します。

先に結論を述べる

結論⇒理由の順で述べます。裏付けとして数字などを盛り込みましょう。

詳細は別途資料を添付

趣旨はシンプルにまとめ、詳細は別途資料を添付します。

1枚目には概論と結論を

報告書が複数枚になる場合は、1枚目に概論と結論を記載します。2枚目以降のインデックスをつけてもOKです。

令和○年○月○日

営業部長

営業部　佐賀五郎

株式会社アオバ製薬の調査報告書

標記の件、下記のとおり調査結果を報告いたします。

記

1. 結論：株式会社アオバ製薬の信用度は非常に高く、新規取引上の不都合はありません。
2. 理由：同社の手がけている商品は、独自の技術を活用したものが多く、今後も業界内外で注目が高まっていく見通し。売上高は前年比2桁増を5年連続達成。
3. 添付：同社経歴書（1部）
同社営業報告書（1部）
調査報告書（1部）

以上

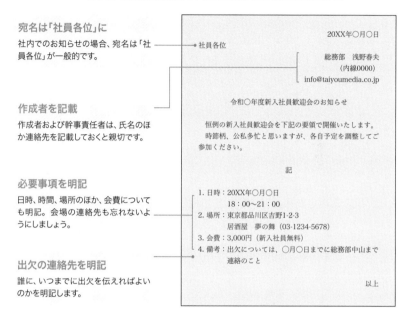

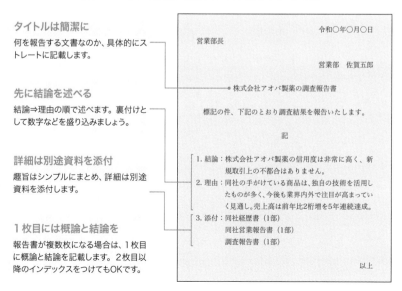

稟議書《りんぎしょ》

プロジェクト発足や高価な備品の購入など、複数の部門および責任者の承認が必要となる重要な案件を提案し、関係者全員の承認を求める文書です。

令和○年○月○日

代表取締役社長

営業部　龍造寺峻一 ㊞

起案番号　第01-12345号

決裁日　令和○年○月○日

決裁［認可・条件付認可・保留・否決］

合議先			決裁者
1.所属長	2.情シ部長	3.経理部長	社長

パソコン購入のお伺い

出張や客先へ出向くことの多い営業部員の作業をより効率的にするため、下記のノートパソコンを購入してよろしいかお伺いします。

記

1. 機　　種：イソテル社製　ノートパソコン
2. 価　　格：約25万円（見積書参照）
3. 数　　量：5台
4. 効　　果：1) 出張地や出先でも報告書作成などの業務が可能となり、事務効率が向上する。
   2) インターネットを利用することで、社外でも資料やファイルの受け渡しができるようになり、より迅速な客先対応が可能となる。
   3) 持ち歩くことが困難な必要書類、資料を電子化することで、出先でも的確な対応が可能となる。
   4) 客先でのプレゼンに利用することで、効果的な提案営業が可能となる。
5. 見 積 書：添付資料参照（A社、B社、C社）
   価格・その他条件からA社発注予定
6. 添付書類：パソコン　カタログ　1部

以上

所定の書式に従う

ほとんどの会社は、稟議書専用のフォーマットがあります。必ず所定の書式に従って作成します。

メリットを伝える

承認を取り付けるためには、どのようなメリットが会社にもたらせるのか、という説得力が必要です。

提案は明確に

購入したい製品のカタログなどを添付するのも、稟議を有利に進める有効手段。費用や見積もりなども、添付して明確に提示します。

部内の承認を得て提案

稟議が必要な案件（例：投資金額○○円以上）は会社によって違う。また、重要な提案を勝手に行うのは厳禁。直属上長に相談し、部内で承認を得てから行います。

タイトルは簡潔に

タイトルは簡潔に、わかりやすく。「アルバイト雇用のお願い」「コピー機買い替えの件」など、具体的な提案を記載します。

始末書

自分の不注意やミスなどにより、会社に損失をもたらした場合に作成する文書。反省やお詫びの気持ちを会社に示します。顛末書《てんまつしょ》と呼ぶ会社もあります。

令和○年○月○日

総務部長

始末書

私は、令和○年○月○日午後２時に、商品の確認作業中に機械操作を誤り、会社製品アクアを10台破損させました。

本来は機械周辺の安全確認を行いつつ作業をすべきところを、そうせずに操作してしまったため、商品が落下、破損いたしました。

私の不注意によりこのような過失を引き起こし、会社に多大なる損失を与えてしまったことを深くお詫び申し上げます。また、今回の失態について深く反省するとともに、二度とこのような不始末を起こさぬよう、細心の注意を払って業務にあたることをお誓いいたします。

技術システム部　大友太郎 ㊎大友

です・ます体で

始末書とは、反省の意を込めて作成するもの。「です・ます体」を使って、ていねいに作成します。

再発防止のための対策に触れる

最後に、再発防止を誓う一文を。今後、同じ不始末を起こさないためにとるアクションも添えます。

日時を記載

冒頭で不始末の起きた日時を記載し、ことの顛末を具体的に報告します。客観的な事実を書きます。

名前は自署する場合もある

以前は手書きが主流でしたが、会社で許可されていればパソコンで作成してOK。名前は自署して印を押す場合も。

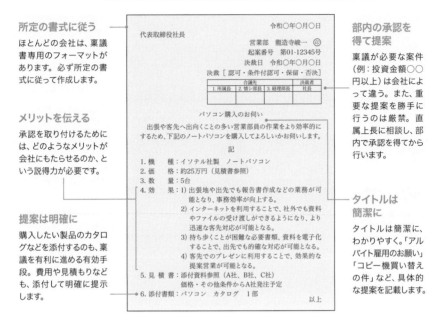

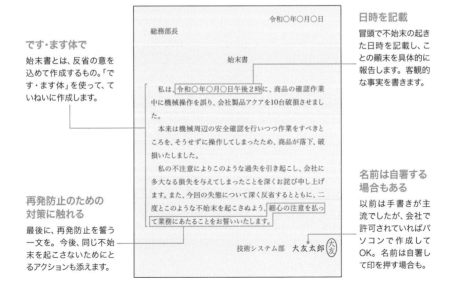

社内文書作成のポイント

会社書式を使用する

社内に独自のフォーマットがある場合は、それに則って作成を。書式がそろっているほうが、とりまとめる担当者が効率よく処理できます。

簡潔にわかりやすく書く

過剰な敬語は使わずに、「です・ます体」で簡潔に書きます。まわりくどい文章や、趣旨がわかりづらい文章は避けます。

事実を具体的に書く

報告書や回覧文、申請書、稟議書のように、相手に報告や届け出をする文書は、事実を具体的に書くことが大切です。

言い訳をしない

始末書や理由書、顛末書のように、ミスなどを報告する文書では、人に責任を押しつけたり、言い訳をくどくどと書いたりするのはNGです。反省の意を真摯に示し、善後策を具体的に書きましょう。

提出期限を厳守する

作成のスピードや、提出するタイミングに注意が必要です。提出する相手を混乱させたり業務の妨げにならないよう、期限は厳守します。

プラスα

社内文書で使用する敬語は必要最低限に！

敬語の多用はていねいさを強調できる反面、まどろっこしい印象を与えてしまうデメリットも。業務の迅速化をはかる意味でも、社内文書では必要最低限の敬語にとどめます。

ただし、会社の上層部が見る稟議書や反省の念を伝える始末書などは、できるだけていねいな言葉で書くのが社会人としての礼儀。慣れるまでは上司にチェックしてもらいましょう。

封筒の書き方

縦型

①
123-4567
②
東京都新宿区〇〇町一‐二‐三
株式会社オカザキ不動産
企画部
③
榊原　隆史様
④
〇〇在中
⑥
令和〇年〇月〇日
⑤
⑦
1622615
東京都台東区八尾五‐八‐十
ナガハマ商事株式会社
営業部
鈴木　一郎

横型

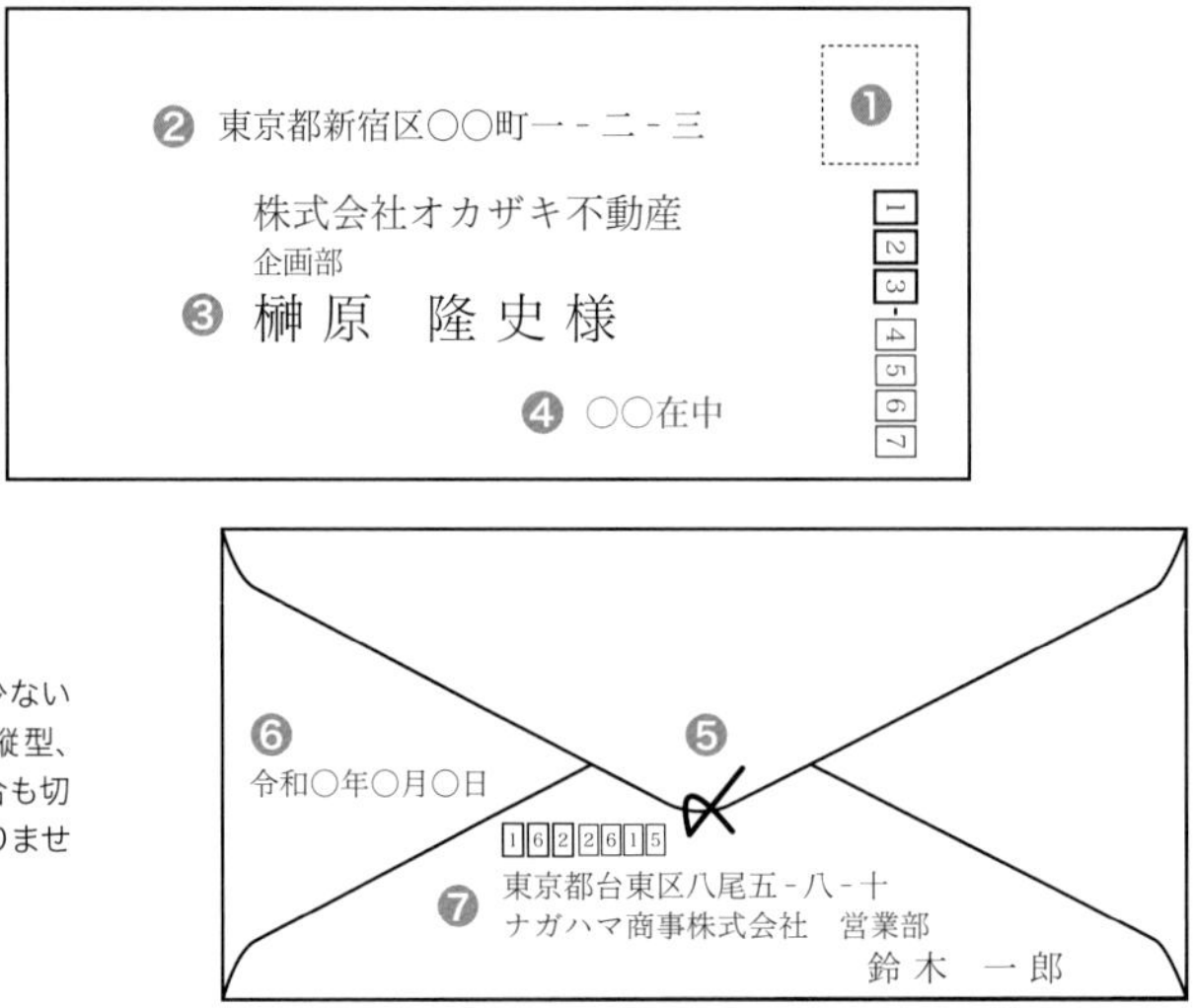
①
② 東京都新宿区〇〇町一‐二‐三
株式会社オカザキ不動産
企画部
③ 榊原　隆史様
1234567
④ 〇〇在中
⑥
令和〇年〇月〇日
⑤
1622615
⑦
東京都台東区八尾五‐八‐十
ナガハマ商事株式会社　営業部
鈴木　一郎

POINT

●あなたの印象を大きく左右するツール。
●ルールを覚えて、気持ちを込めてていねいに。

❶切手

切手はなるべく少ない枚数にします。縦型、横型どちらの場合も切手の位置は変わりません。

❷住所

住所は郵便番号の右端より内側に、宛名より小さく書きます。社交文書の場合、住所の数字は漢数字を使います。

❸宛名

宛名は中央に大きく。「(株)」はNG。「株式会社」と書きます。

❹外脇付《そとわきづけ》

内容を明記する場合は「〇〇在中」、宛先人以外の開封厳禁なら「親展」、急ぎの場合は「至急」と封筒の左下または右下に朱書きします。

❺封《ふう》締《じ》め

「確かに封をしました」というしるしに、「〆」「封」などの封字を書きます。

❻日付

日付を入れる場合は、裏面の左上の位置に記します。

❼差出人

縦型の場合、中央線から右側に住所、左側に社名や部署名、氏名を書きます。左部分にまとめて記入してもOKです。

書類のたたみ方

片観音《かたかんのん》折り

重要な文書を送るときに内容を見せないための折り方です。

上側
下側

1
文面を内側にし、きれいに3 等分になるように折り目をつけます。

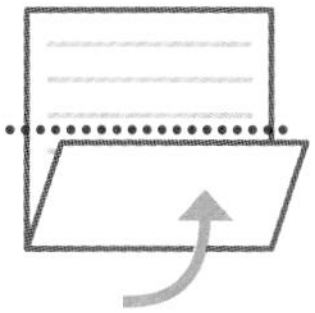

2
下の3分の1を、折り目に沿って折ります。

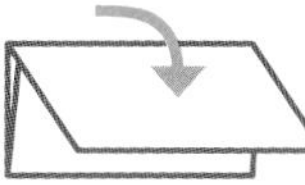

3
上の3分の1を、下の3分の1にかぶせるように折ります。

Z《ゼット》折り

タイトルを見せて、興味をひきたいDMなどの折り方です。

上側
下側

1
文面を内側にし、きれいに3 等分になるように折り目をつけます。

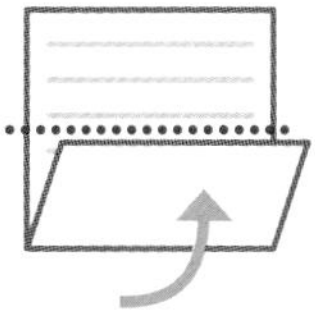

2
下の3分の1を、折り目に沿って折ります。

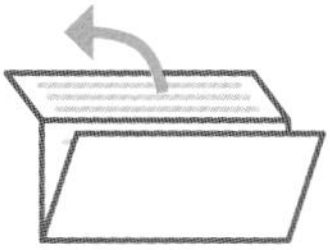

3
上の3分の1を、裏側に向けて折ります。

はがきの書き方

宛名
中央に大きな字で書きます。人には「様」、部や会社には「御中」などの敬称を忘れないようにします。

差出人
宛先の住所よりも小さく書き、名前よりも住所をさらに小さめに記入します。

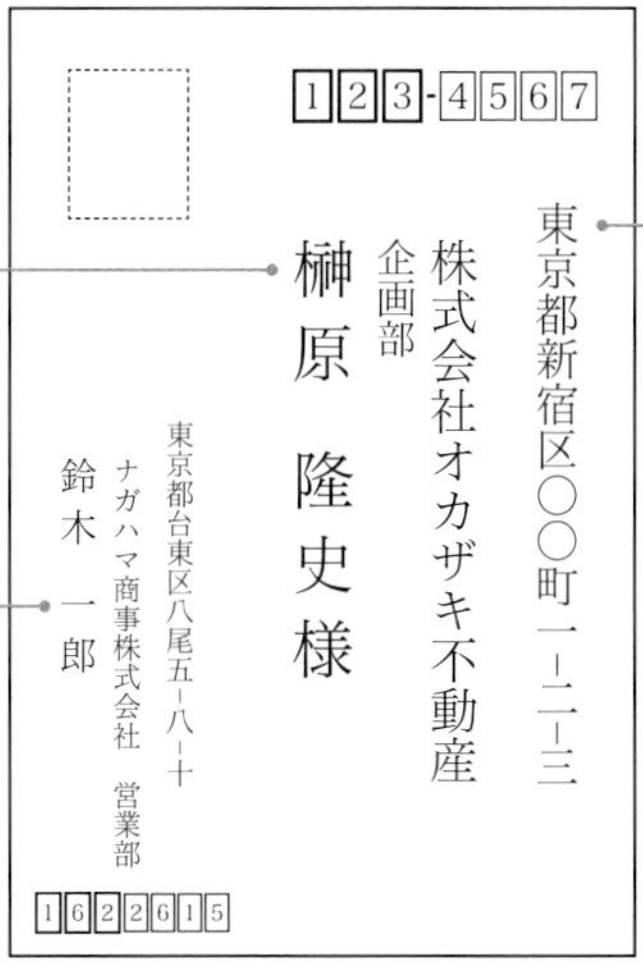
123-4567
東京都新宿区〇〇町一-二-三
株式会社オカザキ不動産
企画部
榊原 隆史様
東京都台東区八尾五-八-十
ナガハマ商事株式会社 営業部
鈴木 一郎
1622615

住所
郵便番号の末尾2つの間あたりの位置を目安にして書きます。

メール①

メールの基本

メールのメリット＆デメリット

メールは手軽で便利な反面、頼りすぎには注意しましょう。
使い方にも注意が必要です。

○

- 時間を気にせずにいつでも送れる
- 画像やファイルを添付して送れる
- CCやBCCで同時に複数人に送れる
- やりとりを記録として残せる

×

- 誤送信する恐れがある
- 感情を伝えにくい
- すぐに読まない恐れがある
- セキュリティー管理が必要

こんなメールの使い方はNG

✖ 抜け漏れが多い

やりとりが「送る→受け取る→送る」の一往復半で終わるようにします。

✖ 返信が遅い

原則24時間以内に返信します。すぐに返信できない内容であれば、メールを受け取ったことを知らせる返信を、取り急ぎ送ってもOKです。

✖ データ容量が大きい

添付していいサイズは2～3MBが目安。容量が大きい場合は転送サービスの使用を検討します。

✖ ウイルス対策が甘い

感染予防の徹底を。知らないアドレスからのメールは要注意です。

内容を確認したうえで送信を！

パソコンやスマートフォン、タブレットなどが普及した現代では、メール（電子メール）はビジネスの必須ツールです。**手軽に用件が伝えられ、画像やファイルのやりとりもできるなど、たくさんのメリットがあります。**

ただし、メールは対面や電話と違って、感情や微妙なニュアンスが伝わりにくいというデメリットも。思いもよらない伝わり方をしてしまうことがあるため、使い方には注意が必要です。

また、一度送ってしまえば取り消すことができません。宛先や内容を間違えることがないように、**十分に確認**してから送信ボタンを押す癖をつけておくようにしましょう。

POINT

- メールならではのマナーやルールを理解する。
- 使い方を間違えるとトラブルの原因にもなる。

メール文書の基本構成

宛名

社名や部署名は省略せずに書きます。何度か往復するときは氏名だけにすることもあります。

あいさつ

取引先には「お世話になっております」、社内向けには「お疲れ様です」などを添えます。

用件

文章は、長くても30文字前後を目安にきりのよいところで改行します。

署名

社名や部署、名前、連絡先などを明記。設定で自動表示も可能です。

件名

件名は用件がひと目でわかるように。重要な場合はその旨も明記します。

宛先 ： ＊＊＊＊@＊＊.co.jp
CC ：
BCC ：
件名 ： ご注文番号A-0012　商品発送日のご連絡

株式会社オカザキ不動産
営業部
酒井様

大変お世話になっております。
ナガハマ商事株式会社の鈴木です。

このたびは、ご注文ありがとうございました。
下記のとおり、発送を予定しております。

ご注文番号： A-0012
ご注文商品：○○○○　×個
発送日：○月○日

今後ともよろしくお願い申し上げます。

====================================
ナガハマ商事株式会社 営業部 鈴木一郎
〒162-2615
東京都台東区八尾5-8-10
TEL：03-0000-0000
FAX：03-0000-0000
E-mail：suzuki@＊＊.co.jp
====================================

先輩の失敗談

添付する書類を間違えてしまった

取引先へのメールに書類を添付して送ったところ、添付するファイルを間違えていたことに気づき、慌てて訂正のメールを送りました。また、よくあるのが「添付し忘れ」ですが、どちらの場合も、まずはファイル添付を先にして、それから用件を書くようにすることでミスが減りました。（不動産・営業／20代・女性）

プラスα

CCとBCCの使い分け

同時に複数人へメールを送る際は、状況に応じて使い分けます。頻繁に同じメンバーとやりとりする場合は、「グループ機能」を活用すると簡単に一括送信も可能です。

CCで送る場合

関係者にも内容を知らせるときに使います。

宛先 ： ＊＊＊＊@＊＊.co.jp
CC ： ii@＊＊.co.jp
BCC ：
件名 ： 商品発送日のご連絡

株式会社オカザキ不動産
営業部
酒井様
CC：井伊様

大変お世話になっております。

CCで送る場合は、本文に宛名を書くとき、CCの相手の名前も書くと親切です。

BCCで送る場合

ほかの受信者がいることや、そのメールアドレスがわからないようにするときに使います。

宛先 ： ＊＊＊＊@＊＊.co.jp
CC ：
BCC ： fujiwara@＊＊.co.jp；tanaka@＊＊.co.jp；kato@＊＊.co.jp
件名 ： アドレス変更のお知らせ

皆様へ

いつもお世話になっております。
ナガハマ商事の鈴木です。
一斉送信のためBCCで失礼いたします。

BCCの場合は、宛名を「皆様へ」や「各位」として、「一斉送信のためBCCで失礼いたします」などの一文を入れます。

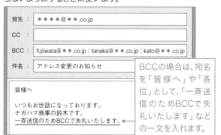

メール②「伝わるメールの書き方」

読みにくくて思いが伝わらないメール例

NG **内容がわからない件名**
具体性に欠けるので、ひと目で内容が伝わりません。

NG **何を伝えるメールかがわからない**
いきなり日時から入っていて、何のメールかを理解できません。

NG **あいさつ文が長い**
メールでは時候のあいさつや前文は不要です。

NG **誰からのメールかわかりづらい**
最初に名乗っていないので、誰からのメールなのかわかりづらくなっています。

宛先 ：＊＊＊＊@＊＊.co.jp
CC ：
BCC ：
件名 ：お願い

株式会社オカザキ不動産　酒井様

拝啓　ますますご清祥のこととお慶び申し上げます。
平素は格別のご高配を賜り、厚くお礼申し上げます。
20XX年○月○日（月）13：00～15：00に弊社2Fの第4会議室にて、先日お約束しました次回の広告制作についてのお打ち合わせをお願いできればと思っております。今後ともよろしくお願い申し上げます。
敬具

====================================
ナガハマ商事株式会社 営業部 鈴木一郎
〒162-2615
東京都台東区八尾5-8-10
TEL：03-0000-0000
FAX：03-0000-0000
E-mail：suzuki@＊＊.co.jp
====================================

NG **どこが一番重要かがわからない**
内容が埋もれて、打ち合わせ日時や場所がわかりづらくなっています。

NG **一文が長く、改行されていない**
文字が多く見えて、読む気をなくしてしまいます。

POINT
●書くときは、読み手の立場に立つことが大事。
●ちょっとした工夫で、伝わりやすいメールに。

読みやすくて思いが伝わるメール例

○

OK
わかりやすい件名
ひと目で件名から内容がわかります。

OK
段落の切れ目を空白行で強調
段落ごとにブロック化されていて、文章が読みやすくなっています。

宛先 ：＊＊＊＊@＊＊.co.jp
CC ：
BCC ：
件名 ：打合せ日時のお知らせ

株式会社オカザキ不動産　酒井様

いつもお世話になっております。
ナガハマ商事株式会社の鈴木です。

先日お約束した打合せの日時ですが、下記のように
決まりましたので、お知らせいたします。

日時：20XX年○月○日（月）　13：00〜15：00
場所：弊社2F　第4会議室
議題：次回の広告制作について

お忙しいところ、ご足労いただき恐縮ですが、
何卒よろしくお願い申し上げます。

====================================
ナガハマ商事株式会社 営業部 鈴木一郎
〒162-2615
東京都台東区八尾5-8-10
TEL：03-0000-0000
FAX：03-0000-0000
E-mail：suzuki@＊＊.co.jp
====================================

OK
あいさつ文が短くシンプル
いつもやりとりしている相手は一言で十分です。

OK
一文は短く適度な位置で改行
一行は長くても30文字以内を目安にしましょう。

OK
用件は結論から始まっている
言いたいことがすぐに伝わります。詳細は結論のあとでもOKです。

OK
重要事項は記号を用いて目立つように
コロンで区切るなどメリハリを。箇条書きに整理されているのもポイントです。

NG
何でもメールですませようとしない！

対面や電話と違い、時間を気にせずに用件を伝えられるのがメールの大きな魅力のひとつ。ただし、相手がすぐに読んでくれるとは限りません。急ぎの用件のときには電話のほうが確実。重大なミスの謝罪をメールですませてしまうのはNGです。何でもメールですませようとせず状況に応じて活用しましょう（▶P.170）。

メール③ メールで使える定番フレーズ

POINT

- 基本の型をベースにアレンジを加える。
- 自分流に使いこなせるようにする。

言葉選びは慎重に！

メールには、**感情を伝えにくい**という大きなデメリットがあります。

そんなつもりではなかったのに、ちょっとした一言で誤解を招いてしまったり、不快にさせてしまったりする恐れもあります。

だからこそ、メールを書くときは言葉選びが重要となります。**文章を考えるときは、自分目線ではなく相手の立場に立って書く癖をつけましょう。**そのことを意識するだけでも、よりふさわしい言葉選びができます。

また、**定番のフレーズ**をシーンに合わせてうまく使うのも効果的です。基本を知って、自分流のアレンジができるようにしましょう。

定番フレーズを効果的に使う

メールで言いにくいことを伝える場合、定番フレーズで一方的な印象にならずに、やんわりと伝えることができます。

✕

新製品のお見積もりをお送りしましたが
まだ、ご返事をいただいておりません。

○

新製品のお見積もりを4月15日に
メールでお送りしましたが、**届いておりますでしょうか。**
ご確認いただければ幸いです。

シーン別の定番フレーズ例

メールを出す相手や状況によって使い分けるとよいでしょう。

書き出し

いつも同じあいさつ文ではなく、ときにはお礼の言葉や、ねぎらいの言葉で始めてみます。初めての相手にはその旨がわかる一文からスタートします。

○

- 大変お世話になっております。
- お疲れさまです（社内の場合）。
- 先日はお世話になりました。
- ご無沙汰しております。
- 本日はご多忙のところ、ご足労いただきありがとうございました。
- いつもお心遣いいただき、ありがとうございます。
- 初めてメールさせていただきます。

お願い

一方的に都合を押しつけるのではなく、相手の事情を考慮しつつ相談する形にします。

- お願いできないでしょうか。
- ご対応いただければ幸いです。
- ぶしつけなお願いで恐縮ですが～。
- ご多用のところ恐縮ですが、～していただければ幸いです。

返答

目上の人に対して「了解しました」という返答はNG。「承知しました」と答えます。

- メールを拝見しました。
- ○○の件、承知いたしました。
- 確かに受領いたしました。
- わかり次第、ご連絡いたします。

感謝

「○○さんのアドバイスのおかげで」などをプラスすれば、より気持ちが伝わります。

- お礼の言葉もございません。
- 感謝の気持ちでいっぱいです。
- お気遣いいただき、ありがとうございます。
- いろいろとお骨《ほね》折《お》りいただきまして～。

断り

「心苦しく思いますが」などの言葉を使い、やんわりと断るとなおよいでしょう。

- お申し出は引き受けかねます。
- 恐れ入りますがお受けしかねます。
- お気持ちだけ頂戴いたします。
- お力になれなくて申し訳ございません。

お詫び

「すみませんでした」「ごめんなさい」はNG。善処策も添えるようにします。

- 申し訳ございませんでした。
  二度とこのようなことがないようにいたします。
- 大変ご迷惑をおかけしましたことを、
  深くお詫び申し上げます。
- 私の不徳のいたすところと、猛省しております。
- 弁明の余地もございません。

結び

返事を求めるには「お返事いただければ大変ありがたく存じます」などがよいでしょう。

- どうぞよろしくお願い申し上げます。
- 取り急ぎメールにてご連絡申し上げます。
- 取り急ぎ用件のみにて失礼いたします。
- ご不明な点などございましたら、
  お気軽にお問い合わせください。

NG ビジネスメールで「(笑)」は使わない

友人とのメールに慣れていると、文字だけのメールがついそっけなく見えてしまいます。だからといって、ビジネスメールで「(笑)」や顔文字はNGです。ただし、使うと感情が伝わりやすいのも事実。社内のメールでは使っている人もいます。けれども若手のうちは、ていねいな文面にするほうが無難です。

FAX送信票の基本構成

署名
相手が連絡できるように電話番号も入れます。

宛名
見やすい位置に大きく書きます。

枚数
送信票を含めた総枚数を書いておきます。

件名
用件を明確にするために、件名をつけます。

本文
簡単なあいさつ、用件、結びを添えます。

日付
トラブル防止のため送信日時も記入します。

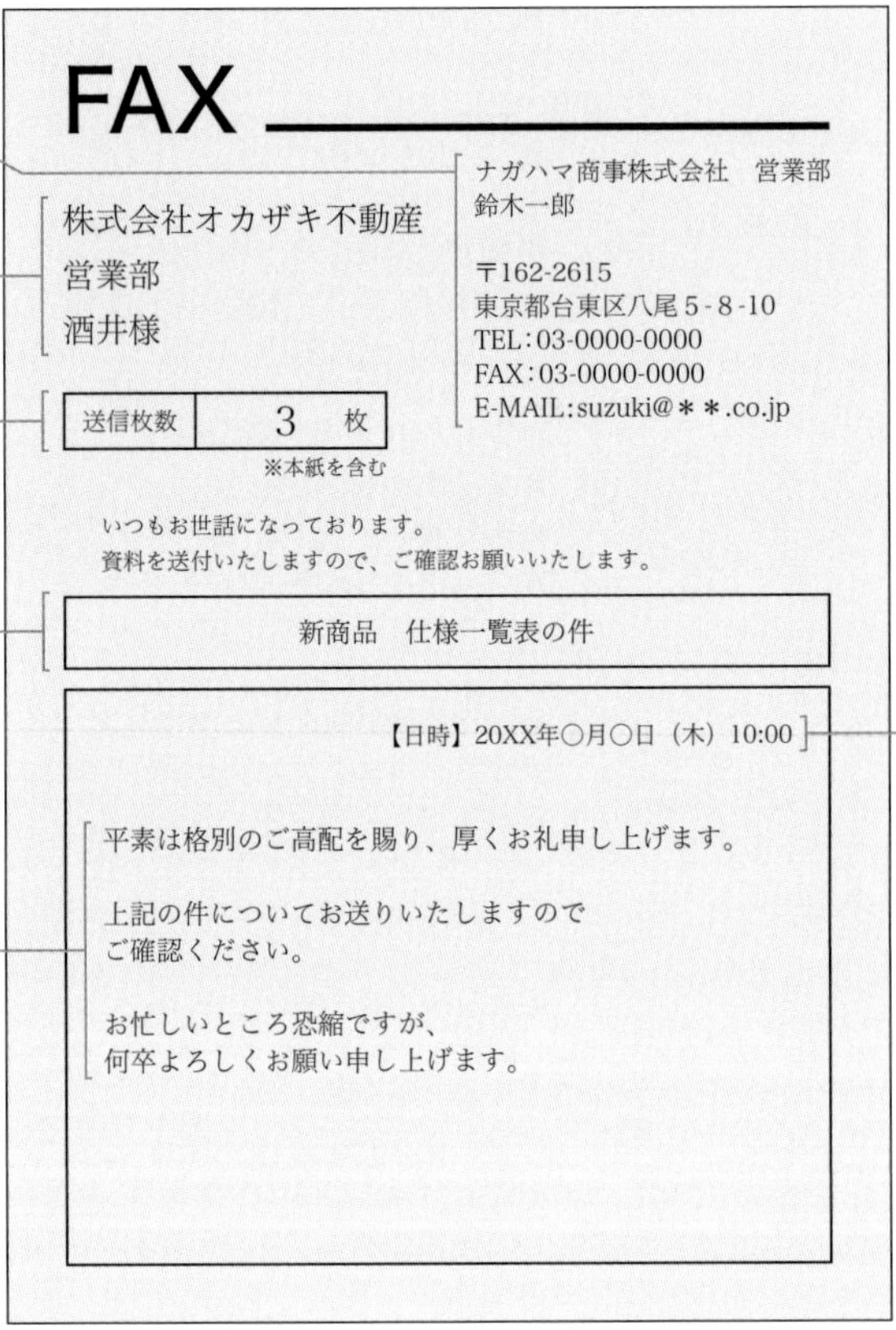

FAX

ナガハマ商事株式会社　営業部
鈴木一郎

〒162-2615
東京都台東区八尾5-8-10
TEL：03-0000-0000
FAX：03-0000-0000
E-MAIL：suzuki@＊＊.co.jp

株式会社オカザキ不動産
営業部
酒井様

送信枚数	3　枚

※本紙を含む

いつもお世話になっております。
資料を送付いたしますので、ご確認お願いいたします。

新商品　仕様一覧表の件

【日時】20XX年○月○日（木）10:00

平素は格別のご高配を賜り、厚くお礼申し上げます。

上記の件についてお送りいたしますので
ご確認ください。

お忙しいところ恐縮ですが、
何卒よろしくお願い申し上げます。

POINT
- 送信の際は、メール以上に心配りが必要。
- 文字の大きさや送付枚数などに気をつける。

個人情報・機密情報は送らない！

FAXは、担当者が直接受け取るとは限りません。個人情報や機密情報が書かれたものをFAXで送るのは避けます。誤送信のリスクも考えておきましょう。また、あいさつ状や招待状などもFAXではなく封書で送ります。

先輩の失敗談

電話番号にFAXを送ってしまった……

なかなかFAXが届かないと思っていたら、数十分後にお客様から「職場の電話が何度も鳴って迷惑している」とクレームが……。FAX番号と電話番号を間違えて送っていて、FAXが送信できないので自動的に何度もリダイヤルされていたようです。
（メーカー・営業／20代・男性）

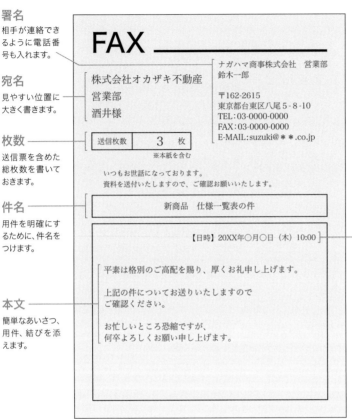

FAXのメリット＆デメリット

特性を理解したうえで、電話やメールとうまく組み合わせて使いましょう。

○

- 相手の時間を気にせずに送れる
- 手書きしたものなどをすぐに送れる
- 相手は紙の状態ですぐに見られる

×

- 白黒での出力しかできない
- 細かい文字や写真が見えづらい
- 大量のものは相手の迷惑になる恐れがある
- 送った相手以外のさまざまな人に見られてしまう※

※FAXを電子でやりとりするペーパーレスFAXのソフトウエアを使えば、この問題は解決できます。

FAX送信の前のチェックポイント5

送信票をつけ忘れていないか

テンプレートを作成しておけば、送るたびに書く必要がないので便利です。

複数枚ある場合、通し番号を入れているか

総ページがわかるように「1/3」などと入れると、相手の取り忘れ防止にも。

枚数が多い場合、事前に相手に連絡を入れたか

大量に送るときは、事前に相手に電話で確認し、郵送も検討します。

小さくて見づらい文字を拡大しているか

文字が読みづらくなるケースもあるので大きい文字にします。画像も要注意！

紙の隅にまで文字を書き込んでいないか

FAX機によって文書の両端が切れてしまうことも。端に余白を残し作成します。

column 4

インターネットリテラシーを高めよう

[情報モラルや情報セキュリティ意識を向上させる]

今や、仕事でもプライベートでもインターネットの活用は欠かせません。それに伴って重要性を増しているのがインターネットリテラシーです。

インターネットリテラシーとは、インターネットを適切に活用するための知識や能力のことです。SNSの普及によって、私たちは大量の情報を受発信しています。それらを適切に活用するには、**情報の真偽を冷静に判断する能力、モラルを守って情報発信する能力、情報セキュリティを守る能力が不可欠**です。

まず、**インターネットで得た情報を鵜呑みにしない**こと。不特定多数が匿名で正しくない情報を拡散している場合もあります。信頼できる情報ソースを複数使って確認しましょう。

次に、**不適切な投稿をしない**こと。真偽がわからない情報、人や企業などに不利益を与える情報、自分の個人情報（特定される恐れがある情報を含む）の投稿はやめましょう。面と向かって言えないことは、決して書き込んではいけません。個人情報や、企業の機密情報を公開するのはもってのほかです。いたずら半分に投稿したことで「炎上」し、賠償責任を負った例もあります。

最後に、**マルウェア感染を防ぐ行動を徹底する**こと。マルウェアに感染すると、自分だけでなく組織全体に感染が拡大して多大な損害を与える恐れがあります。注意点として、身に覚えのないメールの添付ファイルや記載されているURLは開かない、業務上、ありそうなメールでも送信元のメールアドレスが正しいかどうかを確認する、パスワードは複雑で長いものにして使い回さないなどがあります。

PART 5

訪問と接待のルール&マナー

仕事のマナーの基本【社外編】

アポイントメントの取り方と
訪問時のマナー、出張時の心がまえ、
接待のマナーをおさえよう

訪問①
アポイントメントの取り方

1 **事前準備をする**

2 **電話をかける**
（既存の取引先などはメールでも可）

3 **名乗る**

アポイントメントの概要をまとめましょう。具体的には、電話で相手に伝えるべき内容や、日時の調整に必要な情報をあらかじめ整理しておきます。

●アポイントメント準備リスト

- □ 訪問の目的、所要時間
- □ 同行者の有無、人数
- □ 候補の日時（複数）
- □ 訪問先の住所
- □ 訪問先の最寄駅と交通、経路、移動に必要な時間

●電話の際に手元に用意するもの ▶P.60

- □ アポイントメント準備リスト（上記参照）
- □ 手帳（スケジュール帳）
- □ メモ用紙

候補日以外の日時を相手が希望する場合もありますので、予定がわかるもの（手帳など）は必ず手元に準備し、そのほか、電話の内容を書くメモの用意も忘れずにしましょう。

御社にぜひご提案したい商品がございます。近日中に1時間ほど打ち合わせの時間をいただけないでしょうか
来週の火曜日以降ならいいですよ

●伝えるべきこと

- □ 所属先と氏名、連絡先
- □ 訪問の目的・内容
- □ 面談希望日時と所要時間
- □ 面談場所
- □ 同行者の有無と人数

POINT

- ●訪問希望日の1週間前までにアポイントメントを。
- ●候補日を提示し、相手の都合を優先して決定する。

訪問前に電話で申し込む！

営業や商談など、ビジネスでの面談は、**必ず前もってアポイントメント（約束、略称アポ）を取ります。**訪問時は、貴重な時間を割いてもらうことになります。そのため、突然の訪問は避けましょう。少なくとも、希望日の1週間前までにアポイントメントを申し込むのがマナーです。

申し込みは電話で行うのが基本です。特に新規営業など初めての訪問は、相手にあなたに会ってみたいと思わせることが大切です。商談は会わないと始まりません。本書の電話応対の基本（▶P52）や電話をかけるときの基本（▶P60）も確認し、印象のよい対応を心がけましょう。

4 取次ぎを依頼する

▸P.54

5 訪問を申し込む

●メールで連絡する際の文例と注意点

初回訪問の連絡は電話が基本ですが、２回目以降はメールでもかまいません。各ポイントをおさえて内容に漏れがないようにしましょう。

株式会社オカザキ不動産
営業部　松平様

いつもお世話になっております。
ナガハマ商事の石田です。

ご依頼の仕様書を作成いたしましたので
近日中に打ち合わせの時間を
1時間ほど頂戴したくご連絡いたしました。

当日は、課長の加藤と私の2名で参ります。

以下の日時であればお伺いできますが、
松平様のご都合はいかがでしょうか？

■4月18日（火）10:00～
■4月19日（水）13:00～
■4月24日（月）15:00～

ご多用の折に恐れ入ります。
ご検討のほど、よろしくお願い申し上げます。

ポイント 宛名は絶対に間違えない

ポイント 訪問の目的と所要時間を明記

ポイント 同行者の人数を伝える

ポイント 候補日時は複数あげる

ポイント 忙しい中、時間をもらうことへの感謝の言葉で締めくくる

6 候補日を伝え、相手の都合をたずねる

それでは、木曜日の午後ではいかがでしょうか。当日は松平様のほかに、どなたかいらっしゃいますか？

●伝えるべきこと、確認すべきこと

- □ 候補の日時（複数）
- □ 相手先の出席人数

7 日時を確定する

水曜日の午後３時ではいかがですか？　当日は部長の井伊も同席します

ありがとうございます。それでは4月19日水曜日の15時に伺います

日時は「水曜日→４月19日水曜日」などと言いかえて必ず復唱します。また、相手先の出席人数も確認し、資料の部数の参考にします。最後に時間をもらうことへの感謝も伝えてから、電話を切りましょう。

プラスα

こんなときはどうする!?

●こちらの候補日に相手の予定が合わない！

それでは松平様のご都合のよい候補日を教えていただけますか。こちらで予定を調整いたします

相手が優先されます。こちらから、相手の予定に合わせるようにします。

●一度決めたアポイントメントの日時を変更したい！

大変申し訳ございません。○月○日の打ち合わせの日時の変更をお願いできないでしょうか

基本的に厳禁。理由を説明し、失礼をお詫びしたうえ、先方の都合を優先します。

訪問② 訪問の事前準備

前日までの準備

1 訪問先について調べる

訪問先の会社概要、経営方針、事業内容、業績などは必ずおさえます。新規顧客であれば競合他社との取引状況、既存顧客であれば自社との取引状況も調べておきましょう。

2 上司と打ち合わせ

訪問前に上司と打ち合わせをする場合もあるので、事前に確認し、時間には余裕を持つようにしましょう。当日、同伴の上司と社外で待ち合わせる場合は事前に場所と時間を共有します。

POINT

- 目的に合わせ必要なものをリストアップする。
- 訪問先の会社情報も収集して相手を知ろう。

訪問の目的を果たすための準備を！

訪問では、相手の貴重な時間を自分のために割いてもらうため、相手にとってできる限り有意義な時間になるようしっかり準備をしてのぞむことが最低限のマナーです。また、準備をしておくことで当日慌てないですみ、スムーズな訪問が可能になります。

準備のポイントは、**訪問先の会社概要を調べて相手をよく知っておくことと、訪問の目的を果たすために必要な情報や資料をそろえること**です。会社のリサーチや資料の準備には、思いのほか手間取ることもあるので、早めのスタートが肝心です。慣れるまでは上司に準備したものを見せ、アドバイスをもらうようにするとよいでしょう。

当日の最終確認

3 各資料の準備

目的に沿った資料の準備ができているかを確認しましょう。初訪問の場合は自社の会社案内を準備します。資料は相手先の出席人数よりも1～2部多く用意しておくようにします。

4 持ち物の確認

名刺は社会人の常識として必ず携帯します。スケジュール帳、筆記用具、身だしなみ用品は必須です。携帯電話はマナーモードにし、情報機器は紛失しないように十分注意しましょう。

[ワンランク上の事前準備]

訪問先の会社について調べる際には、会社案内やホームページを見ることが基本ですが、一般紙や業界新聞などの過去記事も検索しておくとさらによいでしょう。話題によって、先方との距離を縮めることができます。相手先の業界や事業に詳しくなっておくのはとても大事なことです。準備の手間を惜しまないことが大切です。

先輩の失敗談

似た社名の他社を訪問してしまい……

新規の営業先で、アポイントメントを取り訪問した旨を受付に申し出たら、「そのような社員はおりません」と言われて顔面蒼白に。よく確かめたら、営業先は似た社名の別会社でした……。結局、本来アポイントメントを取っていた営業先からは、次の約束ももらえず、新規開拓は失敗してしまいました。訪問先のことをもっときちんと確認すべきでした。

（システム開発・営業／20代・男性）

訪問③

訪問時の基本マナー

POINT

●入り口から出口まで、訪問先では一瞬たりとも気を抜かず、言動に気を配る。

訪問先では自分が会社の代表

訪問先では、訪問者の印象が会社のイメージを左右します。特に新規の訪問先では、訪問者が与える印象の影響は大。会社の代表として見られることを十分に自覚して、失礼のないふるまいを心がけます。行動や言動のひとつひとつにも気を配り、責任感を持つようにしましょう。

遅刻をしないといった基本的なマナーは厳守します。**落ち着いてふるまえるだけの気持ちの余裕が相手に安心感を与えます。また、信頼関係を深めることにもつながるでしょう。**面談が始まったら、訪問の目的と議題を明確に伝え、終了時にはお礼を忘れずに伝えましょう。

1 余裕を持って到着し、頭の中で面談の流れをイメージします。

2 玄関を入る前にコートを脱ぎ、携帯電話の電源を切るかマナーモードにします。

3 応接室に通されたら、上座をすすめられない限り、下座に座ります（▶P.69）。また、待っている間に出されたお茶がひとつなら、飲んでかまいません。

●遅刻しそうなときは

交通機関のトラブルなどでやむを得ないときは、すみやかに連絡します。

「申し訳ございません。列車の遅延により、お約束に15分ほど遅れてしまいそうです」

「わかりました。お待ちしています」

「ありがとうございます。急いで伺います。よろしくお願いします」

3 訪問相手への取次ぎを依頼

5分前には受付に行き、あいさつをして取次ぎを依頼します。

「ナガハマ商事の鈴木と申します。営業１課の今川様に10時のお約束をいただいております」

「営業1課の今川ですね。ただいま呼び出しますので、ロビーのソファーにかけてお待ちください」

「ありがとうございます」

4 応接室 応接室に移動

ポイント
2つ出されたら、相手が来て、すすめられるか、相手が手をつけるまで飲まずに待ちます。

5 応接室 面談の開始

初対面なら、まずは名刺交換をします。（▸P.64）

6 応接室 面談

▸P.172

1人で訪問する場合、自分で判断できないことは即答せず、必ず社に持ち帰ります。

7 面談を終える

終了予定時間の少し前から話をまとめ、コートは外へ出てから着ます。

5 訪問の目的を伝える

冒頭で訪問の目的と議題としたいことを伝えます。

「本日はお時間をいただき、ありがとうございます。今日は、新商品の件についてご意見をお聞きしたく、伺いました」

「わかりました。こちらも要望をまとめましたのでお伝えします」

7 最後のあいさつもしっかりと

「それでは今日のご意見を参考に提案いたします」

「よろしくお願いいたします」

「本日はありがとうございました」

プラスα

初めての訪問は、帰社後にお礼メールを送る

新規営業などで初めて訪問した先には、帰社後、その日のうちにお礼のメールを送るようにします。件名は「本日のお礼」などと用件がわかる簡潔なものにします。

> 株式会社スンプ社
> 今川健一様
>
> お世話になっております。
> ナガハマ商事の鈴木一郎です。
>
> 本日はご多忙のところ、貴重なお時間をいただき、
> ありがとうございました。
> 貴社が今後のテーマとされていることや、
> 弊社サービスへのご意見も伺うことができ、
> 大変勉強になりました。
>
> いただいたご意見は弊社内で共有し、近日中に
> 貴社のお役に立つ提案をいたしたいと存じます。
>
> 今後ともよろしくお願いいたします。
> 取り急ぎ御礼申し上げます。

ポイント まず面談に対する感謝を伝えます

ポイント 今後の営業活動につなげるために提案の意欲を具体的に記します

ポイント 最後に、もう一度謝意を表して締めくくります

「同行者の紹介のしかた」

紹介する順番の見極め方

人を紹介する順番は、取引関係や役職、年齢の上下、
関係の深さなどによって決まります。

► 基本の紹介のしかた

立場が下の人を先に、上の人に紹介します。

先に紹介(立場が下)		後で紹介(立場が上)
自社の人	→	他社の人
受注側	→	発注側
役職が下の人	→	役職が上の人
年下の人	→	年上の人
親しい人	→	つき合いの浅い人
身内・家族	→	他人
1人	→	複数

例 **1 最初にAさん(立場が下)をBさん(立場が上)に紹介**

「こちらはAさんです」

※Aが自社の社員や身内の場合は呼び捨てにします。

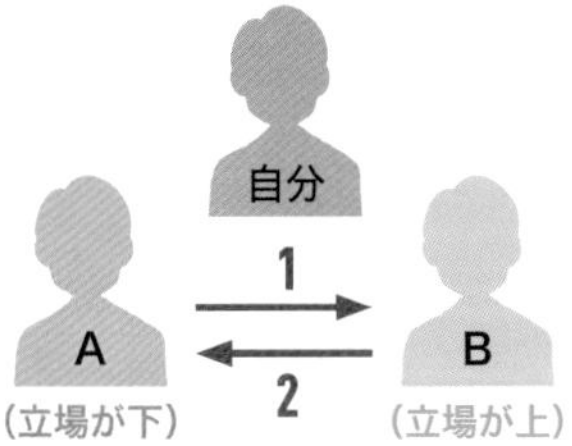

2 次にBさん(立場が上)をAさん(立場が下)に紹介

「こちらはBさんです」

POINT

●目上に対して目下を先に紹介する。
●上下の序列は、受発注関係や役職などで決まる。

紹介の順番をおさえておこう

自分の取引先に、上司に同行してもらったときなど、ビジネスの場では人を紹介する場面がよくあります。その際に大切なのが、どちらを先に紹介するかということです。紹介にはルールがあり、その順番には、ビジネス上の関係の深さや立場が反映されます。

覚えておきたい基本ルールはひとつ、**「立場が下の人を先に、上の人に紹介すること」**です。立場の上下の基準は、互いの取引関係や役職、年齢など、そのときによって異なります。複数の人を紹介するときは混乱するかもしれませんが、この基本ルールに照らして冷静に考えれば大丈夫。落ち着いて、笑顔を忘れずに対応しましょう。

ケース別の紹介のしかた

自社の人　他社の人

ケース 1　上司と取引先を引き合わせる

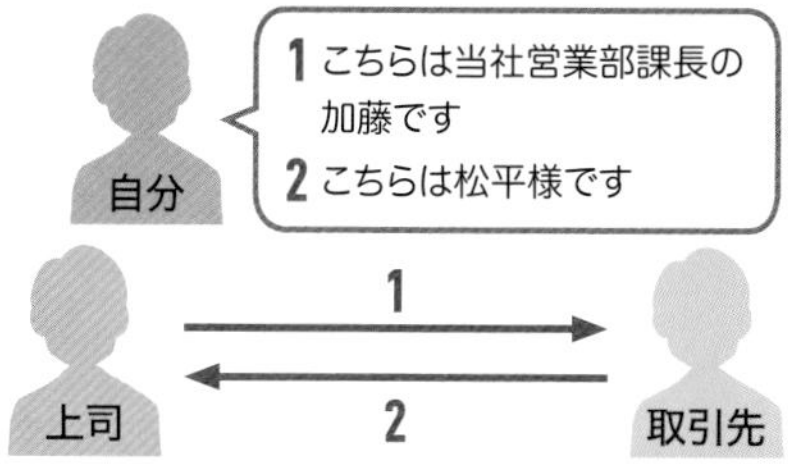
自分
1 こちらは当社営業部課長の加藤です
2 こちらは松平様です
上司
1
2
取引先

取引先の担当者の役職にかかわらず、上司を先に担当者に紹介します。

ケース 2　自社の複数の社員と取引先を引き合わせる

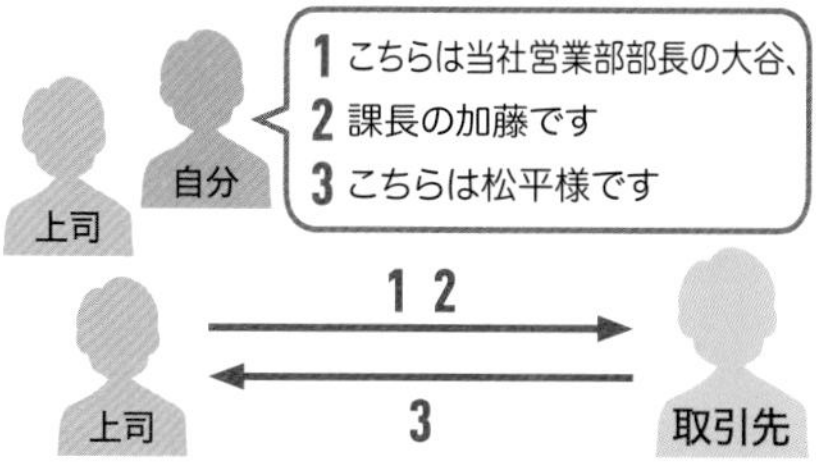
上司
自分
1 こちらは当社営業部部長の大谷、
2 課長の加藤です
3 こちらは松平様です
上司
1 2
3
取引先

ケース1同様、順番は自社の役職の高い人から先に紹介します。

ケース 3　互いに複数の社員を紹介する

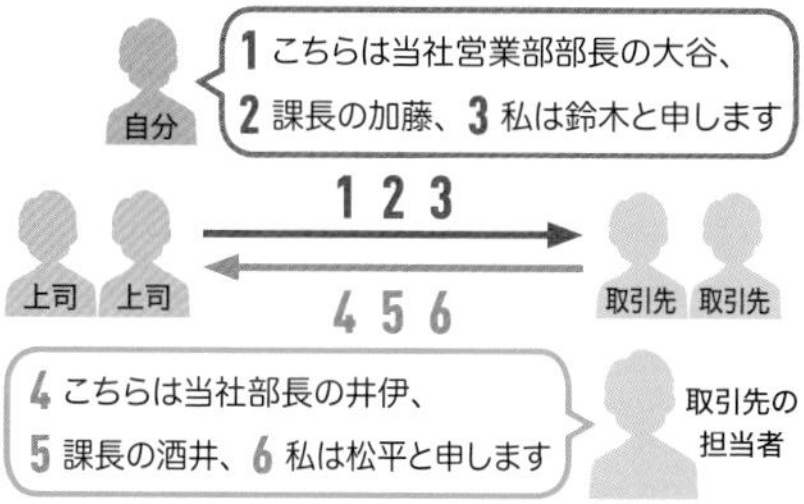
自分
1 こちらは当社営業部部長の大谷、
2 課長の加藤、3 私は鈴木と申します
上司 上司
1 2 3
4 5 6
取引先 取引先
4 こちらは当社部長の井伊、
5 課長の酒井、6 私は松平と申します
取引先の担当者

順番はケース2同様。自社側が複数のときは、最後に自己紹介します。

ケース 4　仲介役として他社どうしを引き合わせる

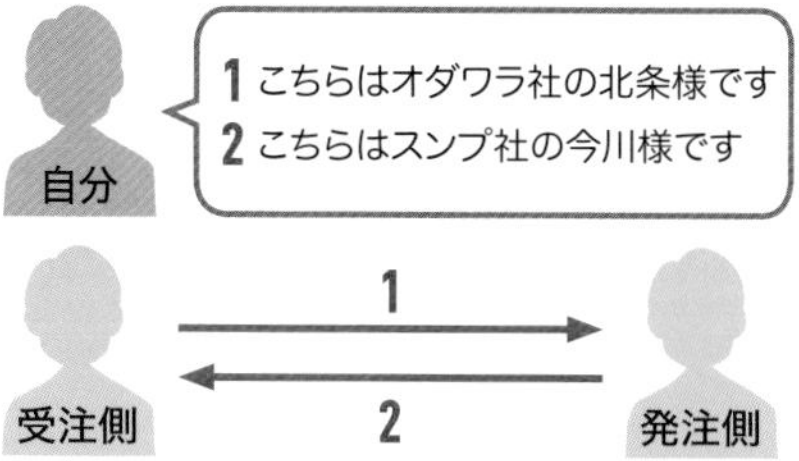
自分
1 こちらはオダワラ社の北条様です
2 こちらはスンプ社の今川様です
受注側
1
2
発注側

受注側になると思われる会社を、発注側になると思われる会社に先に紹介します。

ケース別の紹介のされ方

ケース 1　自社の担当者に取引先を紹介してもらう

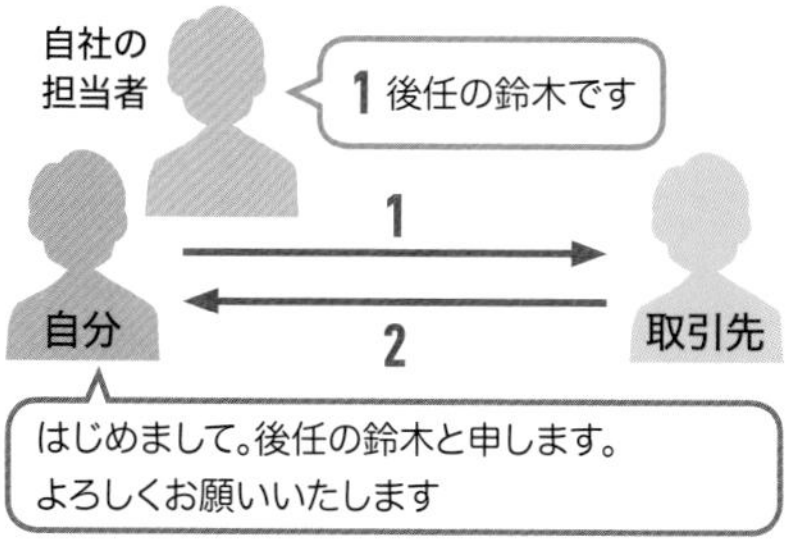
自社の担当者
1 後任の鈴木です
自分
1
2
取引先
はじめまして。後任の鈴木と申します。
よろしくお願いいたします

自社の担当者が自分を先方に紹介したら（1）、自己紹介してあいさつします。

ケース 2　他社の人に取引先を紹介してもらう

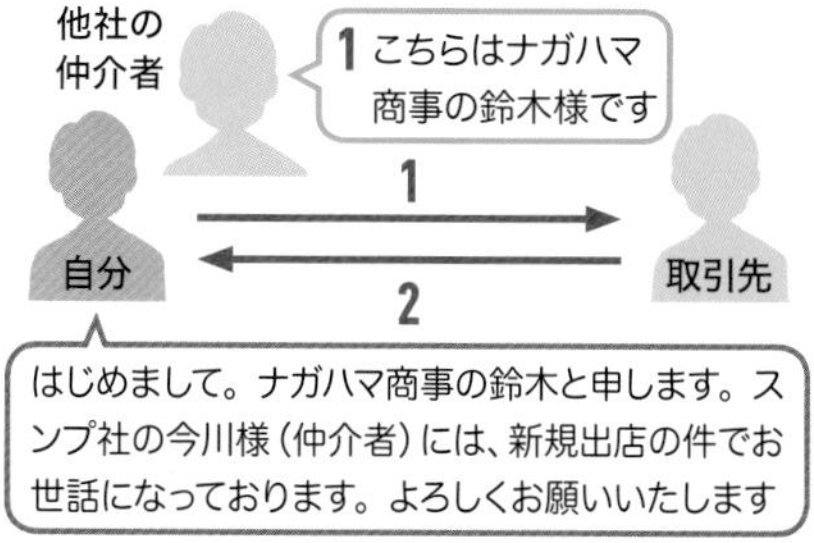
他社の仲介者
1 こちらはナガハマ商事の鈴木様です
自分
1
2
取引先
はじめまして。ナガハマ商事の鈴木と申します。スンプ社の今川様（仲介者）には、新規出店の件でお世話になっております。よろしくお願いいたします

仲介者が自分を先方に紹介したら（1）、自己紹介し、仲介者との関係を簡単に説明します。

上司に同行するときのルール

POINT
- 上司のサポート役の自覚を持って行動する。
- 受け身にならず、上司から学ぶ姿勢を示す。

1人での訪問に向けて

上司や先輩に同行する際には、1人でアポイントメントを取って訪問するときとは違う注意点があります。ひとつは同行者の1人として主体的に行動すること。自分のアポイントメントではないからと準備を手伝わない、面談中も上の空、といった態度は禁物です。自分はどんな役割を担うべきかを考え、率先して関わることが大切です。

もうひとつの注意点は、将来は自分1人で訪問するということです。上司が訪問先での面談で、どんな説明や確認をしているかなど、注意深く見ておきましょう。

同行は上司の仕事ぶりを学べるチャンス。貪欲な姿勢でのぞみましょう。

上司や先輩に同行するときの準備

前日までの準備

上司に確認・指示を仰ぐべきこと

- □ **訪問の目的を確認**
  わけもわからずに行くことのないよう、訪問の目的を頭に入れておきます。
- □ **自分でも考えて動く**
  必要だと思うことがあれば、上司に相談したうえで準備します。
- □ **そのほか準備の指示を仰ぐ**
- □ **資料や手みやげの準備**
  必要な資料のリストと部数を確認して用意。手みやげも必要なら購入します。

指示がなくても準備すべきこと

- □ **訪問先の会社概要を調べる**
  経営方針、事業内容、業績などは、予備知識として調べておきます。
- □ **訪問先の住所や交通経路を確認**
  初めての訪問先は住所や地図、交通経路と乗り換え時刻を調べておきます。
- □ **訪問時の持ち物の準備**
  名刺、筆記用具など基本的な持ち物を準備しておきます（▸P.137）。

当日の行動の注意点

- □ **資料や荷物は率先して持つ**
- □ **上司のサポートに徹する**
  道を案内する、面談中は上司に代わってメモを取るなど、自分の役割を見つけ行動します。
- □ **上司の後に行動する**
  入退室やあいさつは上司の後、着座は上司より下座に座ります。

乗り物での席次

乗り物の席次は、安全性や快適性によって決まっています。ただ、ここで紹介するのはあくまで基本ですから、上司の好みを優先させるなど、状況によって判断しましょう。

車の席次

※図の❶から順に上座→下座

タクシーの場合

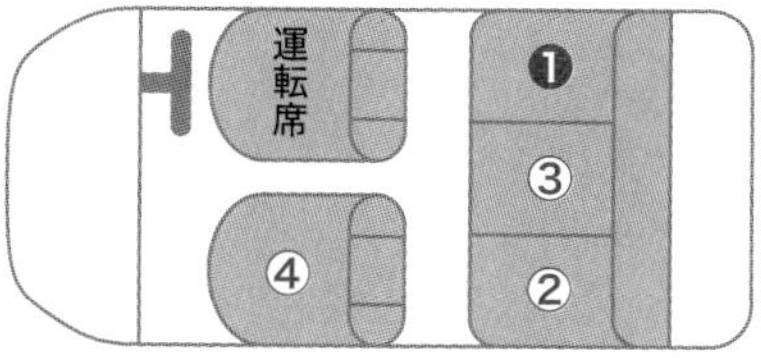

上座は運転席の後ろ（❶）が基本です。

個人所有の車の場合

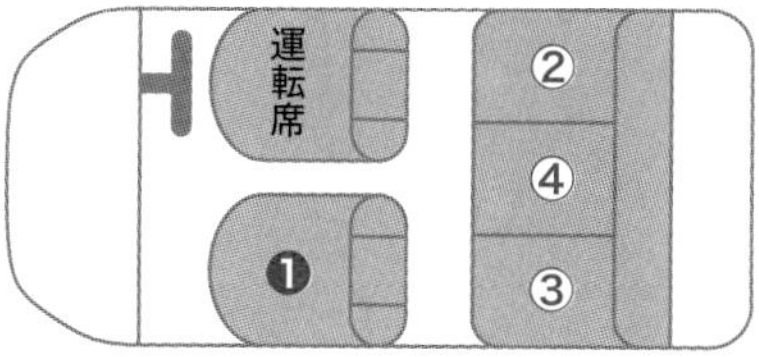

先方や上司が運転する車は、助手席が上座（❶）。自分が運転する場合は、タクシーと同じ席次です。

列車や飛行機の席次

※図の❶から順に上座→下座

横５列シートの場合

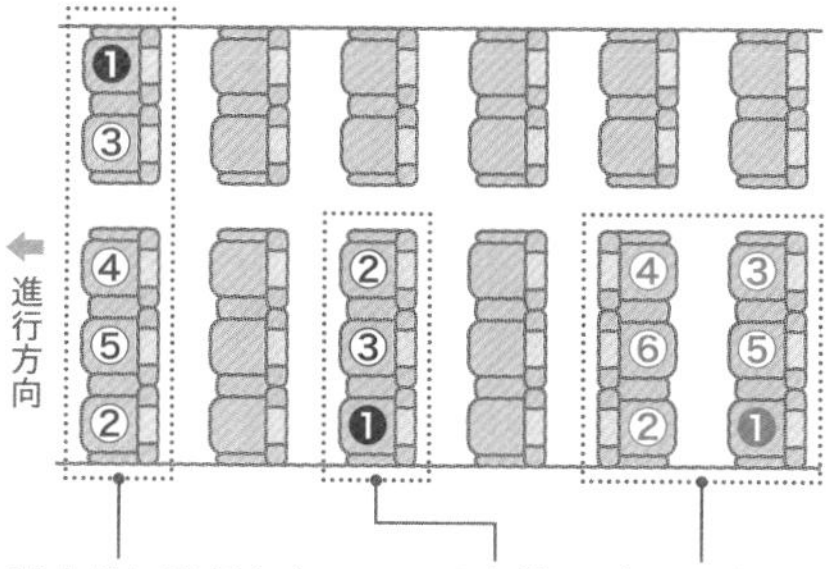

基本的に進行方向の窓側が上座です。

３人掛け、向かい合わせは席の序列が変わります。

横４列シートの場合

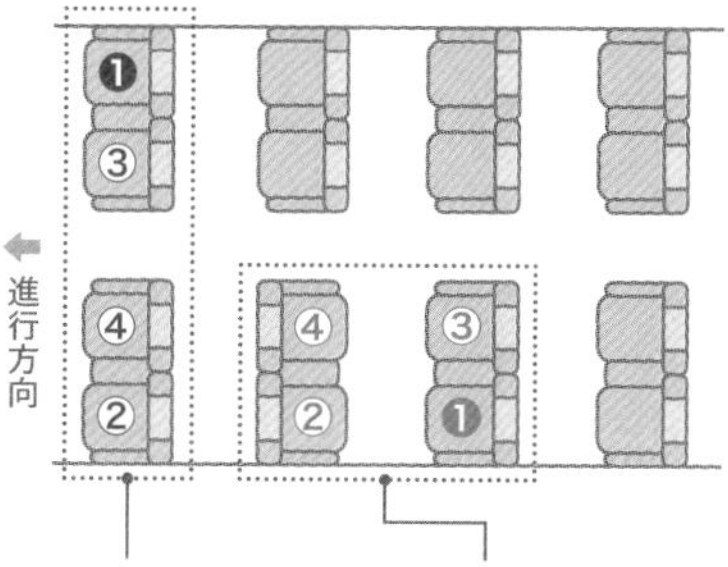

基本的に進行方向の窓側が上座です。

４人で席を向かい合わせると、席の序列が変わります。

プラスα

席次は状況に合わせて臨機応変に考える

車の席次は、安全性の高い席が上座、列車や飛行機は景色がよく見える席が上座という考え方が基本です。しかし、たとえば足の悪い人に奥の席をすすめるのは考えものです。マナーとは本来、相手に敬意と思いやりを示すためのもの。臨機応変に対応しましょう。

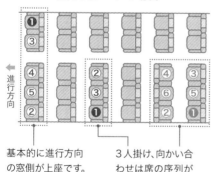

「個人宅への訪問マナー」

POINT

- 訪問先の生活時間に配慮する。
- 用件がすんだら、すみやかに辞去する。

訪問先の生活スタイルを考慮する

個人宅を訪問するときは、相手の都合を優先してあらかじめアポイントメントを取ります。アポイント時のマナーの基本は、会社を訪問するときと同じですが、個人宅ならではの配慮も必要です。

まず、朝早い時間や食事どき、暗くなってからの時間帯は避けましょう。小さなお子さんがいる家庭ではお昼寝の時間帯も避けるなど、**相手の生活スタイルを優先してアポイントメントを取るようにします。**

簡単な用事は玄関先ですませる。「上がってください」と招かれても、ほかの家族に配慮して慎重に判断するといった気遣いも大切です。

訪問の準備とマナー

状況に応じて手みやげを準備

不動産や自動車など個人向けの営業で、顧客の自宅を頻繁に訪問する場合は、毎回手みやげを持参する必要はありません。契約を成約する、またはクレーム対応で謝罪に行くなどの際には、手みやげを用意するとよいでしょう。

持ち物・身だしなみを確認

靴を脱ぐことも考え、靴が汚れていないか、靴下やストッキングも汚れや破れがないか確認を。靴を脱ぐ場合は、脱いだあとにつま先を玄関に向けてそろえます。和室で正座することもあるので、女性は短いスカートは避けます。

手みやげは喜ばれるものを

手みやげ選びは迷うもの。日持ちのするお菓子が無難ですが、相手の好みに合うものを持参できるとベターです。

訪問先での流れ

約束の2 〜 3分後に到着
約束より早く訪問すると相手が慌ててしまうため、2〜3分遅れて行くようにします。

まずは下座で待つ
すすめられるまでは下座に着席。和室では、すすめられてから座布団に座ります。

STEP1 到着
STEP2 玄関
STEP3 入室
STEP4 辞去

簡単な用は玄関ですませる
コートを脱いで入ります。簡単な用件は玄関先ですませるようにしましょう。

長居は禁物
用件がすんだら、座布団から下りてあいさつし、すみやかに辞去します。

訪問先でのマナー

和室でのふるまい方

畳の縁や敷居を踏むことはマナー違反。座布団には、次の順序で座ります。（▶席次P.153）

1
失礼します
2
3

1. 座布団の横に座り、すすめられたら「失礼します」と会釈します。
2. 座布団の両端を軽く握った手で押さえ、体を座布団の上に移します。
3. 正面を向きながら姿勢を整えます。座るときに座布団を裏返してはいけません。

自宅での食事に誘われたら

辞退することが基本ですが、すでに用意されている場合はムダにするのも失礼にあたります。状況に応じて判断するようにしましょう。

出張するときの心がまえ

出張の流れ

出張の一般的な流れは以下の通りですが、多くの会社では独自に出張の規定や手続きを定めています。社内規定を頭に入れておくようにしましょう。

出張命令を受ける または、上司に申請する	出張は社命を受けて行くのが一般的ですが、出張の必要性を感じたときは、自分から上司に申し出て了承を得ます。
▼	
訪問先の アポイントメントを取る	社命を受ける前、または上司に申請する前に相手先に訪問を約束するのは厳禁。アポイントメントは出張の許可を得てから取ります。
▼	
出張申請書などを提出 交通・宿泊の手配	行き先と旅程が決まったら所定の申請書を提出し、交通手段やホテルを手配。交通費や宿泊費に社内規定がある場合は従います。
▼	
訪問先の事前調査 資料、持ち物の準備	1回の出張でなるべく多くの成果をあげられるよう、準備は入念に行います（▶P.136）。
▼	
出張	会社の代表として訪問していることを自覚し、節度ある行動を心がけます。
▼	
上司に出張報告 出張先にお礼状	出張報告書に記入、または自分で報告書をまとめて提出。訪問先にお礼の手紙やメールを送ります。

POINT

- 準備は早めに、社内の所定の手続きもすませる。
- 会社の代表として、節度を守って行動する。

事前準備は入念に

出張先では、何か忘れ物があっても会社に取りに戻ることはできません。普段のアポイントメント以上に、念入りに準備することが大切です。

持ち物の用意だけでなく、1回の出張でなるべく多くの成果をあげられるように、現地での計画も立てておくようにしましょう。勝手がわからない土地で動くことを考え、**時間に余裕を持ったスケジュールを組み、訪問先への到着が遅れないようにしてください。**

出張中は、計画に沿って行動し、会社にもマメに連絡や報告を入れます。帰社後は、現地でお世話になった方にお礼のメールや手紙を送ることも忘れずに。

出張時の準備と持ち物チェックリスト

▶ 交通手段・宿泊先の手配

行き先によっては直前だと交通機関やホテルの予約が取れないこともあります。早めの手配を心がけましょう。

飛行機のマイレージの扱いは？

出張時のマイレージは出張者個人のものとするケースが一般的ですが、念のため会社に確認します。

確認しておくべきこと

- ☐ **出張の社内規定**
  宿泊や飛行機利用の可否を確認します。
- ☐ **確実な移動ルート**
  台風の季節は飛行機は避けましょう。
- ☐ **宿泊先のビジネス設備**
  インターネット、コピーサービスを確認します。
- ☐ **交通・宿泊のキャンセル規定**
  出張日時の変更に備えて、乗車券や航空券の変更や払い戻しの際の手数料、宿泊施設のキャンセル料なども確認します。

▶ 社内の出張申請

必要書類を提出します。出張経費の仮払いを受けるときは、仮払い申請書も提出。仮払いとは、必要な経費をあらかじめ支給してもらうことで、出張後に精算をします。経費に含まれるものも確認しておきましょう。

出張前に提出する書類の例

- ☐ **出張申請書**
  出張の許可を得るための書類です。
- ☐ **旅程表**
  移動経路などを報告する書類です。
- ☐ **仮払い申請書**
  経費の現金仮払いを申請する書類です。

令和○年○月○日

出張申請書

営業部長

所属　営業部

氏名　鈴木一郎

出張について、下記のとおり申請いたします。

行先	ヒメジ商事株式会社				
期間	令和○年12月10日　～　令和○年12月11日				
目的・用件	新商品提案のため。				
仮払金額	20,000 円	出納	令和○年12月10日	受領印	
清算予定日	令和○年12月12日				
備考・詳細					

経理部	係長	課長	部長

▶ 持ち物の準備

持ち物のリストをつくり、忘れ物がないよう慎重に準備しましょう。
また、訪問先に手みやげを用意する場合は、出発前に購入しておきます。

持ち物リストの例

●日帰りの場合
- ☐ 航空券、列車の切符
- ☐ 自社の会社案内、商談用の資料など
- ☐ パソコン、ICレコーダー
- ☐ その他の基本的な持ち物

●宿泊を伴うときは以下をプラス
- ☐ ワイシャツ、下着などの着替え
- ☐ 洗面用具
- ☐ 健康保険証、常備薬

出張先での注意点

1人で出張する場合は、現地で何かあっても上司や先輩に助けてもらえません。トラブルを未然に防ぐために、注意点を頭に入れてのぞみましょう。

▶ 出張先で心得ておきたいポイント

会社にマメに連絡を入れる

最低でも1日1回（できれば3回）は会社に連絡をします。朝は行動予定、昼前後は中間報告、夕方は成果と翌日の予定を報告します。

はめを外さない

就業時間内は業務外の行動は禁止です。空き時間がある場合は、事前に上司の許可を得ておきましょう。夜の飲食でも節度を守ります。

先輩の失敗談

新幹線で乗り過ごしてしまい……

出張先に前泊で入る予定で、最終の新幹線で東京から大阪へ。車内でビールを飲んだら寝てしまい、気づいたら広島……。駅前のホテルに泊まって始発の新幹線で大阪へ。ホテル代と追加の新幹線代は自費。痛い出費でした。

（広告・営業／30代・男性）

プラスα

こんなときはどうする!?

● 訪問先から食事に誘われた！

次の予定がなければ応じてOKです。ごちそうになったら上司に報告し、後で必ずお礼状を出します。予定があれば「申し訳ありません。次の予定がありまして」と丁重に断りましょう。

● 出張費が予算をオーバー！

超過分は、会社によっては自己負担になることもあります。そうした事態にならないよう、交通費や宿泊費が規定を超えないか、よく確認を。現地での接待を自己判断で行うのは禁物です。

● 帰れなくなった！

出張先での仕事が予定通り終わらなかった場合は、出張先から戻る交通機関がある時間のうちに、上司に状況を報告して判断を仰ぐようにします。

● 職場におみやげは必要？

必要ではありませんが、出張中に仕事を代わってもらった人へのお礼としたりするケースもあります。購入は経費ではなく自費でまかないます。

出張から戻ったら

訪問先に対して

無事に戻った報告とお礼を伝える

出張から戻ったその日または翌日のうちに、帰社した報告と出張中のお礼を訪問先に伝えます（メールでOK。手紙だとよりていねい）。▶P.116

お礼のメールの文例

いつもお世話になっております。
ナガハマ商事の鈴木です。

昨日の出張の折には
お忙しい中お時間をいただき、
誠にありがとうございました。 ❶
効率よく現地をまわることができたのは、
ご手配くださった池田様のおかげと
深く感謝しております。 ❷
今回伺ったご意見をまとめ、 ❸
プランを早急にご提案いたします。 ❹

今後ともご指導いただけますよう、
よろしくお願い申し上げます。

まずは取り急ぎ御礼まで。

お礼の手紙の文例

拝啓　初秋の候、ますますご清祥のこととお喜び申し上げます。

❶ さて、このたびの出張の折には、お忙しい中お時間をいただき、誠にありがとうございました。
❷ 池田様はじめ支店の皆様に温かいおもてなしをいただき、深く感謝しております。
❸ 今回、貴社の工場を拝見し、課題とされる環境対策の強化についての理解がより深まりました。
❹ 弊社の対策案をまとめ、早急にご提案できればと考えております。

今後とも、変わらぬご指導ご鞭撻のほど、よろしくお願いいたします。

まずは、取り急ぎお礼申し上げます。

敬具

おさえておきたいポイント

❶出張中に時間をもらったことへのお礼
❷お世話になったことへのお礼
❸訪問内容の簡単なまとめ
❹今後の対応について

社内に対して

上司に帰社のあいさつと出張報告をする

出張先から会社に戻るときは直接、直帰する場合は現地を発つ前に電話で、訪問先との面談の成果などを報告します。

所定の社内手続きを行う

出張の報告書を提出し、経費を精算します。経費は領収書が必要ですので、必ずもらっておきましょう。

出張後に提出する書類の例

- □ 出張報告書
- □ 出張旅費精算書

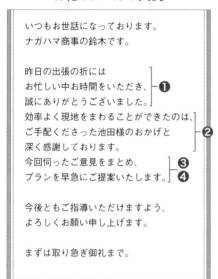

「接待① 準備のポイント」

接待の準備の流れ

1 相手の好みを知る

2 目的を確認し、予算を決める

3 会場を選ぶ

相手の好みにあった店や料理を選べたら接待は半分成功したようなものです。

リサーチ項目

- □ 食事や飲酒の好み
- □ 食物アレルギー

目的を確認し、相手側の招待者と自社の出席者、店の格式や予算を上司に相談します。

ここに注意！

- □ 相手側の役職と自社参加者の位を合わせる

初めて利用する店は、接待と同じ時間帯に下見を。見学のみでも可能か店に相談します。

下見のポイント

- □ 目的に合っているか
- □ 個室の有無と広さ

POINT

- ●接待の目的や相手の嗜好に合わせて会場を選定。
- ●初めて利用する会場は必ず事前に下見をする。

綿密な準備が成功のカギ

接待とは取引先との関係を深めるために、**仕事の場を離れてコミュニケーションの機会を持つということ。**儀礼的に行うのではなく、「相手をよく知りたい」、「楽しい時間を過ごしてほしい」という気持ちを持つことが大切です。

相手に喜んでもらうには、好みを知ることが先決。食事やお酒の嗜好、どのような話題を好むかなどを日頃からさりげなく聞いておくとよいでしょう。食物アレルギーの確認も忘れずに。

また、当日をスムーズに進めるには綿密な準備が欠かせません。会場選びのポイントや予約の手配など、上図のチャートを参考に、早めに取りかかりましょう。

4 日時を調整し、会場を予約する

候補日を複数提案し、日時を調整。会場を予約します。予定日の1か月前には打診します。

予約のポイント

- □ 領収書の発行を依頼
- □ 料理はコースが無難

5 参加者に連絡する

日時、会場名、住所、電話番号、地図を相手側と社内の参加者にそれぞれ連絡します。

ここに注意！

- □ 文面に残る方法で
- □ 改まった会食は2週間前までに招待状を送付

6 そのほかの準備を進める

手みやげが必要なら手配。二次会を行う可能性があるなら周辺の候補店を調べておきます。

前日の確認事項

- □ 会場・開始時間を連絡する
- □ 会場に電話をして予約内容を確認

接待当日

プラスα

接待の目的を確認しましょう

接待の目的は日頃のお礼や商談など、異なります。主役は相手であることを意識し、準備を進めましょう。

プラスα

相手側の情報を調べておこう

接待当日までに、接待相手の趣味や最近の関心ごとを調べておくと、相手側も自分を飽きさせない努力を感じ、よろこんでくれるでしょう。

接待②

「接待当日のマナー」

接待当日の進め方

1 全員で迎える

接待する側が先に会場に入り、全員で出迎えるのがマナー。30分前には入り、店側にあいさつします。

2 あいさつ・乾杯をする

全員が席に着いたら、接待する側の代表者があいさつをし、乾杯の音頭を取ります。

3 歓談

乾杯の後は自由に飲食します。趣味など話題づくりは積極的にします。話題を提供したら聞き役に回ります。

おつぎします
ありがとう
接待相手
自社

お酒が苦手な人は……

無理をせず、「不《ぶ》調《ちょう》法《ほう》ですので」とやんわりと伝え、ソフトドリンクを頼んでかまいません。ただ乾杯は慣例として、形だけでもビールで行います。

POINT

- お酒の進み具合に気を配る。
- 話のネタを用意して、会話を盛り上げる。

接待での役割を意識しよう

接待当日は、**相手側に楽しんでもらうことが一番。**節度ある行動を意識しつつ、相手の趣味や関心ごとなど、普段の仕事上ではなかなか聞けない話に触れ、接待相手と親睦を深める場にしましょう。

ただし、仕事の一環である意識も必要です。場を盛り上げつつ、参加者の飲食の進み具合を確認します。料理の提供が早い、または遅いときは店側に調整を依頼します。グラスが空いている人がいたらお酌を。お酒が弱い人にはソフトドリンクをすすめます。

宴席がお開きになったら、翌日にお礼の連絡をするまでが接待。最後まで気を抜かないようにしましょう。

4 支払いをすませる タクシーを手配する

終了時刻が近づいたらさりげなく部屋を出て会計をすませ、領収書を受け取ります。相手側を送迎する場合は、終了する頃にタクシーが来るよう、会場に手配を依頼します。

5 終了・お見送りする

手みやげは会場を出る直前に接待する側の代表から相手側の役職の高い人に渡します。終了後は店の外まで一緒に出て、全員で相手が見えなくなるまでお見送りします。

接待の席次

※図の❶から順に上座→下座

テーブル席

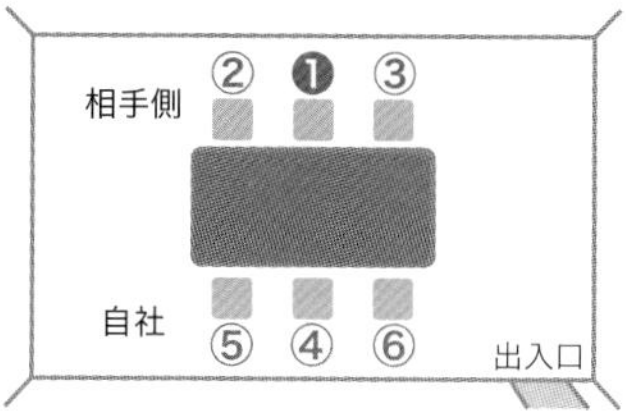

円卓

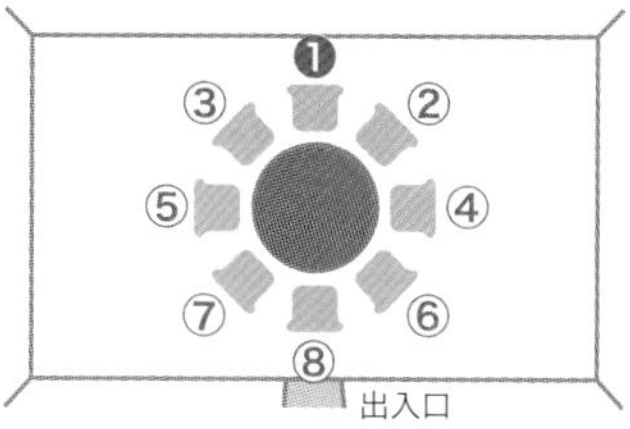

テーブル席も円卓も入り口に一番近い席が最下座です。一番遠い席が最上座ですが、ほかに窓外の景色がよく見える席などがあれば、そこが最上座になることもあります。

和室

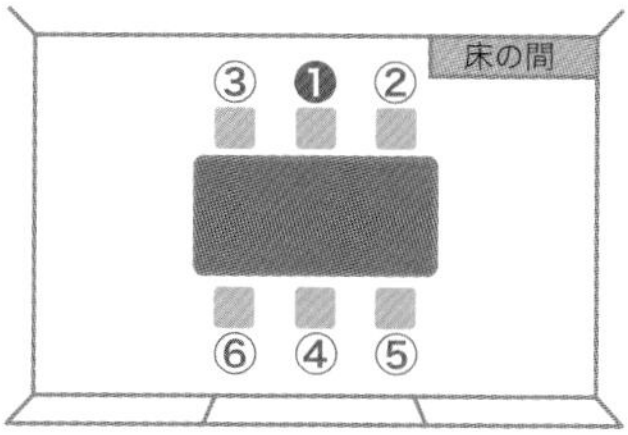

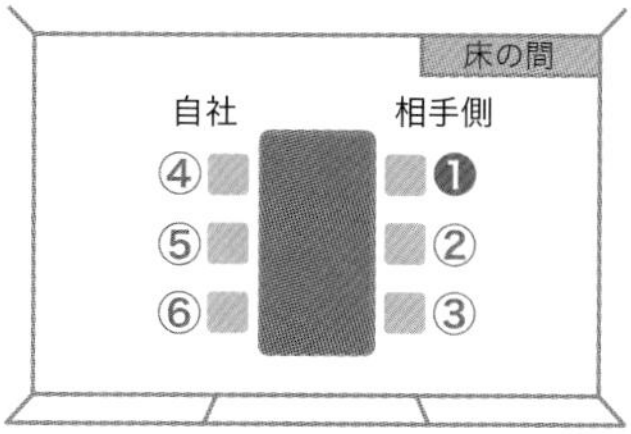

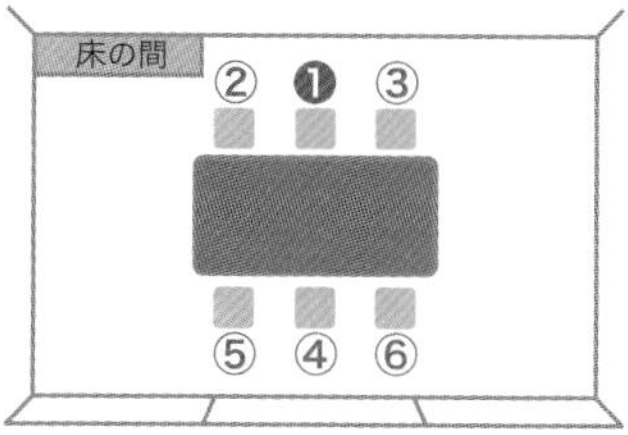

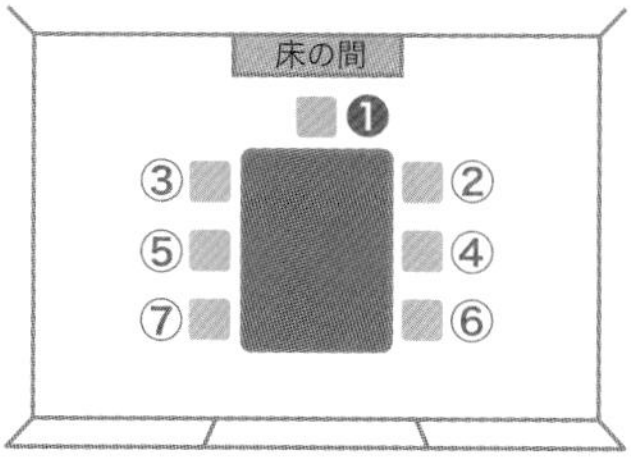

床の間に近い席が上座ですが、テーブルの位置関係によって、席次は図のように変わります。床の間がないときは、イス席と同様に入り口からの距離で席次が決まります。

こんなふるまいはNG

✖ 無礼講を真に受ける

無礼講とは身分の上下を取り払って楽しむ宴会のことです。先方から「今日は無礼講で」と言われたらお礼を伝えますが、真に受けて友だち口調で話す、ハメを外して深酒をするのはNGです。

✖ 会話に参加しない

人見知りで話すのが苦手だったとしても、会話に参加しないのは失礼です。相手の関心ごとを事前に探る、新聞や雑誌で流行の話題をチェックするなどして、話のネタを用意しておきましょう。

タブーの話題に触れる

政治や思想、宗教の話は主義主張がぶつかり合いかねないため、タブーとされています。愚痴や悪口も厳禁。関連する話題をふられても、うまく話を変えましょう。

過剰に気を使う

グラスのお酒が少しでも減ればお酌をする、空いた食器を気忙しく下げるなど、気遣いも度が過ぎると周囲を疲れさせてしまいます。自然体で、さりげない気配りを心がけましょう。

機密事項を話す・聞く

酔った勢いで自社の機密事項を話す、または接待の見返りとして先方に機密情報の提供を要求するなどは、決してしてはいけない行為です。法令やモラルを守る意識を持ちましょう。

接待後のフォローも大切に

翌日、朝一番にお礼の連絡を入れる

翌日、なるべく朝一番に電話かメールで相手先にお礼を伝えます。参加してもらったことへの感謝（❶）と、宴席の感想（❷）、手配が至らなかったことへのお詫び（❸）を伝え、あいさつ（❹）で締めくくります。

差出人(M) ▼　Bizメール
宛先…
CC(C)…
件名(U)　【御礼】昨日はありがとうございました／ナガハマ商事（鈴木）

株式会社オカザキ不動産　井伊部長

いつもお世話になっております。ナガハマ商事の鈴木です。

昨日は、お忙しい中お越しいただき、誠にありがとうございました。― ❶
思いがけずご趣味の映画のお話を伺えて、とても楽しい一時を過ごすことができました。― ❷

至らぬ点も多々あったことと存じますが、何卒ご容赦の程お願い申し上げます。― ❸

今後ともよろしくお願いいたします。取り急ぎ御礼申し上げます。― ❹

夜の宴席以外のさまざまな接待

ランチ接待

近年は昼どきの接待も増えています。ただ、昼とはいえ接待は接待です。夜の宴席に準じて慎重に手配します。

- ☐ 予算や店の格式は相手の役職・目的で判断
- ☐ 個室を予約する
- ☐ 焼肉など、服に臭いのつく店は避ける

ゴルフ接待

大切なのは相手先によいスコアでまわってもらうことです。難易度が適したコースを上司に相談します。

- ☐ 相手の腕前に合うコースを選ぶ
- ☐ 初心者は当日までに練習する
- ☐ 必要なら送迎手配

カラオケ接待

主賓の役職によっては、カラオケボックスは避け、カラオケ設備のあるクラブなどを選びましょう。

- ☐ 最初に歌うのは相手
- ☐ 選曲は相手の好みに合わせる
- ☐ 歌わないのは失礼

接待に招待されたときの対応

自分の判断で安易に招待を受けてはいけません。相手先が何かの見返りを期待していないか、招待された理由を考え、上司にも必ず相談しましょう。

気をつけたいポイント

□ 自分で判断せず上司に相談する
□ 招待を受けるときは謙虚な姿勢で
□ 当日の遅刻は厳禁
□ 翌朝必ずお礼の連絡を入れる

招待に応じるときは、返事は早く伝えるようにします。お礼は電話やメールで行いましょう。

断るときは

あいにく、しばらく
仕事が立て込んで
おりまして……

多忙を理由にするのが最も無難な方法です。再度誘いを受けたら、「上司から遠慮するよう言われております」と会社の方針であることを伝えます。

立食パーティーに招待されたときの対応

ビジネスでは一社対一社の接待のほかに、取引先の設立記念パーティーなど、立食形式のパーティーに招待されることもあります。積極的に参加しましょう。

食事のマナー

料理の列に割り込まない
列の流れをよく見て、最後尾に並びましょう。

料理テーブルの前で話し込まない
ほかの人の迷惑になります。離れた場所に移動して話しましょう。

飲食はほどほどに
パーティーの目的は人との交流。料理は食べきれる分だけ取ります。

出会いを広げるためのポイント

自分から周囲に話しかける
同行者などで固まらず、初対面の人にも積極的に声をかけましょう。

名刺は多めに用意する
途中で切らさないよう多めに持参し、すぐ渡せるよう手元に用意します。

名刺の数＝人脈ではないと心得る
名刺集めに走るのは禁物。会話を大切に、交流を深めましょう。

『洋食と中華の正しいテーブルマナー』

洋食のテーブルセッティングとマナーの基本

カトラリーの使い方

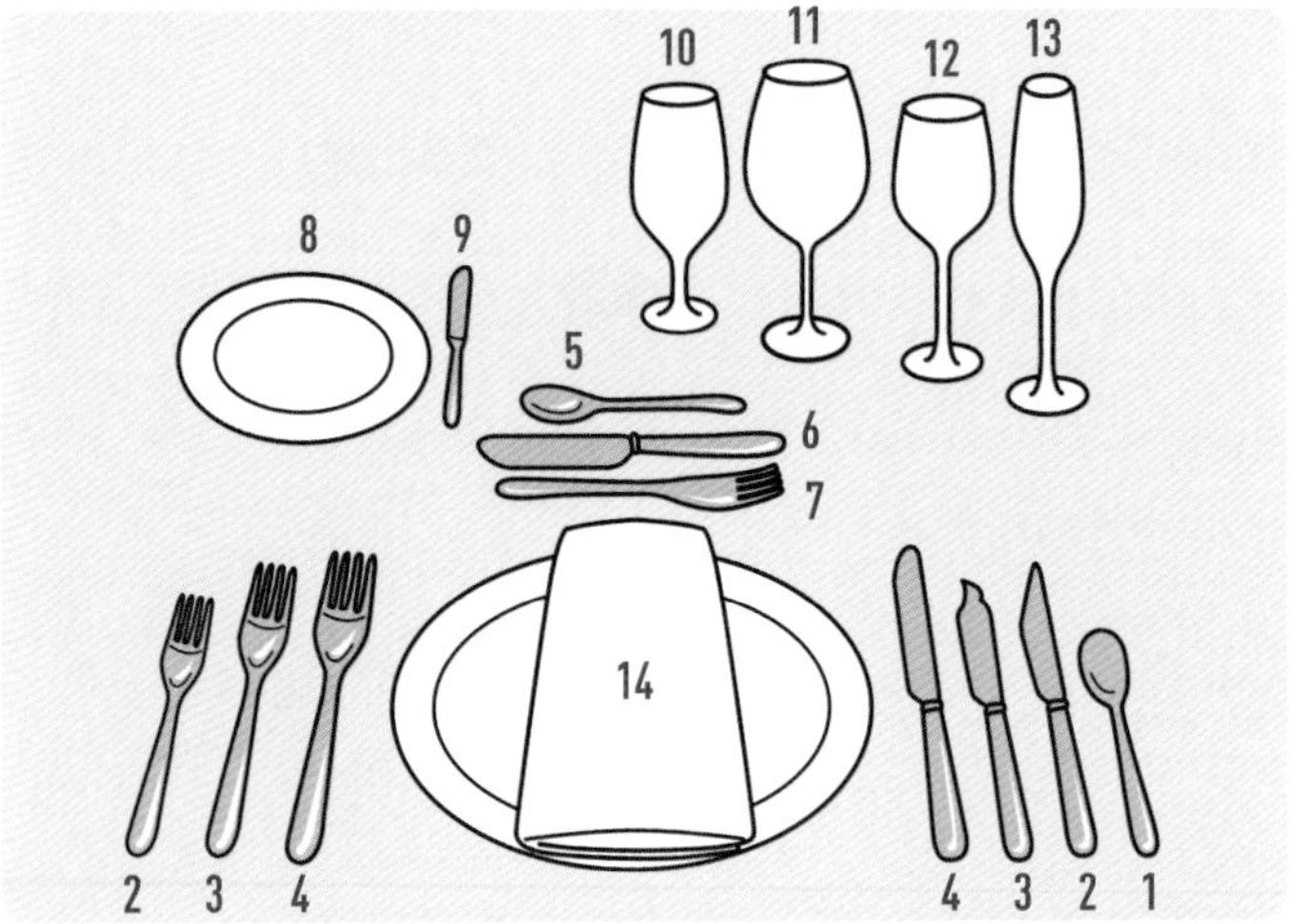

1 スープスプーン
2 オードブルナイフ&フォーク
3 魚用ナイフ&フォーク
4 肉用ナイフ&フォーク
5 コーヒースプーン
6 フルーツナイフ
7 フルーツフォーク
8 パン皿
9 バターナイフ
10 ゴブレット（水用）
11 ワイングラス（赤）
12 ワイングラス（白）
13 シャンパングラス
14 ナプキン

カトラリーは外側から使う

洋食のフルコースでは、使用するカトラリーが上の図のようにセッティングされ、外側から内側の順に使用します。食べるときに音を立てるのはタブー。ナイフやフォークをお皿に当てる、スープを音を立てて飲むといった行為は慎みます。

手を休めるときは

ナイフの刃は内側に向け、フォークは背を上にして八の字に置きます。

食べ終わったときは

ナイフの刃は内側に、フォークは背を下にして、並べて斜めに置きます。

プラスα

こんなときはどうする!?

●使う順番を間違えた！

そのまま食事を続けてかまいません。お店のスタッフが皿を下げにきたときに、カトラリーの補充を頼みます。

●床に落としてしまった！

自分で拾うのはマナー違反です。手を上げてお店の人を呼び、新しいカトラリーを持ってきてもらいます。

POINT

- 洋食のカトラリーは外側から順に使う。
- 中華は最上座から順に料理を取る。

グラスの種類

赤用グラスはワインの香りが立ち上るような形状に、白用はワインの温度が上がらないように、シャンパン用は立ち昇る気泡を鑑賞できるように細長いつくりになっています。

ナプキンの使い方

ナプキンは料理が来てから広げます。中座するときは軽くたたみ、イスの座面に置きます。

NG グラスの持ち方とナプキンの使い方に注意

✖ 乾杯のときにグラスを合わせる

ワイングラスは割れやすいため音を立てて合わせることはしません。グラスを胸の高さまで持ち上げ、「乾杯」と軽く会釈します。

✖ 注がれるときにグラスを持つ

ワインはグラスをテーブルに置いたままついでもらいます。飲むときは、ワインに手の温度が伝わらないよう、細い足の部分を持ちます。

✖ ナプキンをきれいにたたんで帰る

「不満があった」というメッセージになってしまいます。食後は軽くたたんでテーブルに置きましょう。

✖ ナプキンでこぼした水を拭く

ナプキンは、口元や指先の汚れを拭くためのものです。テーブルに飲み物をこぼしたらお店の人を呼んで拭いてもらいましょう。

中華料理の円卓でのマナーの基本

最上座の人から料理を取る

最上座の前までターンテーブルを回し、席次の順に料理を取ります。自分の順番がきたら次の人に「お先に失礼します」と一声かけましょう。
（▶円卓の席次P.153）

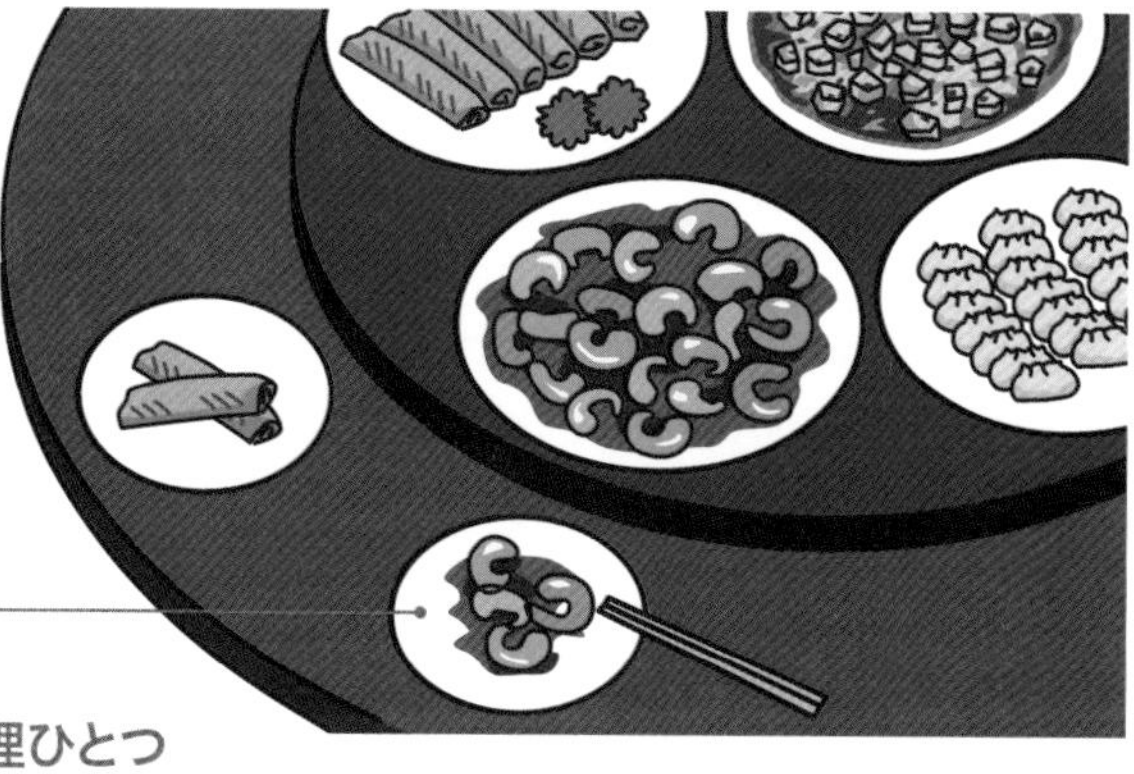

取り皿ひとつに料理ひとつ

取り皿に複数の料理をのせるのは、味が混ざるので避けます。ひとつの取り皿にはひとつの料理をのせましょう。

ほかの人に取り分ける必要はない

ターンテーブルを回して各自が自分の料理を取るので、ほかの人の分まで取り分けなくてOK。ターンテーブルは必ず一方向に回します。

「和食の正しいマナー」

箸の正しい持ち方と扱い方

持ち方

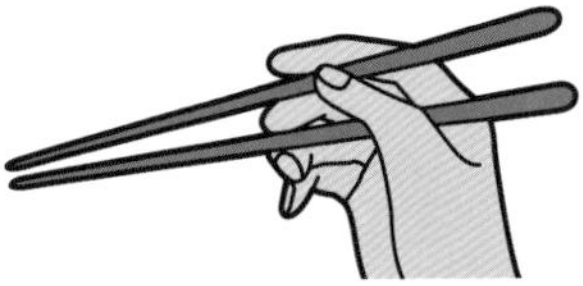

下の箸は薬指の先端と親指のつけ根に渡して固定。上の箸は親指と人さし指、中指の三本で挟み、上の箸だけを上下に動かします。

取り方

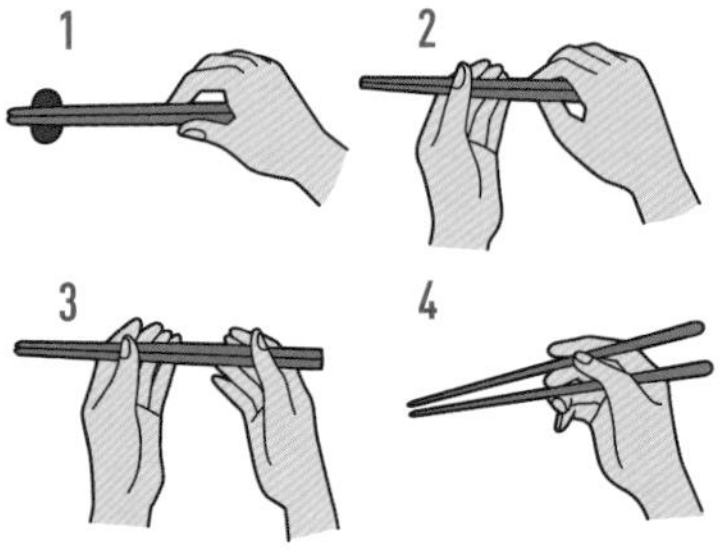

1 右手で箸を取ります。2 左手で箸を受けます。3 左手で箸を固定し、右手をすべらせ箸を持つ定位置にします（4）。

NG こんな箸づかいに注意

【迷い箸】食べるものに迷い、箸先をあちこち動かすことです。

【逆さ箸】取り分けの際に箸を上下逆さにして使うことです。

【刺し箸】箸で突き刺して取ることです。

【渡し箸】器の上に箸を置くことです。

【寄せ箸】器を箸で引き寄せることです。

【ねぶり箸】箸先をなめまわすことです。

箸づかいで印象が左右されることも

上司とランチに出る。取引先を接待する。そういった場で意外と見られているのが「箸の持ち方」。**箸が美しくつかえるだけで、相手からの印象はアップします。**

この機会に、日頃の箸の持ち方・扱い方を見直してみましょう。食べるものに迷い、箸先をあちこち動かしてしまう「**迷い箸**」や、箸先を口の中でなめまわす「**ねぶり箸**」など注意したい箸の使い方はいろいろあります。

また、改まった席では料理を食べる順番やお椀の扱い方など、細かなルールもあります。食べ慣れている和食だからと油断せず、正式なマナーを身につけておきたいものです。

POINT

● 日頃の箸づかいを見直し、正しい所作を身につける。

食事のしかたの基本

正しい食べ順

ひとつの器の中では、左端から、または手前から食べるようにします。鉢物など山型に盛られた料理は、一番上からいただきます。

膳もの・弁当の食べ方

●会席膳《かいせきぜん》

酒席の料理。結婚披露宴に出るものが代表例です。一品ずつ出るものと最初からすべて配膳されるものがあります。どちらも宴席を楽しもうとするもので、料理を食べる順に厳しい作法はありません。

●懐石膳《かいせきぜん》・松花堂《しょうかどう》弁当

茶席の料理。懐石膳を簡略化し、箱に詰めたものが松花堂弁当です。ご飯が最初に出され、次にみそ汁、向付（刺身など）の順に出されます。どちらも、ご飯、みそ汁、刺身の順に食べます。

お椀の正しい持ち方

親指を軽くお椀の縁に添え、ほかの指はそろえて高台を支えます。

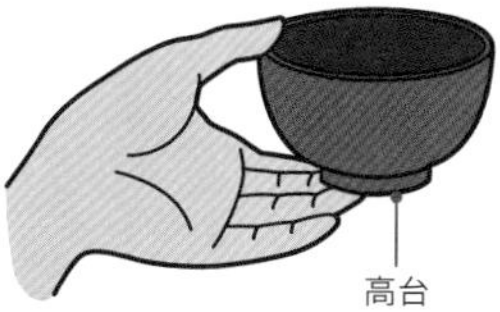

器のフタは最初にすべて外す

汁椀などの器のフタは最初にすべて外し、裏返して膳の外に置き、食後は元に戻します。

和食のタブー

✕ 手皿で受ける

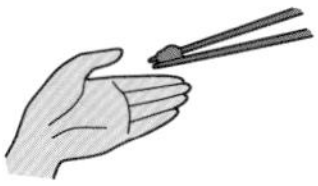

箸で料理を口に運ぶとき、こぼさないよう片方の手を食べ物の下に添えることです。取り皿で受けるのが正解です。

✕ 犬食いをする

食器を置いたまま、顔を器に近づけて食べることです。小鉢なら持ち上げ、平皿なら手を添えます。

✕ 食後に椀のフタを逆に戻す

フタの表面が傷つく恐れがあり、見た目も美しくありません。元の通りに戻すのが正しいマナーです。

✕ 大皿から直接食べる

行儀のよくない食べ方です。いったん自分の取り皿に取ってから食べるようにします。

✕ 器に口をつけてかき込む

汁物の椀以外は、器に口をつけるのはマナー違反です。きちんと箸をつかって口に運びましょう。

✕ 右にある食器を左手で取る

同様に、左側の食器を右手で取るのもNGです。袖が料理に触れたり、器を倒す心配があります。

✕ 食後に食器を重ねる

むやみに食器を重ねると、食器を傷つけたり、片方の汚れをもう片方につけてしまうことがあります。

✕ 長い爪、指輪をつけたままの指で食器に触れる

女性に多いケースですが、食器を傷つける心配がありますので、特に漆器を扱うときは注意します。

column 5

初回訪問を次につなげるコツ

[聞き上手になり、訪問回数を重ねる]

初回訪問を次に結びつけるには、また会いたいと思ってもらうことが不可欠です。そのために大切なことは“**聞き上手になること**”。人は、自分の話を聞いてくれた人に好意を持つ心理傾向があるのです。会話の割合は、**聞くと話すが8対2で、聞くことにウエイトを置く**つもりで話すようにしましょう。

人は好意を持つと、相手からの要請には積極的に応えようとする性質があります。「**チャルディーニの法則**」といいます。これを営業に応用すると、まずは聞き役に徹して、相手が好意を持ってくれたと感じてから「当社の商品を試していただけませんか」と提案すると、受け入れてもらいやすいということです。こうした展開には、「**ザイアンスの法則**」と呼ばれる心理法則の効果も関係しています。「人は、知らない人には批判的、冷淡に対応する」というもので、裏を返せば「よく会う人や何度も目にしているものには、好意的になっていく」ということ。ですから、まずは聞き上手になって、また会いたいと思ってもらい、資料を届けるといったことでも足を運んで訪問の回数を重ね、**心理的な距離を縮める**ことが大切なのです。

聞き上手になるには、いくつかのコツがあります。「**ページング**」と呼ばれる、会話のテンポを合わせる技法も有効です。相手の話すスピードに合わせると、相手に心地よいリズムで会話できるというものです。

相手の反応をまねる「**ミラーリング**」もおススメの技法。相手が前のめりになればこちらも前傾姿勢をとり、相手が水を飲めばこちらも水を飲む。人の心理とはこうしたことで動くことを知っておくと営業に役立ちます。

PART

6

デキると言われるようになる

仕事の上手な進め方

基本的な仕事の流れが身についたら
次はもっと早く、もっと効率的に
仕事を進めるための優先順位のつけ方や
スケジュールの立て方をおさえよう

『仕事の優先順位の決め方』

POINT
- 優先順位を明確にするメリットを理解する。
- 自分の仕事に合わせた管理方法を見つける。

仕事は優先順位をつけて取り組む

複数の仕事を漏れなく効率的に進めるには、**仕事の状況を常に把握し、優先順位の高い順に確実に実施すること。**仕事のできる人は、必ずできています。緊急な仕事を最優先して確実に行いながら、重要な仕事を計画的に進めるには、やるべきことと期限をしっかり把握しましょう。優先順位の判断に迷ったり、期限に間に合わない恐れがある場合は、すぐに上司に相談しましょう。

優先順位が決まったら実行します。その際に、「**TO DOリスト**」と「**スケジュール**」も作成し、仕事を「見える化」しましょう。それが効率よく進めるコツです（▶P164）。

仕事の優先順位の考え方

優先順位２位の２つは、作業にかかる時間などを加味して優先度を判断します。重要度は低いのに緊急性が高い仕事に追われて、重要な仕事に手がつかない状況はNG。そうならないように、重要度の低い仕事も早めに終わらせておきましょう。

優先順位１位
重要度 高 × 緊急度 高
影響が大きく、すぐに処理が必要なものです。
例 ●納期が近い主要業務
●クレーム対応

優先順位２位
重要度 高 × 緊急度 低
担当業務で重要なものです。後回しはNGです。
例 ●納期に余裕がある企画書
●大人数で行っている仕事（他への影響が大きい）

優先順位２位
重要度 低 × 緊急度 高
重要でなくても、手早く処理する必要があるものです。
例 ●納期が近い事務処理

優先順位３位
重要度 低 × 緊急度 低
時間が空いたときや余裕があるときに行うものです。
例 ●書類の整理整頓
●環境整備

重要度（高↕低）
緊急度（高↔低）

優先順位をつけるメリット

メリット 1
ムダな行動が少なくなる
今やらなくてもいい仕事に手をつけたりせず、効率的に仕事ができます。

メリット 2
目の前の仕事に集中できる
今やるべきことがわかっているため、あせりや不安がなく、集中力も高いレベルをキープできます。

メリット 3
余裕を持って仕事ができる
自分の抱えている仕事を把握しているので、オーバーフローを防げます。余裕があればさらに仕事を受けることもできます。

プラスα

こんなときはどうする?

● 優先順位の決め方がわからない!

納期が迫っている仕事やトラブル対応など、緊急な仕事から取り組みましょう。判断に迷ったときは、上司に相談をしましょう。

● 重要度が低い仕事に追われる!

重要度が低いからと軽んじて後回しにしていると、納期ギリギリに慌てるはめに。事務処理などは溜めずに早めに終わらせましょう。

優先順位をつけたらTO DOリストをつくる ▶P.164

▶ WEBカレンダーを使うと便利
WEBカレンダーには、日ごとのTO DOリストを作成する機能がついているものがあります。スケジュールを見ながら、アポイントが多い日と少ない日でTO DOの量を調整することも可能です。

▶ メモ・付せんを活用する
手帳にTO DOリストをメモしてもよいでしょう。記入スペースが少なければ付せんを活用します。付せんに書くとパソコンの画面に貼り付けることもできます。

「TODOリストのつくり方とスケジュールの立て方」

POINT

- 進捗状況を把握して業務効率もアップ。
- スケジュールを立てて仕事の全体を確認。

ゴールを見据えて仕事しよう

仕事の基本は期限を厳守することですが、漫然と締め切りを意識しているだけでは期限を守ることはできません。**TODOリスト**や**スケジュール**を作成し、自分が行う仕事を「見える化」することで、抜け漏れや進捗状況を定期的に確認しておきましょう。**これにより、期限に遅れず効率的に仕事を進めることが可能になります。**スケジュールの立て方は、業種によっても違ってきますが、短期間で終わる仕事が中心であれば、長期・短期のスケジュールを作成すれば十分でしょう。長期間にわたる案件を複数抱えている場合は、案件ごとにスケジュールを調整していく方法を考えます。

TODOリストのつくり方と使い方

1 やるべきこと（タスク）を書き出す

「課長に資料の確認」「先輩に報告」といった細かいことも具体的に書きます。

14：00 オカザキ不動産を訪問
見積書作成 ——→17時までに課長に提出
マツモト社の石川さん催促の電話 ——→終業時刻までに
〇日の会議資料作成（15部）
課長に資料内容の確認
DM発送

2 優先順位を決める

締め切りが近い、関わる人数が多いなど、緊急性・重要度で優先順位を決めます。

①14：00 オカザキ不動産を訪問
②見積書作成 ——→17時までに課長に提出
⑤マツモト社の石川さん催促の電話 ——→終業時刻までに
④〇日の会議資料作成（15部）
③課長に資料内容の確認
⑥DM発送

3 終了したタスクを消す

仕事が終了したら、その都度リストをチェックして横線などで消します。

~~①14：00 オカザキ不動産を訪問~~
~~②見積書作成 ——→17時までに課長に提出~~
⑤マツモト社の石川さん催促の電話 ——→終業時刻までに
~~④〇日の会議資料作成（15部）~~
~~③課長に資料内容の確認~~
⑥DM発送

スケジュールの立て方①（長期と短期で管理する）

長期 年間スケジュール

まずは長期スケジュールから作成します。

4月	5月	6月	7月
1 土	1 月	1 木	1 土
2 日	2 火	2 金 消費税の中間申告	2 日
3 月	3 水	3 土	3 月
4 火 帳簿締切	4 木	4 日	4 火 帳簿締切
5 水	5 金	5 月 帳簿締切	5 水
6 木	6 土	6 火	6 木
7 金	7 日	7 水	7 金
8 土	8 月	8 木	8 土
9 日	9 火 帳簿締切	9 金	9 日
10月 財務諸表作成	10水	10土	10月 労災保険の年度更新

年間スケジュールは全体を概観できるのがメリットなので締め切りを中心にして記入します

短期 月間スケジュール

短期スケジュールは、月末や週末などタイミングを決めて作成します。

金	土	日	月
2 取引先からの入金確認 消費税の中間申告	3	4	5 帳簿締切 → 仮試算表作成

日々の業務も加えます

作業期間もスケジューリングしておきます

スケジュールの立て方②（案件ごとに管理する）

案件の全体を「見える化」することにより、始まりから終了までのプロセスを細かく管理することができます。

① 案件ごとにスケジュールを立てる

案件の開始時期から終了時期までを通して考えます。

各プロセスの最終日がそれぞれの作業期限（目標）です

案件名	7	8	9	10	11	12	13	14	15	16	17	18	19	20	21	22	23	24
	金	土	日	月	火	水	木	金	土	日	月	火	水	木	金	土	日	月
オカザキ不動産プレゼン					見積書作成			←プレゼン当日										

終了時期から逆算し、必要なプロセスとその日数を割り振ります

トラブルなどに備えて各プロセスに余裕を持たせます

② 案件ごとに立てたスケジュールを調整する

案件ごとに立てたスケジュールを概観してみます。

オカザキ不動産とB社の見積書作成の時期が重なっています

調整！

- 一方の見積書作成を前倒しで進めます
- プレゼンの時期をもう少しずらせないか上司に相談します

案件名	7	8	9	10	11	12	13	14	15	16	17	18	19	20	21	22	23	24
	金	土	日	月	火	水	木	金	土	日	月	火	水	木	金	土	日	月
オカザキ不動産プレゼン					見積書作成			←プレゼン当日										
B社プレゼン						見積書作成					←プレゼン当日							
C社プレゼン														C社打ち合わせ				

スケジュールが空いています

調整！

- 前倒しできる作業がないか検討します
- 新規の仕事の提案をします

「PDCAで仕事効率をアップさせる」

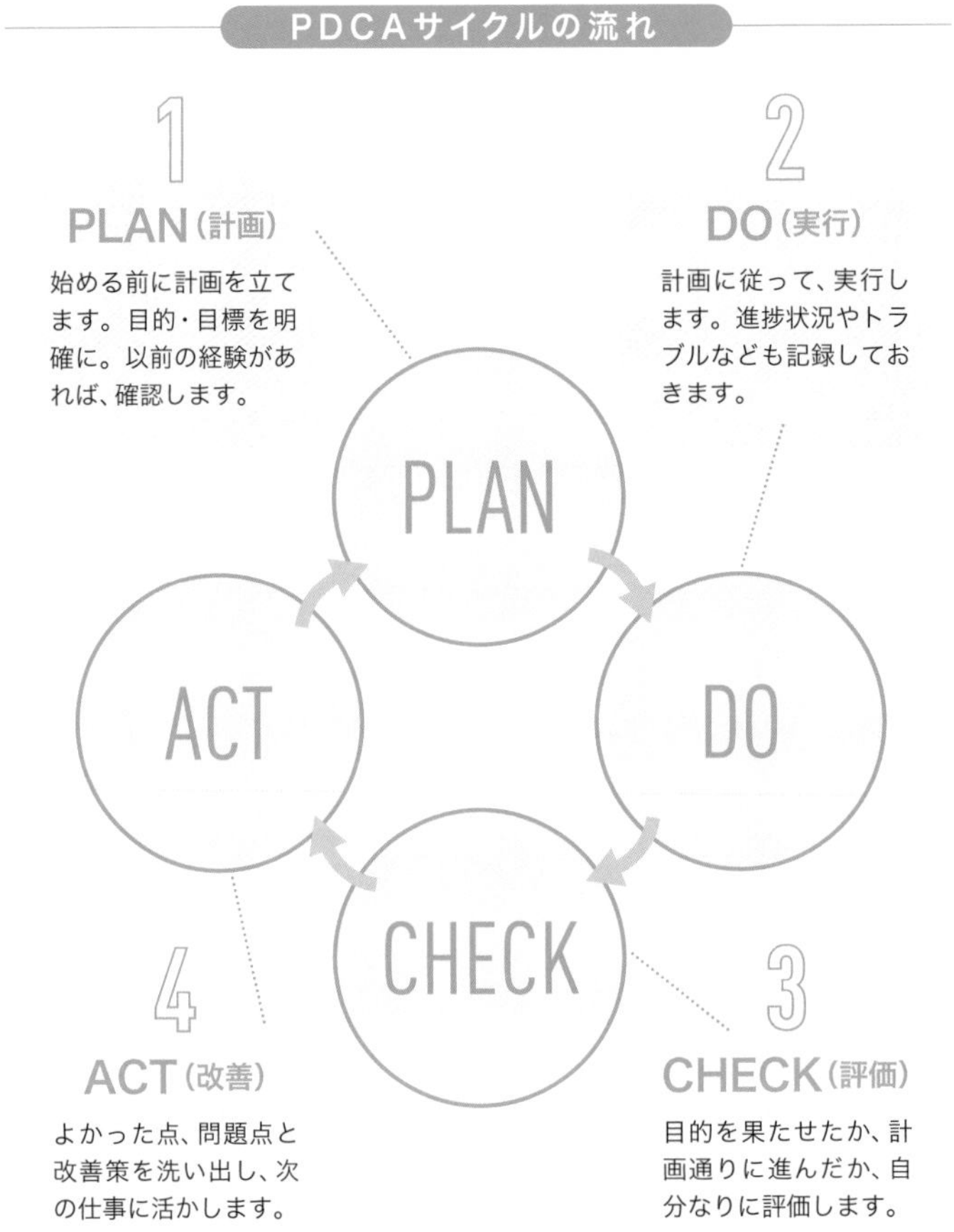
PDCAサイクルの流れ
1
PLAN（計画）
始める前に計画を立てます。目的・目標を明確に。以前の経験があれば、確認します。
2
DO（実行）
計画に従って、実行します。進捗状況やトラブルなども記録しておきます。
3
CHECK（評価）
目的を果たせたか、計画通りに進んだか、自分なりに評価します。
4
ACT（改善）
よかった点、問題点と改善策を洗い出し、次の仕事に活かします。
PLAN
DO
CHECK
ACT

POINT

- PDCAを活用することで仕事のやり方を改善する。
- 手がけた仕事の流れはノートに記録していく。

PDCAの活用で効率よく進める

PDCAとは、**計画（Plan）、実行（Do）、評価（Check）、改善（Act）**の頭文字をとったもの。この4段階を踏んでサイクルを回すことで、業務効率や仕事そのもののクオリティをアップさせられるという考え方です。

ひとつのサイクルが終了したら再び計画からスタートさせ、一巡ごとに業務内容を進化させていくことができれば理想的です。それぞれの段階をしっかりと意識できるよう、手がけた仕事ごとに計画から改善までをノートなどに書き留めておきましょう。

そうすることで、経験を次に活かすことも可能になり、自分自身が成長し続けることができます。

PDCAの具体的な活用例

「セミナー報告書の作成」という
仕事を例に見ていきます。

1 PLAN（計画）

報告書の目的、提出期日を確認し、報告書の作成のために資料収集が必要かなど作業を整理します。そのうえで、スケジュールを作成します。

2 DO（実行）

計画に従って、報告書を作成していきます。進めながら、追加で必要となった資料があれば、どのようなものだったかの記録も残します。

3 CHECK（評価）

報告書の提出を終えたら、計画に無理がなかったか、作成をもっと効率よくできないかなどを振り返ります。

4 ACT（改善）

評価の内容を受けて、「作成を効率化するために、テンプレートをつくっておこう」など、次の仕事に活かせるようにします。

次につながるCHECK（評価）をしよう！

● 作業時間の見積もりが妥当だったか

過去のセミナー報告書を参考にせず、作成したために時間がかかってしまった。次回は参考にしながら進めてみよう。

● 上司への相談のタイミングは妥当だったか

上司へ確認をお願いした時期、上司は多忙だった。上司の今後の予定を確認しながら進めてみよう。

PDCAを活用する人、活用しない人はここで差が出る！

PDCAを活用する人

計画があるためブレが生じません。常に改善点や反省点を意識しているため成長がみられるでしょう。

PDCAを活用しない人

同じような失敗を繰り返し、仕事効率もいっこうに向上せず、いつまでも信頼されない困った人に！

『仕事の依頼のしかた』

仕事を依頼するときの流れ（社内の人に依頼する場合）

1 声かけをする

声をかけ、大丈夫そうなら依頼します。状況次第では、「手が空いたときに声をかけてください」とお願いします。

2 内容を説明する

長くならないように、メモを渡すとよいでしょう。理解度を確認しながら話し、最後に復唱してもらうと安心です。

OK 依頼は余裕を持った期日で！

仕事が期日までに完了しない、間に合ってもミスや不備があってやり直し、という事態はどのような仕事でも考えられます。そのため、仕事を依頼する相手には、本当に必要な期日より多少余裕を持って早めに伝えると安心です。

具体的な指示で5W2Hを明確に！

仕事を徐々に任せられるようになると、社内・社外にかかわらず、仕事を依頼する機会が出てくるもの。

その際に重要なのは、**相手の立場に立って具体的に指示することです。**「何を」「いつまで」「どこで」「誰が」「なぜ」の**5W**に加え、「どのように」「いくらで」の**2H**もしっかり伝えるようにしましょう。

また気持ちよく仕事に取り組んでもらうためには、当然のような態度ではなく、「**お願いする**」というスタンスをとること。「わからないことや疑問点があったら、いつでも声をかけてください」と、相手の負担を軽減する一言も添えましょう。

POINT

- 気持ちよく取り組んでもらうためには「相手の立場に立った依頼」が必要不可欠。

3 質問を受ける

説明が終わったら質問がないか確認します。「作業中も、いつでも聞いてください」と一言添えるとていねいです。

4 追加説明をする

相手が不安そうな場合は、アドバイスをするのもよいでしょう。干渉しすぎず、必要に応じて手を差しのべます。

5 経過を観察する

折をみて進捗状況をチェックします。どのような形で進んでいるのか、周囲に負担をかけていないかなど、多面的な確認をします。

仕事を依頼するときのポイント

- □ **相手の状況を見極める**　相手の予定を考慮せず、相手が忙しいときに急ぎの仕事を依頼するのはNG。
- □ **信頼している気持ちを伝える**　「信頼しているからこそ、あなたに頼む」という気持ちが伝わるようにします。
- □ **期日をキチンと伝える**　「明後日金曜日の17時までに」など、期日は具体的に伝えましょう。
- □ **依頼どおりに進んでいるか確認を**　頼みっぱなしはダメです。期日どおりに仕事が終わるかも確認をします。
- □ **スケジュールを提示して催促する**　進捗状況が思わしくない場合は、期日を再提示してダメ押しをします。
- □ **感謝の気持ちをしっかり伝える**　終了して成果物などを受け取る際には、お礼と感謝の気持ちを伝えましょう。

『面談・電話・メールを使い分けて仕事を進める』

POINT

● 相手との関係や連絡内容に応じて社内のコミュニケーションツールを上手に使い分ける。

より伝わるツールを選択しよう！

円滑に仕事を進めるために欠かせないのが、上司や同僚たちといった社内間のコミュニケーション。そのために重要なのが、コミュニケーションツールの使い分けです。直接会うだけでなく、電話、メールなどを、シチュエーションや相手に合わせてうまく活用しましょう。

便利だからといって、すべてをメールですませるのはNG。いつ読まれるかわからず、重要な用件をメールで連絡することを失礼だと思う人もいます。

なお、近年は社内の連絡手段としてリアルタイムにやりとりできるチャットを使用する企業も増えています。

ツールの種類と選び方について

直接会う（面談）

メリット

- □ 資料などを活用しながら、話を進めやすい
- □ 身振り手振りで表現できるため、熱意が伝わりやすい

デメリット

- □ 訪問の場合は、移動時間が発生する
- □ 訪問先が遠方の場合は、高額な交通費が発生する

電話

メリット

- □ タイムラグが発生しにくく、話が進みやすい
- □ 声のトーンなどから、相手の気持ちがわかりやすい

デメリット

- □ 相手が不在などで、電話がつながらない場合がある
- □ 履歴が残らないため、話した内容が行き違う可能性がある

メール

メリット

- □ 送信側と受信側がともに、都合がよいタイミングで送受信ができる
- □ 履歴として残るため、過去のやり取りを確認することができる

デメリット

- □ 相手から返信がないと、確認してもらえたかどうかがわからない
- □ 対面ではないため、相手の気持ちがわかりづらい場合がある

仕事の相談・説明をする

直接会う（面談）	電話	メール
○	△	△

新しい案件の話や相談事があるときは、説明することが多いため、直接会って話すとよりよいです。オンライン面談という方法もあります。質問もその場で解消できます。

いつもの仕事を依頼する

直接会う（面談）	電話	メール
○	○	○

メール連絡がよいでしょう。ただし、内容によってはメールだけですませず、電話で補足するなどの対応も必要です。相手との関係性によって使い分けましょう。

謝罪をする

直接会う（面談）	電話	メール
○	△	×

相手に誠意を伝えるためには、直接会うのがよいでしょう。必ず事前に連絡して許可を得たうえで訪問します。謝罪をメールですませるのはNGです。

急ぎの対応をする

直接会う（面談）	電話	メール
△	○	×

締め切りが前倒しになったなど、急ぐ必要がある業務は電話が確実です。相手が不在の場合は、折り返しの電話をお願いしたり、メールを送るなどの対応もしましょう。

プラスα

連絡方法を理解して効率的に仕事を進めよう！

● メールの返事はマメに確認！

相手が入院などやむを得ない事情で、返事ができない場合があります。連絡がないときは、取引先に電話して状況を確認します。

● 「言った言わない」のトラブルを避ける！

対面や電話での会話は記憶違いが起こりやすいため、会話後に書面にして（メールで）送るのがおススメです。

面談の進め方

スムーズな面談のフローチャート

1 顔合わせ

お忙しいところ、お時間をいただきまして、ありがとうございます

書類は相手が来る前に準備し、相手が来たら名刺交換をします。手みやげがあるときは、最初のあいさつをすませてから、あるいは面談終了後に渡します。

2 面談の開始

本日は新商品の件でお伺いしました

目的を提示し、使用する順番どおりにそろえた書類を相手に渡します。打ち合わせの流れや確認事項も説明します。

伝えるべきポイント

- 面談の目的共有のため、用件を簡潔に伝える
- 必要に応じて、終了時間も告げておく

POINT

- 事前準備をしっかりしておく。
- 面談時間は有意義にムダなく使えるように。

用意周到な準備が成功のカギ

取引先やクライアントを訪問し、商談などの面談をするときは入念に事前準備をします。**訪れる前に、その面談は商談なのか、意見交換なのか、イメージの共有なのかなど、目的をクリアにしておくことも大切です。**

先方にとってのあなたは「**会社の代表者**」です。相手から質問や相談、提案されたときなどに、的確な答えが提示できるようにしましょう。相手の貴重な時間をいただくのですから、有意義な時間にすることを心がけます。資料や書類はしっかりとそろえ、先方に準備してほしいものがある場合は、事前に依頼をしておきます。

3 面談

あいまいさのないよう、具体的に話を進めます。相手の話の腰を折らないことも大切です。提案は、押しつけにならないよう注意します。

伝えるべきポイント

- 「5W2H」(いつ、誰が、何を、どのように、など)を意識して伝える ▶P.93
- 結論を先に述べ、その後で簡潔に理由や説明を加える

オンラインの場合のポイント

- 環境によって聞き取りづらいこともあるため、はっきりと話す
- 相槌は、大きく頷くなどの方法で伝えるようにする ▶P.77

困ったときの対応のしかた

自分では判断できないとき

○ 私ではわかりかねますので、いったん持ち帰らせてください

自分で判断できないときは、社に持ち帰って上司に確認します。

要望をすべてのめないとき

○ これが当社でできる最大の努力ですが、総額については検討させていただきます

すべてはねのけず、譲れる部分を提示するなど、前向きな対応をします。

相手と違う意見を言うとき

○ そうですね。でも、このような考え方はできませんか?

相手の意見を受け入れ、疑問形にして伝えると押しつけになりません。

話を切り上げたいとき

○ 申し訳ございません。○時から別の打ち合わせが入っていますので、そろそろおいとまさせていただいてもよろしいでしょうか

次の予定の時間が迫っているなど、早く帰りたいときは、正直に伝えます。

4 面談終了

本日はお時間をいただき、ありがとうございました

「誰が」「何を」「いつまでに」「どうするか」を確認し、あいさつをして締めくくります。

「会議を主導する」

会議や打ち合わせを主導するために

会議前

1 目的を明確にする

会議は目的あってこそ。何を議論すべき場所なのかを明確にします。

例
- 新商品の企画内容について
- 営業の新規開拓先について
- 売上目標に対する進捗報告と今後の見通しについて　など

2 出席者を決める

会議の目的によって考えます。「いないと困る人」を基準にするとよいでしょう。自分が進行役であれば議事録作成者も必要です。

例
- 承認してもらいたい場合…決定権を持つ上司
- 合意形成する場合…案件に関係する部署で決定権のある人　など

NG 会議が失敗に終わる原因

× 雑談ばかりになる

限られた時間の中で会議をしているため、雑談が続くと時間はなくなる一方。本題からそれた意見や会話については、「申し訳ありません。〇〇に関する意見をお願いします」とやわらかく伝え、軌道修正します。

× 意見を頭ごなしに否定する

発言を頭から否定するなどのネガティブな対応は、活発な議論を阻害する一因。たとえ的外れでも、出た意見はいったん受け止めて進行を。参加者が話しやすい雰囲気づくりが大切です。

目的を明確にして有意義な時間にしよう

会議の目的は、**情報共有、アイディア出し、合意形成と意思決定などさまざまです。**

限られた時間を有意義に使うには、**事前に開催目的を明確にして参加者に伝える必要があります。**あいまいな目的のまま進行すれば、雑談や論点のズレた議論に終始するといった、不毛な結果を招く恐れがあります。

また、参加者が心おきなく議論を交わせるように、ルールの取り決めや資料を前もって配布しておくなどの配慮も大切。自分が進行役の場合は、全員の意見をまんべんなく聞き出すための配慮なども必要です。

POINT

- 資料を事前に配布するなど準備を行う。
- 開催の目的を明確にし、参加者に共有する。

3 日程調整をする

会議に必ず出席しなければならない人の予定を優先して日程を調整します。対面で行う場合は会議室をおさえ、オンライン会議の場合はミーティングルームを設定します。

SCHEDULE

4 資料をつくる

資料は誰が見てもすぐに理解できるものである必要があります。

資料作成時の注意

- タイトル、会議名、日付などの基本情報を記載
- 会議の目的や、事前に伝える情報（課題、原因、提案、解決策、結論など）を5W2Hに沿ってまとめる
- 補足資料があれば用意する

5 事前に配布する

会議当日に資料を配布するのはNG。必ず前日までに配布します。その際、会議までに考えておいてほしいことがあればアナウンスします。

〇日の会議
資料です

会議本番

1 目的を伝える

会議開始時は必ず会議の目的とゴールを伝えます。

伝えること

- 何のための会議なのか
- その場で何を話せば次のステップに進めるのか
- 会議の所要時間　など

新商品の
アイデアを〜

2 発言を促す

発言しやすい雰囲気をつくるために、参加者から出た発言を肯定し、質問を重ねて深堀りします。発言が少ない人にも声をかけて発言を促しましょう。

例 ●「石田さんはこの意見についてどうお考えですか？」など

そうですね

3 結論をまとめる

参加者の意見をまとめ、最終結論を共有し、各自が次に何をすべきなのかを伝えます。最後に締めの言葉を述べて終了します。

伝えること

- 最終結論
- お礼を述べる
  「以上で会議を終了いたします。ありがとうございました」など

以上で終わります。ありがとうございました

プレゼンのしかた①
プレゼンの基本

プレゼンの種類

	報告	説明	説得
例	●調査結果の報告 ●業績報告	●経営方針説明会 ●新商品発表会	●商品の提案 ●企画の提案
ゴール	理解してもらう	理解、納得してもらう	理解、納得し、行動してもらう
資料作成のポイント	●ポイントを整理する ●データで具体的に示す	**報告**に加えて ●納得できる根拠を示す	**報告・説明**に加えて ●行動を起こすために必要な情報、手順を示す

POINT

- プレゼン資料の吟味やリハーサルが大切。
- 自信を持って当日を迎えられるように。

事前の準備がプレゼン成功のカギ

プレゼン（＝プレゼンテーション）とは、取引先などに報告や提案などを行う場で、相手に内容を理解、納得してもらい、行動を促すのが目的です。**プレゼンの成功の秘訣は、話し手中心ではなく、聞き手中心で考えること。**そして、プレゼンの頼れる相棒は事前に用意しておいたプレゼン資料です。

自分が伝えたいことではなく、相手が知りたいことに着目して作成します。内容を盛り込みすぎて、相手の読む気を削いでしまうのはNG。ストーリーはシンプルに、イメージしてもらうために**ビジュアル化**も工夫します。話し下手な人は、自信が持てるまでリハーサルを繰り返しましょう。

プレゼンのステップ

慣れないうちは、上司や先輩に確認しながら進めます。

企画・設計

□ 目的やゴールを明確にする

どのような成果を目指すのかを明確に。開始時間や会場、相手なども確認します。

□ ニーズや課題を理解する

聞き手のニーズを理解するために情報収集し、聞き手が求めていることは何かを予測します。

□ ストーリーを組み立てる

プレゼン企画シートで、情報を整理し、どのように伝えるのかを決めます。

プレゼン企画シートの例

対象者（聞き手）	取引先営業担当者　約 20 名
開催日時・もち時間	20XX 年 6 月 20 日・30 分
場所	本社 5 階　会議室
プレゼンテーマ	新商品○○発表会
発表者（話し手）	営業部　鈴木一郎
プレゼンの目的	新商品○○のコンセプトを説明し、どのような機能を持たせているのか情報を提供する
プレゼンのゴールイメージ	新商品○○がどのように役立つのか理解し、納得してもらう

プレゼン資料の準備

□ 資料を作成する（▶P.178）

写真などのビジュアル要素、アンケート結果やニュース記事などの客観的データも使用します。

□ 最終確認をする

できればプレゼンをする会場で時間を計りながらリハーサルをするのがベスト。使用する機器もチェックします。

プレゼンの実施

□ プレゼンを実施する（▶P.180）

身だしなみを整え、熱意と自信を持ってプレゼンを。質問対応など、聞き手へのフォローも重要。実施後は、次のプレゼンに向けて反省点などを振り返ります。

プラスα

質疑応答にも備えよう！

プレゼンは話す内容や資料の作成だけではなく、質疑応答の準備も必要です。想定される質問と回答を用意しておくことで、聞き手の立場を改めて考える機会にもなり、充実したプレゼン準備につながります。

プレゼンのしかた②
プレゼン資料の準備

POINT

- わかりやすく聞き手に伝わるプレゼン資料を。
- プレゼン資料は自分をサポートしてくれる。

確実に伝わる資料づくり

プレゼン成功のカギは、事前の準備と相手の立場に立った構成や話し方にあります。話し手の主役は、あくまで自分。プレゼン資料は、そのサポートをしてくれるアシスタントなのです。

どのような内容なら相手を満足させられるか考えながら、プレゼンの資料を作成していきましょう。

プレゼン資料には、伝えたいことの具体的な内容を落とし込んでいきます。大切なのは、ストーリーに沿ったロジカルな構成と、わかりやすさをアップする**キーワード**、**図解**、**表**や**グラフ**などの工夫です。当日はその資料を参照してもらいつつ、聞き手にわかりやすくメッセージを伝えていきます。

プレゼンの基本的な構成

序論

全体の流れを伝える

何についてのプレゼンなのか、伝えたいこと、結論、重要なポイント、判断してもらいたいことなどを、短く説明できるようにします。

本論

話を論理的に展開する

ストーリーに沿って、論理的かつ具体的に話します。どうすれば聞き手に納得してもらえるかをイメージしながら、構成を考えます。

結論

要点を簡潔にまとめる

要点をもう一度わかりやすく話します。序論や本論の内容を簡潔にまとめて、これまで話してきたことを聞き手に印象づけることを心がけるようにします。

資料づくりのポイント

文章はポイントをまとめて「キーワード」を明示

×

わが社の新商品「トリプルビタミン」は、ビタミンA、ビタミンC、ビタミンEを豊富に含み、抵抗力アップ、免疫力アップ、活性酸素の抑制などの効果があります。

文章で書き連ねるのはNGです。キーワードを整理して書きます。

○

新商品「トリプルビタミン」の特徴

1. ビタミンAで**抵抗力アップ**
2. ビタミンCで**免疫力アップ**
3. ビタミンEで**活性酸素の抑制**

「図解」「表やグラフ」でわかりやすく

×

パソコンの購入機種を
決める優先項目は?

価格を優先する人が25%
機能を優先する人が30%
使いやすさを優先する人が37%
メーカーを優先する人が8%

簡潔な文章とともに、図やグラフ、イラストなどでビジュアル化します。

○ 例 パソコンの購入動機が分散していることを示す

パソコンの購入機種を
決める優先項目は?

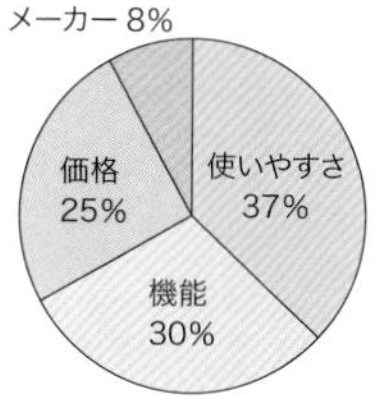

パソコンを必要とする
目的は? (複数回答)

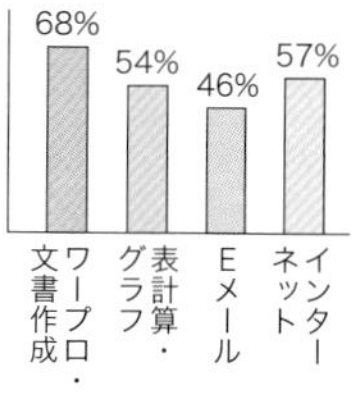

伝えたいことをシンプルに

×

ラーメンで好きなスープの味

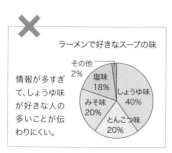

情報が多すぎて、しょうゆ味が好きな人の多いことが伝わりにくい。

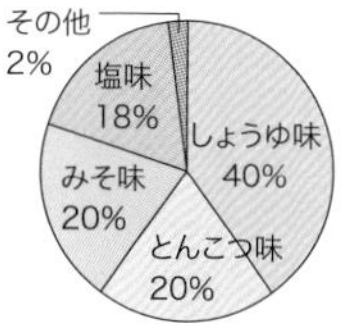

強調したいところ以外は、割愛してもOKです。

○ 例 新商品をしょうゆ味にする理由付けを示す

ラーメンで好きなスープの味

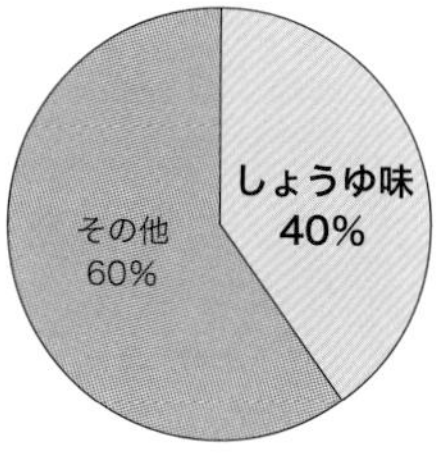

プレゼンのしかた③
プレゼンの実施

プレゼンターのあいさつと自己紹介

ナガハマ商事
営業部の鈴木です

「聞こう」と思ってもらうことが大切。身だしなみを整え、誠意をもってあいさつし、信頼感を持ってもらいましょう。

序論

プレゼンの目的や結論の説明

本日は、当社が自信を持って発売する○○の紹介をいたします

全体の流れを始めに明示しておくと、聞き手も安心できます。結論ファーストな進行を心がけ、聞き手の興味をひきましょう。

NG

腕を組まない

ビジネスシーンでは、腕を組んだり、ポケットに手を入れたりしないように。腕組みは傲慢に見えたり、相手を拒絶するイメージを与える恐れがあります。

ポイント

- **聞き取りやすく大きな声で**
  本番と同じ大きさの声で練習しておきましょう。
- **早口にならず落ち着いて話す**
  一音一音をていねいに発声しましょう。
- **アイコンタクトをとる**
  聞き手に体を向けて目線を合わせます。

POINT

- 聞き手に信頼感を持ってもらう。
- 聞き手を想定したプレゼンを組み立てる。

聞き手の注意をひきつける！

プレゼンの成功の秘訣とはなんでしょうか？ それは、スピーチにこそあります。自分の意図する内容を確実に伝えるなら、最初から最後まで聞き手の注意を自分にひきつける必要があります。明るくはっきりとした声であいさつし、期待感を持たせたら、それを最後まで持続させることが大切です。

聞き取りやすい言葉遣いや笑顔、見やすい資料のほか、実際に触れられるようなサンプルや見本を用意すると万全。**聞き手がどんな人物であるかを想定して、準備の段階からのぞみましょう。** 聞き手が飽きてきたら、質問したり、事例を話したりするなど、アプローチを変えてみてもよいでしょう。

本論

本題

まず、○○の
特徴について～

聞き手を想定し、相手に伝わるプレゼンを目指しましょう。核心部分では声や話すスピードにメリハリをつけるとよいでしょう。

ポイント

- **資料を指し示すときは順手で**

  スライドを指し示すときは、体の正面が聞き手側に向くように、順手で指します。ポインターや指し棒を利き手で持ったほうがやりやすい人は、利き手が順手になる側に立ちます。

○○○○○○○○

結論

終わりのあいさつ

本日お伝えしたのは、1つ目に～

最後に、全体の内容をおさらいします。「本日お伝えしたのは、1つ目に～、2つ目に～」と簡潔にまとめる方法もあります。

ポイント

- **最後に質問を受け付ける**

  プレゼンの始めに「質問は最後にまとめて受け付けます」と伝えておけば、プレゼンの途中で質問されることもなくなりますが、もし途中で質問されたら、内容によって判断しましょう。その場で解決したほうがよいことなら、すぐ回答し、最後にまとめて答えるなら、その旨をていねいに伝え、質疑応答の時間になったら最初にその質問に答えましょう。

- **プレゼンを振り返る**

  ニーズに合ったプレゼンができたか、資料や話し方はどうだったか、自分なりに振り返りましょう。

⚠ プレゼン当日のチェックリスト

- □ **身だしなみを意識する**

  聞き手に好印象を与えられるよう、服装や髪型、ヒゲやメイクには気を配ってください。

- □ **資料の数を再度確認する**

  人数分の資料があるか確認します。多めに用意しておくと安心です。要望は事前に確認します。

- □ **会場の設備不備を確認する**

  会場のパソコン環境設定やプロジェクター、スクリーンの動作確認をしておきましょう。

- □ **段取りをおさらいする**

  どのような流れでプレゼンを進めていくかを、頭の中でシミュレーションします。

column 6

オンラインプレゼンテーション

[オンラインプレゼンテーションならではの準備と工夫を]

在宅勤務の普及に伴い、プレゼンテーションもオンラインで行われる機会が多くなりました。移動時間が不要、参加者は自分のパソコンなどで視聴できるので便利な一方で、会議室などに集合するときとは勝手が違う部分もあります。

まず、**環境によってプレゼン内容の伝わりやすさが左右されること**です。プレゼンターは、できるだけ安定したネットワーク環境や機器を使用して配信するとともに、参加者にはさまざまな環境の人がいることに配慮します。例えば、PowerPointのアニメーションなど、動画は見づらい人もいるので多用しない、音声が使えない人にはチャットを促すなどです。

次に、**非言語情報が伝わりにくいこと**です。オンライン会議ツールでは、届く情報は双方の上半身映像と音声だけです。中には音声のみの参加者もいます。どういう表情、どういう姿勢でいるのかなど、「雰囲気」がわかりにくいので、お互いにリアクションを積極的にとったり、プレゼンターからときどき質問を投げかけたりするなど、声かけをするとよいでしょう。

また、**画面共有する資料の重要性も増します。**会議室ではプロジェクターを使って資料を投影することが多いですが、オンラインでは画面共有機能を使います。プレゼンターの様子がわかりにくいため、参加者は画面共有された資料を見ながら話を聞くことになります。これまで以上に、わかりやすい資料がプレゼンテーションの成功のカギになるでしょう。

ほかにも、映りをよくするために照明やカメラの角度を調節する、背景から情報漏えいしないように実施環境を整える、バーチャル背景を使うなど、工夫するとよいでしょう。

PART 7

耻をかかない

冠婚葬祭のマナー

社会人に必要な慶事・弔事のマナー、
ビジネスの祝い事や季節のしきたり、
お見舞いのマナーをおさえよう

『ビジネスでの慶事・弔事のマナー』

結婚式の流れ

招待状をもらう

※返信は1週間以内にしましょう。

▼

出席の返信をする ▼P186

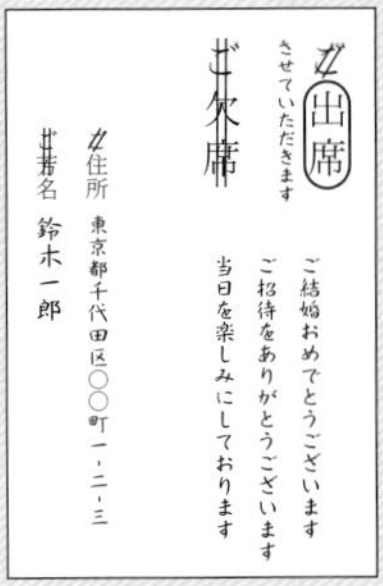
~~ご~~(出席)させていただきます
~~ご欠席~~
ご結婚おめでとうございます
ご招待をありがとうございます
当日を楽しみにしております
~~ご~~住所　東京都千代田区○○町一・二・三
~~ご芳~~名　鈴木一郎

▼

当日までの準備

- ご祝儀 ▼P188
- 服装 ▼P190

欠席する

▼

はがきに加え、電話などで直接欠席をお詫びし、改めてお祝いの機会を設定する

▼

祝電を送る ▼P189

▼

ご祝儀を送る ▼P188

お葬式の流れ

訃報を受け取る ▼P194

▼

会社に相談する ▼P195

▼

通夜 ▼P200

▼

葬儀・告別式 ▼P200

POINT

- 慶弔の固有マナーを頭に入れておく。
- 会社関係の慶事・弔事は社内ルールに従う。

会社の代表という意識を忘れずに

社会人になると、会社の関係者の結婚式やお葬式に参列するなど、冠婚葬祭のマナーが必要になる場面も増えてきます。

学生時代なら何も知らなくても大目に見られるかもしれませんが、社会人ともなればふさわしいふるまいをしたいもの。マナーをしっかり身につけておきましょう。

披露宴ではお酒が振る舞われますが、学生ノリで飲み過ぎてハメを外すのはもってのほか。

友達の招待による参加ならまだしも、**会社の関係者の招待による参加であれば、「会社の代表」である意識を忘れないことが大切です。**

結婚式の基礎知識

冠婚葬祭の「婚」は、婚礼に関するすべての儀式をさす言葉です。結婚式や披露宴などは、ビジネス関連でも経験する頻度の高い儀礼です。

結婚式の挙式スタイル

キリスト教式
教会やホテル・式場内のチャペルで行われる式。親族・友人・会社の関係者も招待して行われます。

仏前式
寺院で行われる式。自宅に僧侶を招いて仏壇前で行われることも。仲人・媒酌人、親族のみの立ち会いで行われます。

神前式
神社やホテル・式場内の仮神殿で行われる式。友人・知人を招待することもありますが、基本的には親族が列席します。

人前式
神仏に代わって列席者に結婚を誓う、無宗教の挙式スタイル。友人や会社の関係者も広く招待して行われます。

披露宴は結婚を披露するもの

披露宴は二人の結婚を披露するパーティーのこと。二次会は披露宴のあとに行われるのが一般的です。近年はくだけたパーティーを好まない人も多く、披露宴と二次会の中間のような「1.5次会」を行う人も増えています。

結婚式・披露宴

▼P192

お葬式の基礎知識

「葬」は亡くなった方を弔う、すべての儀式をさす言葉です。

通夜は葬儀前に行われる

故人と親しい間柄にあった家族や友人が集まり、最後の夜を過ごす儀式です。

葬儀と告別式の違い

葬儀とは亡くなった方を送る儀式のこと。告別式とは焼香などで死者にお別れをする儀式のこと。「葬儀および告別式」として続けて行うことが一般的です。

葬儀と告別式の種類

社葬：企業が主体
家族葬：家族と親族のみ
密葬：家族葬とほぼ同義

結婚式①
結婚披露宴に招待されたら

POINT
- 返信は1週間以内にお祝いメッセージを添えて。
- 欠席理由は「やむを得ない事情で」などとする。

仕事関係の招待は受けるのがマナー

社会に出ると人間関係が一気に広がり、仕事の関係者から結婚披露宴に招待される機会も増えます。

一番多いのは上司や先輩、同僚からの招待ですが、取引先から招かれることもあります。**特別な事情がない限り、招待は受けるのがマナー。**都合で欠席するときも、先方の準備の都合を考えて返事はなるべく**1週間以内**に出すようにしましょう。

ただ、あまり親しくない人から招待されたときは、日頃のおつき合いの深さを考えて出欠を判断するのも一考です。相手が取引先なら、まずは上司に相談をして判断を仰ぐようにするといいでしょう。

返信はがき記入例①

出席の場合(裏)

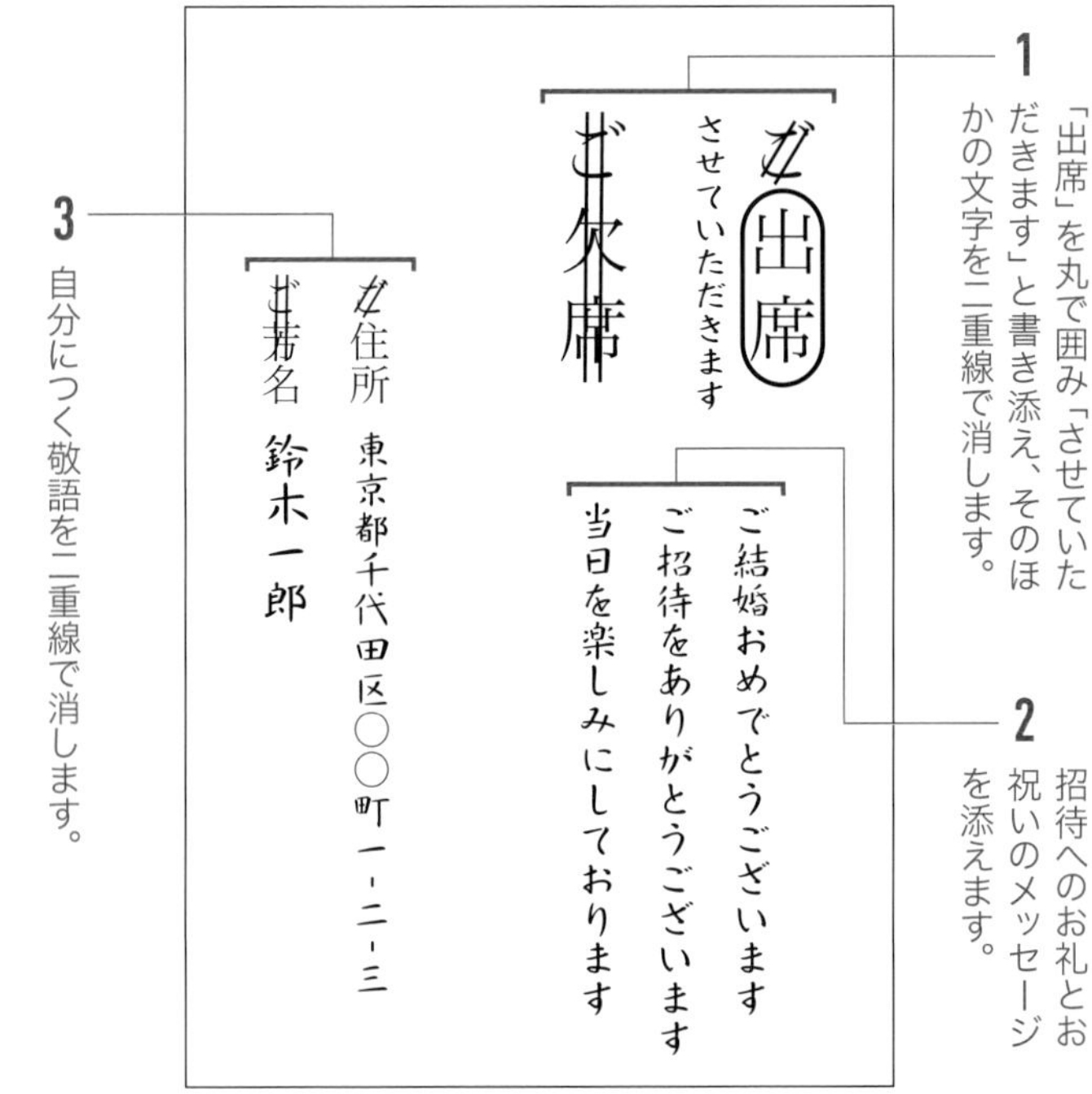
ご出席
させていただきます
ご欠席
ご結婚おめでとうございます
ご招待をありがとうございます
当日を楽しみにしております
ご住所　東京都千代田区○○町一-二-三
ご芳名　鈴木一郎
1 「出席」を丸で囲み「させていただきます」と書き添え、そのほかの文字を二重線で消します。
2 招待へのお礼とお祝いのメッセージを添えます。
3 自分につく敬語を二重線で消します。

☞ 事前にメールや口頭で打診を受けたとき

招待を受けるときはその旨を伝え、辞退したいときは「あいにく、その時期に出張が入るかもしれません」などと伝えましょう。

返信はがきの記入例②

欠席の場合（裏）

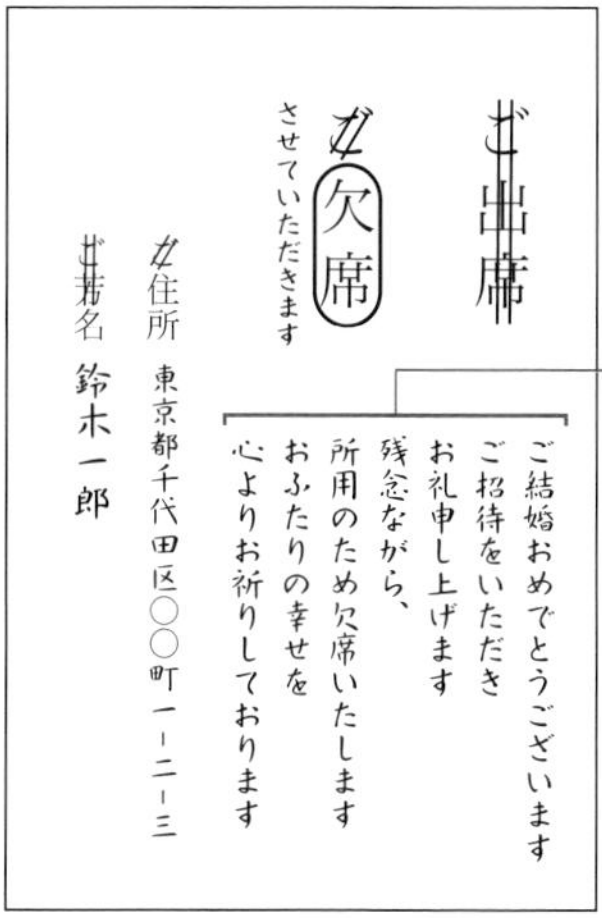
ご出席
ご欠席
させていただきます
ご結婚おめでとうございます
ご招待をいただき
お礼申し上げます
残念ながら、
所用のため欠席いたします
おふたりの幸せを
心よりお祈りしております
ご住所 東京都千代田区○○町一‐二‐三
ご芳名 鈴木一郎

理由は具体的に書かないのがマナーです。お祝いしたい場合は当日祝電を打つか、別途ご祝儀を用意します。

表

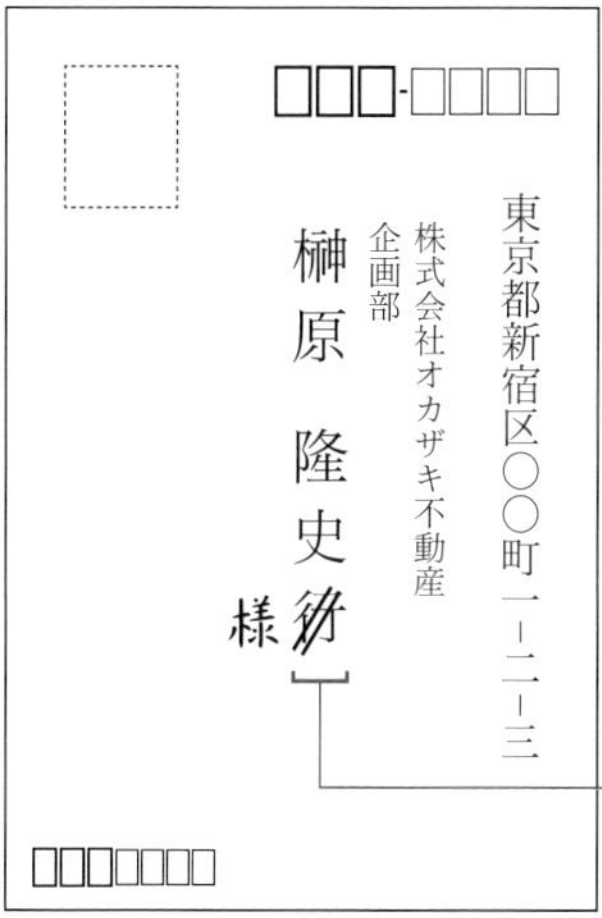
□□□-□□□□
東京都新宿区○○町一‐二‐三
株式会社オカザキ不動産
企画部
榊原 隆史 行
様
□□□□□□□

宛名の「行」を二重線で消して「様」にします。

ケース別の対応例

出欠を保留にしたい……

返事を待ってほしい旨を先方に伝えます。締切までに返答できないときは、迷惑とならないように「欠席」とします。

直前に取引先の訃報が……

取引先の場合は通夜に出席するなどして、予定を調整します。身内の場合は、四十九日までの忌中は慶事を謹むのが礼儀です。

同じ日に旅行の予約が……

旅行を優先しても致し方ありませんが、事情が先方に伝わらないよう理由は伏せて欠席を伝えましょう。

当日、身内が急病に……

緊急事態なら披露宴会場に連絡して欠席を伝言し、新郎新婦には、後日改めてお詫びとともにご祝儀を届けるようにします。

プラスα

自分の披露宴に招待するときは

結婚披露宴の2か月前までに正式な招待状を送ります。媒酌人や主賓、上司には手渡し、そのほかの招待客には郵送します。いずれも事前に、招待したい旨と日時を口頭やメールで伝えておくようにしましょう。取引先を招待する場合には、誰を招待すべきか上司に相談するといいでしょう。

結婚式②「ご祝儀と祝電のマナー」

POINT

- 金額は自分の年齢や相手との関係性で判断。
- 祝電は縁起の悪い忌み言葉を使わない。

ご祝儀のマナーを知ろう

結婚披露宴に出席するときは、当日、ご祝儀を持参します。

招待されたものの出席できないという場合は、披露宴の1週間前までを目安に、ご祝儀を現金書留で送るようにします。あわせて祝電を打つとよりていねいです。

ご祝儀の**金額は、あなたの年齢だけではなく、先方との関係性によって、目安となる相場があります。**

いくらにするか迷ったときは、相場に合わせた金額を用意するようにするといいでしょう。また、贈る金額に数字の縁起をかつぐしきたりもありますので、せっかくの慶事に水を差さないように注意が必要です。

ご祝儀を用意する

金額の目安

出席する場合

間柄	20代	30代
同僚（上司・部下）	2万円～3万円	3万円
取引先	3万円	3万円
友人	3万円	3万円

出席しない場合

間柄	20代	30代
同僚（上司・部下）	5,000円	1万円
取引先	1万円	1万円
友人	1万円	1万円

ご祝儀は新札を包むのが礼儀です。金額は「割れる」を意味する偶数を避けますが、2万円はよいとされています。過去に自分の結婚式でご祝儀をもらっているなら、同じ金額にします。

祝儀袋の選び方

祝儀袋のデザインは、贈る金額が高額なほど華やかになります。包む金額に合わせた祝儀袋を選びましょう。

結び切り
5,000円 ～ 1万円

あわじ結び
1万円 ～ 3万円

飾り結び
3万円以上

祝儀袋の書き方

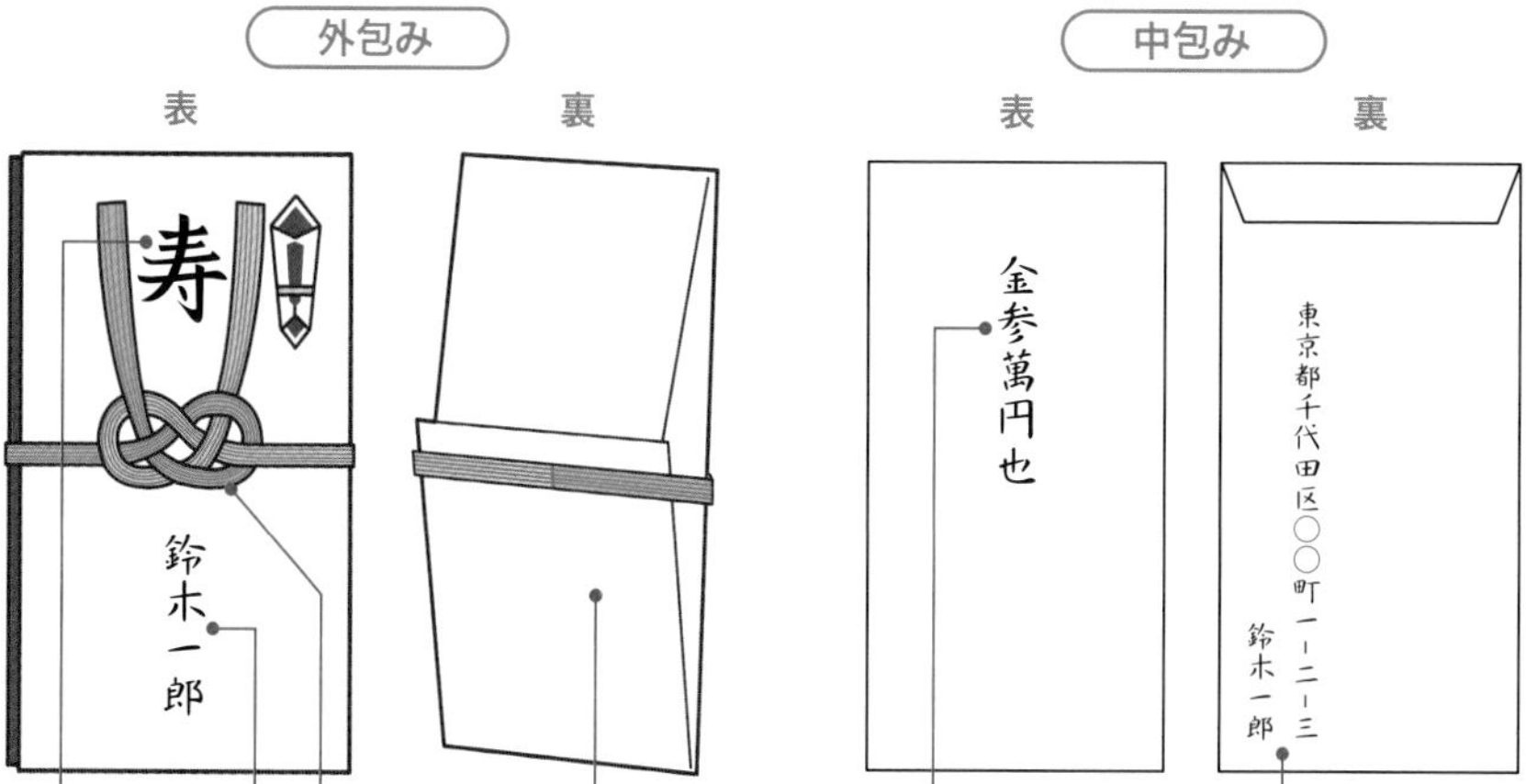
外包み
表
裏
中包み
表
裏
寿
鈴木一郎
金参萬円也
東京都千代田区○○町一-二-三
鈴木一郎

表書き
「寿」や「御結婚御祝」とします。

名前
1人は中央、連名は目上の順に右から記入します。

水引
二度と結べない「結び切り」を選びます。

裏面
中包みを入れたあと、下から上へ天を向くように重ねます。

金額
「壱」「弐」「参」と漢字で金額を記入します。

差出人
先方が整理できるように住所と名前を記入します。

ふくさの包み方

▸渡し方P.192

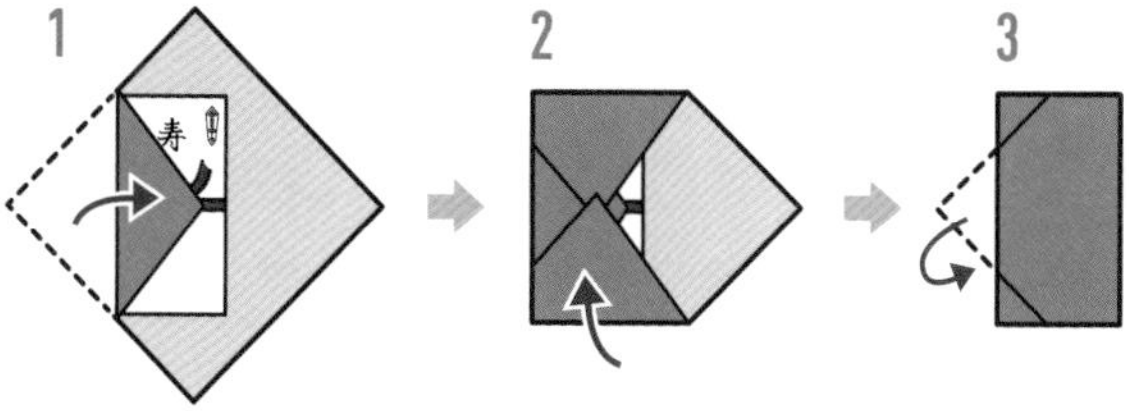
1
2
3
寿

1 中央に祝儀袋をのせ、左を折ります。
2 上→下の順に折ります。
3 最後に右を折り重ねます。

祝電のマナー

新郎新婦の両人と面識があるときは連名にし、新婦には旧姓で送ります。縁起の悪い忌み言葉を避けましょう。

▸忌み言葉P.193

電報文例

●取引先に向けて
「ご結婚おめでとうございます。新生活の門出を心よりお慶び申し上げます」

●会社の先輩に向けて
「ご結婚おめでとうございます。いつも笑顔で、優しさいっぱいのお二人でいてください。新しい門出を祝福いたします」

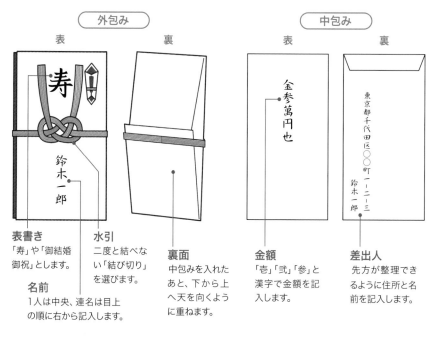

結婚式③
結婚式・披露宴での装い

スーツのルール

昼夜兼用

スーツの色はブラックがベター

ブラック以外の色は少数派です。

ネクタイはシルバーグレー

慶事にはシルバーグレーのものにします。

ジャケットはシングル

新人がダブルを着ると分不相応な印象になります。

ポケットチーフは必須

ネクタイと同系色のものを合わせましょう。

カフスボタンでよりフォーマル

パールや白蝶貝のもので華美にならないようにします。

靴は黒革の紐靴

ソックスは黒無地を着用します。

☞「平服で」と言われたら

立場や会場の雰囲気を元に判断をします。レストランで親しい友人の披露宴ならカジュアルでもOKです。

POINT

- ダークスーツや華やかな装いを意識する。
- 新郎新婦より目立たないよう注意する。

準礼装または略礼装が基本

フォーマルな場での服装には、**正礼装**《せいれいそう》、**準礼装**《じゅんれいそう》、**略礼装**《りゃくれいそう》の3段階の格式があります。正礼装は男性ならモーニングや燕尾服、女性の和装なら黒の留袖が該当しますが、これらは親族や仲人の服装。**招待客は準礼装か略礼装が基本の装いです。**

また、女性の装いには、披露宴に華やぎを添える役割もあります。

派手になりすぎて新婦より目立つような装いは避けますが、上品な華やぎはほしいもの。時間帯に合わせた装いを選ぶことも、意識しておくといいでしょう。

二人の門出を祝う気持ちを込めて服装を選びましょう。

ドレスのルール

昼 アフタヌーンドレス（正礼装）

夜 イブニングドレス（正礼装）、またはセミ・イブニングドレス（略礼装）

髪型はアップヘア

ダウンスタイルはNGです。派手なヘアアクセサリーも避けます。

ドレスは露出しないシンプルなデザインに

昼の装いでは肌の露出は避けます。

アクセサリーは光らない素材

パールのアクセサリーを選ぶといいでしょう。

バッグ・パンプスは布製などを選ぶ

バッグはシルクやベルベット、パンプスも布製のものにします。

アクセサリーは華やかな宝石を選ぶ

派手にはなりすぎないように注意します。

バッグ・パンプスは光沢感があるものを

バッグはビーズやエナメル、パンプスはドレスと共布のものを合わせます。

ドレスのスカート丈はひざ下丈がベスト

スカート丈はひざあたりからロングまでのものにします。

NG 披露宴でのこんな服装に注意

✖ モーニング、燕尾服、紋付袴

これらは、親族や仲人の服装です。

✖ 純白の装い

白に近い色もタブーです。

✖ 派手なスーツ

新郎より目立つのは避けます。

✖ わに革、へび革、毛皮の素材

殺生を連想させるためタブーです。

結婚式④

結婚式・披露宴でのマナー

POINT

- 開始30分前には到着し、身支度を整える。
- 新郎新婦との長話はせず手短にすませる。

立ち居振る舞いに気をつけよう！

結婚披露宴は新郎新婦の晴れの舞台。当事者はこの日のために何か月も前から会場側と打ち合わせを重ねて、招待客をもてなす準備をしています。

それに対する感謝と二人の門出を祝う気持ちを持つようにしましょう。

会場には、式の30分前までに入り、受付をすませます。ご祝儀を渡すときはお祝いの言葉を忘れずに。

内輪だけで盛り上がったり、飲み過ぎてハメを外したりすることがないようにします。結婚披露宴の和やかな雰囲気を乱さないよう、周囲への目配り、気配りを心がけましょう。新郎新婦との会話や写真撮影も、周囲のことを考えて手短にすませるようにします。

一般的な披露宴のマナー

受付 → 来賓入場・着席 → 新郎新婦入場 → 主賓あいさつ → ケーキ入刀

受付

受付でのあいさつとご祝儀の渡し方

1. **開始30分前までに到着**
   余裕を持って準備します。
2. **受付であいさつ**
   「本日はおめでとうございます」と添えてから名乗ります。
3. **芳名帳に記帳**
   見やすい字で書きます。
4. **ご祝儀を渡す**
   相手が表書きを読める向きで渡します。「心ばかりのお祝いです。お納めください」と一言添えます。

来賓入場・着席

会場へは年長者から入場します。

主賓あいさつ

おしゃべりなどは厳禁。静かに拝聴します。

ケーキ入刀

写真撮影の場所は譲り合いましょう。

乾杯・歓談 ← スピーチ・余興 ← 新婦お色直し ← 新郎新婦両家代表謝辞 ← 退席

退席：ロビーに長居せず、記念撮影はほどほどにします。

スピーチを頼まれたら

3分程度の長さの内容を考えておきましょう。

スピーチの基本的な流れ

○○さん、△△さん、ご結婚おめでとうございます。1

ご両家並びにご両家の皆さまに、心よりお祝いを申し上げます。2

私は新郎の同僚の□□と申します。3

○○さんとは同期入社で……です。4

どうぞ温かい家庭を築いてください。末永いお幸せを心よりお祈りしております。5

簡単ですがお祝いの言葉とさせていただきます。本日は本当におめでとうございます。6

1 新郎新婦へのお祝いの言葉
2 両家の親族へのお祝いの言葉
3 新郎新婦との関係を紹介
4 新郎新婦の人柄がわかるエピソード
5 新郎新婦へのはなむけの言葉
6 締めくくりのあいさつ

結婚式のNGワード

×忌み言葉

去る、別れる、終わる、切れる、破れる、割れる、飽きる、壊れる、流れる、最後　など

×重ね言葉（二度と繰り返さない意）

重ね重ね、しばしば、ときどき、くれぐれも、返す返す、次々、もう一度　など

歓談中の注意

- □ 新郎新婦席での会話は手短に
- □ 列席者どうしのお酌はしない
- □ 飲み過ぎない

グラスが空いたら、サービス係に注いでもらいます。

プラスα

こんなときはどうする!?

●余興を頼まれた！

余興の長さは3分程度で。親族から友人まで幅広い列席者が楽しめるものにします。

●受付を頼まれた！

新郎新婦に代わり、ゲストを迎えます。事前に新郎新婦と綿密な確認をし、当日はあいさつやご祝儀の受け取り、芳名帳の対応などを行いましょう。

●ご祝儀を忘れてきた！

ホテルなどではフロントで新札に交換できることもあります。道中の店で祝儀袋を調達して用意します。

お葬式①
『訃報を受けたら』

POINT

- 通夜、葬儀の日時と場所を確認。
- 上司に報告して、どう対応すべきか指示を仰ぐ。

対応の手順

遺族に連絡するのは厳禁

遺族を煩わせないよう、直接連絡することは厳に慎みます。確認したいことがある場合は、世話人や式場の担当者にたずねましょう。

電話で訃報を受けた

↓

お悔やみを伝える

電話での対応例

突然のことで言葉も見つかりません。心よりお悔やみ申し上げます

↓

通夜、葬儀・告別式の詳細を確認する

確認すべきこと

- □ 通夜、葬儀・告別式の式場と日時
- □ 喪主の氏名
- □ 喪主と故人の続柄
- □ 宗教宗派（わかる場合は）

↓

お通夜、または告別式に参列する	参列すべきだが都合がつかない	参列しない

メールやFAXで訃報を受けた場合

通夜・告別式の日時や式場などが書かれています。返信は手短に「ご逝去の報に接し 謹んでお悔やみ申し上げます」などと送りましょう。FAXには返信不要です。

お悔やみを述べ、必要事項を確認

訃報は突然知らされるもので対応にとまどいがちです。第一報に接した人はまずは落ち着いて、低めの声で静かに、語尾をにごすようにお悔やみの言葉を述べます。そして、**通夜、葬儀の日時や場所などの必要事項を確認しましょう。**その際に、「焼香に伺います」などと自己判断で申し出ることは禁物。対応は故人との関係によって異なりますので、**まずは上司に訃報を報告し、指示に従うようにしてください。**

手伝いへの参加や、香典や供花、花輪の手配をすることも考えられます。準備ができる部分では準備をしておき、故人とご遺族をおもんぱかって誠意をもって対応しましょう。

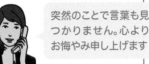

自社の社員やその家族の不幸の場合

故人の上司と、総務など社内の
慶弔業務の担当部署に報告し、指示を受ける

▼

指示に従って弔電や供花、香典を手配する

▼ ▸P.196

参列や遺族の手伝いについて、
上司の指示に従い社内で打ち合わせる

故人の業務をすみやかに引き継ぐ

職場の仲間を失った悲しみは計り知れませんが、故人の業務を引き継ぐことも残された人の役目です。すみやかに取引先や関係者に訃報と担当変更の旨を伝え、業務が滞らないよう努めます。

取引先の不幸の場合

上司と相談し、総務や秘書などの対外的な
慶弔業務の担当部署に報告し、指示を受ける

▼

指示に従って弔電や供花、香典を手配する

▼ ▸P.196

通夜、葬儀・告別式の参列について
上司の指示に従って準備する

葬儀・告別式の終了後に訃報を知ったら

葬儀・告別式終了後は、香典またはお花を送ります。送り先は、先方の会社を通じて故人の家族に相談し、指示を仰ぐようにしてください。

自社の社員が亡くなったときは、手伝いを申し出る

上司の了承が得られれば、手伝いを遺族に申し出ましょう。宗教宗派や地域によって葬儀の風習が異なるため、自己判断での行動は禁物です。遺族や葬儀会社の指示に従います。

役割分担の例

- ☐ **受付係**：弔問客に記帳をお願いし、香典を預かる
- ☐ **会計係**：香典の記録を作成し、金銭を管理する
- ☐ **接待係**：お茶出しや通夜ぶるまいの接待をする
- ☐ **返礼係**：弔問客に会葬礼状と返礼品を渡す
- ☐ **道案内係**：最寄り駅からの道を、道中に立って案内
- ☐ **車両係**：駐車場への誘導と駐車場整理を行う

『お葬式②

香典と弔電のマナー』

POINT

- 先方の宗教を確認し、しきたりに従う。
- 通夜・告別式に参列できないときは弔電を打つ。

訃報にはどう対応すべきか

香典とは、故人に対して霊前に供えるお香やお花に代わるもののこと。金品を包むときに、黒白などの水引を結んだ**不祝儀袋**を使用します。

仕事上のつき合いのある人が亡くなったときは、なるべく通夜または告別式に参列し、香典を届けます。

通夜は近親者のみとされていたかつての区別も最近は薄れつつありますので、どちらか予定が合うほうに参列してかまいません。**都合がつかない、または参列するほどの関係でないときは、弔電を打ちます。**また、参列の有無にかかわらず、先方との関係によっては会社から供花または花輪を送ることもありますので指示を仰ぎましょう。

香典のマナー

▶ 不祝儀袋の書き方

外包み・表

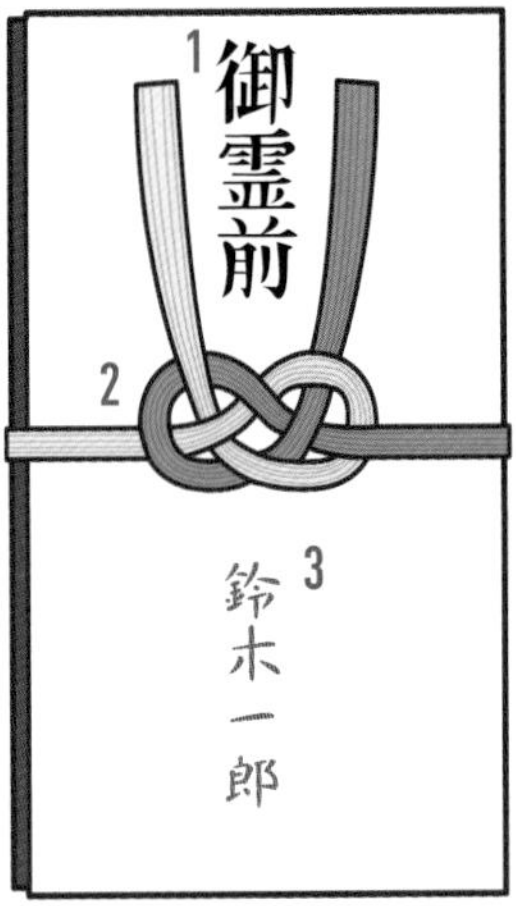
1
御霊前
2
3
鈴木一郎

外包み・裏

4

中包み・裏

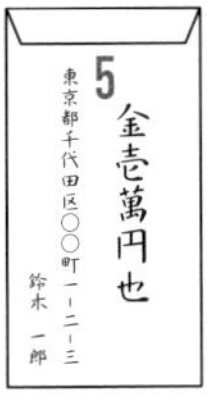
5
金壱萬円也
東京都千代田区〇〇町一－二－三
鈴木　一郎

1 「御霊前」が一般的。仏教のほぼすべての宗派と神式、キリスト教に使用できます。

2 水引は「一度きりにしたい」の意味から、「結び切り」が用いられます。

3 差出人名は「涙で文字がにじむ」という意味から、薄墨を用います。

4 外包みの裏は上を下にかぶせ、「悲しみを流す」気持ちを表します。

5 中包みの裏面に漢数字で金額と住所、氏名を記入し、連名の場合は代表者を記入します。

●宗教宗派ごとの表書き

仏教式

御香典

「御霊前」「御香典」「御香料」など。浄土真宗のみ「御仏前」と書きます。

神式

御榊料

「御霊前」のほかに「御榊料」「御玉串料」「御神前」などもあります。

キリスト教式

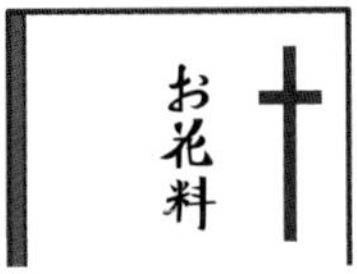
お花料

プロテスタントは「お花料」、カトリックは「御ミサ料」と書きます。

香典の金額の目安

故人との関係	金額の目安
同僚・上司・友人	5,000円～1万円
同僚・上司・友人の家族	3,000円～5,000円
取引先関係	5,000円～1万円

逝去の準備をしていたと見られないように、という意味のしきたりで新札は使いません。かといって、あまりに古く汚れたお札は失礼なので注意しましょう。

不祝儀袋のふくさの包み方

▶渡し方P.200

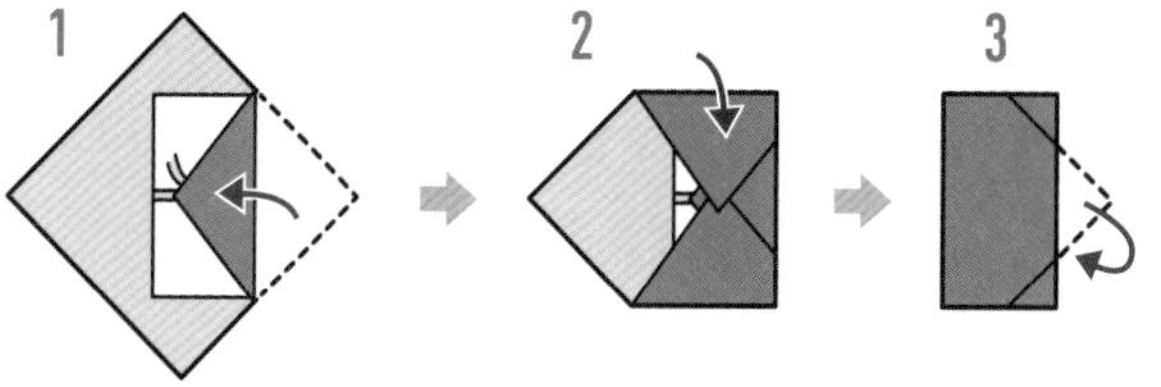

1 ふくさの中央に不祝儀袋をのせ、右を折ります。

2 下→上の順に折ります。「悲しみを流す」意味です。

3 最後に左を折り重ねます。

弔電・供花・花輪のマナー

弔電の打ち方

届け先：葬儀式場。

宛名：喪主宛。喪主の氏名がわからないときは「故大沢（故人名）様ご遺族様」とします。

差出人名：社名+代表者名（社長や部署の責任者）、「営業部一同」にします。

期日：葬儀の前日までに送ります。

電報文例

●取引先に向けて

「貴社社長のご訃報に際し、弊社一同驚愕しております。謹んでご冥福をお祈りいたします」

●会社の先輩に向けて

「大沢様のご生前のご厚情に深く感謝するとともに、衷心より哀悼の意を表します」

弔電のNGワード

×重ね言葉

重ね重ね、返す返す、まだまだ、再三などはNGです。

×不幸を連想させる言葉

苦しむ、迷う、浮かばれない、死去などはNGです。

×ほかの宗教の言葉

キリスト教、神道では「冥福、供養、成仏」などはNG、キリスト教は「お悔やみ、哀悼」も不可です。

供花・花輪の贈り方

取引先の訃報の場合、供花・花輪の有無は取引の関係性で判断します。慶弔規定があればそれに従い、なければ慣例に従います。また、世話人を通じて遺族の了承を前もって得るようにしてください。

1. 葬儀会社・世話人を通じて遺族の了承を得る。
2. その際、宗教も確認する。
3. 葬儀会社に宗教を伝え、供花または花輪を依頼。通夜に間に合う場合は、通夜の日の午前中までに。葬儀に贈るときは、前日までに届くよう手配します。
4. 代金を振り込む、または葬儀参列時に受付で支払う。

お葬式③ 『通夜・葬儀の服装』

服装のマナー

スーツで参列する場合（通夜）

喪服で参列する場合（葬儀・通夜）

ダークスーツ
黒または濃紺やダークグレーのスーツ。控えめな地模様も許容範囲です。

喪服
ブラックスーツ。細身のものなど流行を追ったデザインは避けます。

シャツ
白無地が基本。通夜は白に近いグレーや水色、派手でなければ地模様入りのものでもかまいません。

ネクタイ
黒無地が基本。通夜は濃紺やこげ茶色、控えめな柄物も許容範囲です。ネクタイピンは外します。

靴下・靴
黒無地が基本。スエードなどカジュアルな素材や金具付きのものは通夜であってもタブーです。

これは NG!
□ **光る小物や素材**：ネクタイピン、カフスボタン、ジャケットの金ボタン、靴の金具、エナメルの靴、金の時計など

POINT
- 喪服が基本。通夜は地味なスーツでも可。
- 光る小物は避けるなど、装飾品にも気を配る。

大切な儀式にふさわしい服装で

慶事と異なり、弔事は急な知らせがほとんど。**慌てないためには、日頃の準備が大切です。**喪服などはときどきクリーニングに出すなどメンテナンスしておきましょう。

通夜は、喪服または地味なスーツでかまいません。以前は、喪服は用意をしていたようで失礼だとされましたが、**亡くなった当日に通夜を行うことが少ない最近は、喪服を着る人も増えています。**葬儀・告別式は必ず喪服を着用します。

特に仕事関係の弔事は会社を代表しての参列になります。急な事態にも対応ができるよう、白シャツなどを職場に常備しておくとよいでしょう。

スーツ・平服で参列する場合（通夜）

喪服で参列する場合（葬儀・通夜）

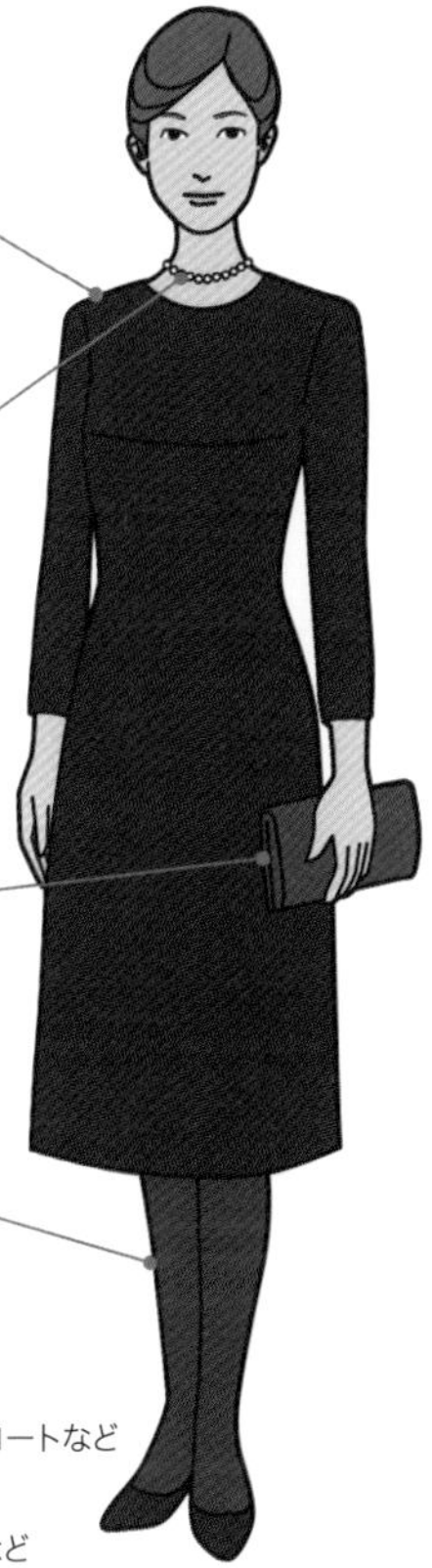

スーツ・平服

黒が基本ですが、濃紺や濃いグレー、控えめな地模様も許容範囲です。パンツスーツでもかまいません。

喪服

黒のワンピース、スーツ、アンサンブルなど。袖丈は5分以上、スカート丈はひざ下～ふくらはぎあたりまでにします。

アクセサリー

白か黒の真珠、オニキスなどの一連のネックレスやイヤリングを。結婚指輪以外は外します。

バッグ

黒無地で金具のない布製のものがベスト。光沢のある素材やカジュアルなデザインのものは避けます。

ストッキング・パンプス

ストッキングは黒の無地、スーツ・平服はグレーやベージュでも構いません。パンプスは黒の布製が正式です。

これはNG!

- □ **殺生を連想させるもの**：ワニ革のバッグ、毛皮のコートなど
- □ **透ける素材**：レース、オーガンジー素材など
- □ **光る小物**：バッグ・パンプスの装飾、アクセサリーなど

数珠とふくさの選び方

数珠

略式片手念珠、略式二輪念珠、宗派専用本式念珠の3 種類があります。どの宗派にも使える略式の数珠を選ぶとよいでしょう。男性用と女性用がありますので間違えないように注意しましょう。

略式二輪念珠　女性用

略式片手念珠　男性用　女性用

ふくさ

慶弔兼用の紫色のものを選ぶと便利です。弔事専用なら黒、グレー、紺色です。ケースタイプのふくさでもかまいません。

『お葬式④ 通夜・葬儀でのマナー』

受付でのマナー

1 一礼し、お悔やみを述べる

このたびは……。お悔やみ申し上げます。

2 不祝儀袋を渡す

どうぞお供えください

両手で先方が表書きを読めるように差し出します。
※会場によって渡すタイミングが異なりますので、確認しましょう。

3 会葬者名簿（芳名帳）に記帳し、待機所で待つ

会社の代表の場合、社名と所在地の後ろにカッコで氏名を記入します。記帳後に「お参りさせていただきます」と一言添えます。

●上司の代理で弔問するとき

上司の氏名を記帳し、代理の意味の「（代）」の字を横に小さく書き添えます。

●香典を預かったとき

預かってきた人の氏名・住所も記帳し、名前の横に「（代）」の字を小さく書き添えます。

●名刺を求められたとき

左下を内側に折るか（1）、右上に「弔」の字を記します（2）。上司の代理弔問は、上司の名刺に「弔」の字を、自分の名刺は求められた場合のみ「代」を書き添えます（3）。

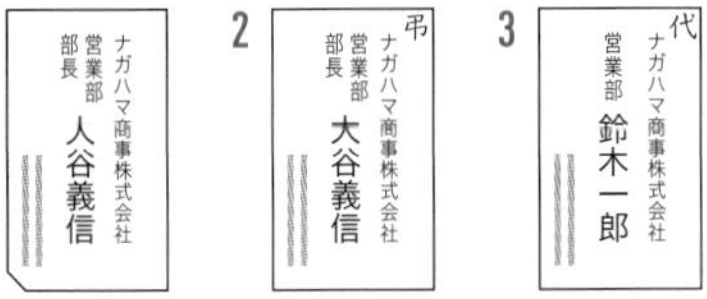
1
ナガハマ商事株式会社
営業部
部長
人谷義信
2
弔
ナガハマ商事株式会社
営業部
部長
大谷義信
3
代
ナガハマ商事株式会社
営業部
鈴木一郎

POINT

- ●儀礼的にならず、故人を悼む思いを大切にする。
- ●作法に迷ったら、親族のふるまいに合わせる。

しめやかに弔問する

通夜や葬儀・告別式は、故人を送る大切な儀式です。**服装などの礼儀を守るのはもちろん、携帯電話はマナーモードにして無用の操作は控え、参列者との会話も慎みます。**ただ、マナーを意識するあまり儀礼的になるのも避けるべき。逝去を悲しむ気持ちを大切に、場の流れに従って弔問しましょう。

具体的な作法は、宗教宗派や地域によって異なります。たとえば焼香の回数は宗派によって一～三回。前の人の作法を参考にしますが、会葬者が多いときは一回にするなどの配慮も大切。迷ったら葬儀社の係員の案内や親族の作法に合わせますが、状況に応じた対応ができるとよりよいでしょう。

焼香のしかた

仏教式

焼香台の前で遺族、僧侶に一礼。焼香台で遺影に一礼し、数珠を左手にかけて合掌します。

右手でお香をつまみ、軽く頭を下げて眉間まで上げた後、香炉に静かに置きます。

遺影に合掌して一礼。2、3歩下がって、遺族と僧侶に一礼してから退出します。

神式

一礼して玉串を受け取り祭壇に供え、遺影に二礼・二拍手・一礼。拍手は音を立てずに打ちます。

キリスト教式

花が手前になるようにして献花台に供え、遺影に黙とう。手は合わせず、指は体の前で組みます。

そのほか心得ておきたいこと

葬儀の遅刻は厳禁！受付は20分前にすませる

葬儀・告別式の遅刻は特に失礼ですので十分に注意し、受付は20分前にはすませたいものです。通夜で遅れるときは、開始30分以内なら焼香に間に合います。

通夜は焼香後に辞去、告別式は出棺まで見送る

通夜は焼香がすんだら祭壇に一礼して辞去します。葬儀・告別式では焼香後も式場に残り、出棺まで見送ります。見送るときは冬場でもコートを脱ぎます。

通夜ぶるまいはいただくのがマナー

通夜の後、喪家側が弔問客に「通夜ぶるまい」を提供します。供養の意味もありますので一口でも箸をつけるのがマナー。ただし、長居は禁物です。

ビジネスのお祝い事

POINT

● 社外へのお祝いは社長名義で贈る。
● 社内のお祝いは、職場の慣習に従う。

お祝い事の対応は慎重に

取引先のオフィス移転や新装開店などのお祝い事への対応は、ビジネス上の大切なおつき合いのひとつ。お祝いは、**基本的には自社の社長名義で贈り、総務や秘書担当者などが手配を整えることが一般的**ですが、会社によっては営業担当が手配することもあります。対応を誤ると会社の信用を損ないますので、上司に指示を仰いで慎重に進めましょう。贈る時期は、贈り物により異なります。手渡しは失礼にはあたりませんが郵送がベターです。

また、社内のお祝い事も大切にしたいもの。職場の慣習があればそれに従いますので、これも上司や先輩に相談しながら対応するとよいでしょう。

社内向けのお祝いのしかた

昇進・栄転祝い： 表書き 「祝御昇進」「御栄転御祝」

辞令発表後1 週間以内に贈ります。文房具やネクタイを選びましょう。予算は5,000円～2万円が目安です。お祝いをもらった場合は着任・就任して2週間以内にお礼状を送ります。

定年退職祝い： 表書き 「御退職御祝」「祝定年御退職」「御餞別」

送別会場、または退職日かその前日までに贈ります。置き時計や陶磁器などがおススメ。予算は、グループで贈るときは1万円～3万円を目安にします。お祝いをもらった場合は退職後にお礼状を送ります。

出産祝い： 表書き 「御出産祝」「祝御出産」

母子が無事に退院した後に贈ります。予算は3,000円～5,000円程度を目安に、おもちゃやベビー服などを選びましょう。お祝いをもらった場合は1か月以内にお礼状とお礼の品を返します。

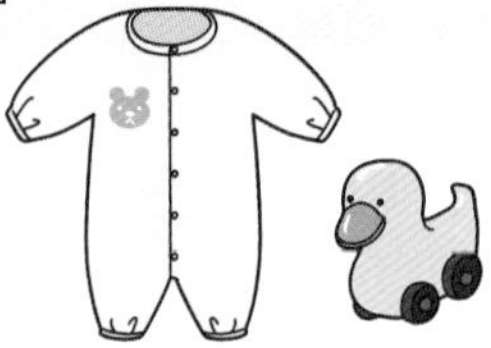

社外向けのお祝いのしかた

会社の経費で贈る公的なお祝いです。会社の関係者の慶事は、一般的なしきたりとは別に、会社の規定やこれまでの慣例があります。自己判断せず、上司に相談しながら進めましょう。

	オフィス移転祝い	開店祝い	上場祝い	社長就任祝い
相場	1～5万円程度	1～5万円程度	4～5万円程度	2～5万円程度
喜ばれる品	胡蝶蘭や生花のアレンジメント、観葉植物など。灰皿など火を連想させるものはタブー。花も真紅は避けます。事業縮小による移転の場合、お祝いは贈りません。	金封または花輪や観葉植物、縁起物の招き猫など。オフィス移転と同様、「火」を連想させるものはタブーです。	胡蝶蘭やスタンド花が一般的。会社の大きな節目となる上場を祝うにふさわしい、華やかなものを贈ります。	胡蝶蘭が一般的。ずらりと並んだ胡蝶蘭が、新社長の人脈の広さの証になります。
贈る時期	移転日の翌日。移転日は引越し作業中の場合もあるため、避けるのが無難です。	金封は開店の1週間前から当日までに。花輪や品物は、開店前日か当日に届くよう手配します。	上場日に届くように手配します。	就任後、当日から1週間以内を目安に贈ります。
表書き	**●花・植物の立札** 「祝御移転 株式会社オカザキ不動産 代表取締役　大久保勇太」 ※贈り主の名前を入れる	**●祝儀袋・のし紙** 「御開店御祝」「御開業御祝」 **●花・植物の立札** 「大久保勇太様へ 祝御開店 ナガハマ商事株式会社 代表取締役　竹中太郎」 ※贈り主の名前を入れる	**●花の立札** 「祝上場 株式会社オカザキ不動産 代表取締役　大久保勇太」 ※贈り主の名前を入れる	**●花の立札** 「祝御就任 株式会社オカザキ不動産 代表取締役　大久保勇太」 ※贈り主の名前を入れる

取引先からお祝いをいただいたら

1週間以内を目安に、お礼状もしくはお礼状とお返しの品を贈ることが礼儀ですが、まずは上司に対応を相談しましょう。お返しの品の金額は、お祝いの品の半分程度が目安です。

お礼状＋お返しの品を贈るもの

- ☐ オフィス移転祝い
- ☐ 開店祝い
- ☐ 上場祝い
- ☐ 社長就任祝い
- ☐ 出産祝い

お礼状のみでよいもの

- ☐ 昇進・栄転祝い
- ☐ 定年退職祝い

お礼状の例文

拝啓　○○の候、貴社ますますご清栄のこととお慶び申し上げます。

　さて、先日の当社移転に際しましては、ご丁寧な祝意を頂戴し誠にありがとうございます。お陰様で移転作業も滞りなく相済み、社員一同決意も新たに更なる精進をする所存でございます。今後とも一層のご支援、ご鞭撻を賜りますようお願い申し上げます。

まずは略儀ながら書中をもって御礼申し上げます。

敬具

令和○年○月○日

ナガハマ商事株式会社
代表取締役社長　竹中太郎

株式会社オカザキ不動産
代表取締役社長　大久保勇太様

「お中元とお歳暮のマナー」

POINT

- 送付の有無や品物の選定は上司に相談。
- 贈り物をもらったらお礼状を送る。

感謝の気持ちを伝える贈り物

お中元やお歳暮は、日頃お世話になっている方に感謝を伝える贈り物です。本来は直接訪問して届けるべきものですが、現代では百貨店などから直送することが一般的です。

だからといって、形式的にただ贈るのは避けたいもの。**喜ばれそうな品物を選び、発送前にはあいさつ状を出して感謝を伝えましょう。**

また、お中元やお歳暮は継続して贈ることがマナーです。ただし、近年では、お中元やお歳暮を送ることを廃止する企業も増えています。

取引先を新しく送付先に加えたいときは、上司に相談して慎重に判断しましょう。

お中元・お歳暮の贈り方のポイント

贈る時期と表書き

	贈る時期	表書き
お中元	6月下旬～7月15日頃	御中元
	～立秋（8月7日～8日頃）	暑中御見舞（暑中御伺）
	立秋～8月末頃	残暑御見舞（残暑御伺）
お歳暮	12月上旬～12月20日頃	御歳暮
お年賀	年明け～1月7日（松の内）	御年賀
	～立春（2月3日～4日頃）	寒中御見舞（寒中御伺）

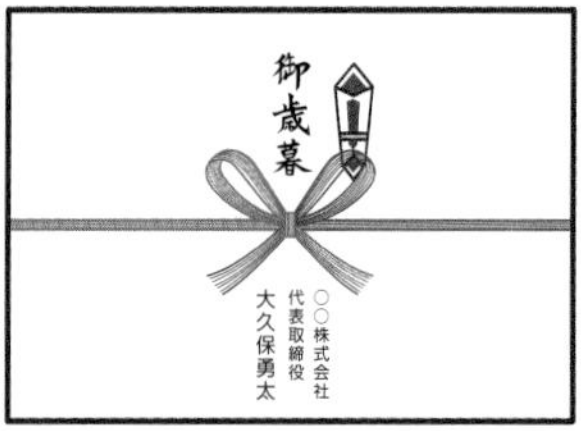

贈る時期

お中元は、東日本は7月初旬～ 7月15日頃、西日本は8月初旬～ 8月15日頃が中心でしたが、最近は東日本の時期が一般的です。

のしの書き方

差出人は会社もしくは部署の代表者名を記入します。

贈り先の選定

安定した取引があり、今後もビジネスの継続が見込めることが目安です。一度だけ送るときには表書きを「御礼」とします。

発送前にあいさつ状を送る

百貨店などから直接贈るときは、事前にあいさつ状を先方に送ります。品物があいさつ状より先に届かないように注意します。

喪中の相手に贈ってもOK?

お中元やお歳暮は喪中の相手に贈ってもマナー違反にはなりません。ただし、紅白の水引やのしは避けて、白無地の短冊に「御中元」「御歳暮」と書いて贈ります。

贈答品の選び方

贈り先の嗜好や人数に合わせ、日持ちのするものにします。予算は3,000～5,000円が相場。お歳暮はお中元よりも少し高額なものを贈ります。

会社に贈る場合

個包装の菓子類や缶飲料など、社内で分けやすいものがおすすめです。

お中元

- ☐ 缶ジュース
- ☐ 水ようかん
- ☐ 紅茶のティーバッグ

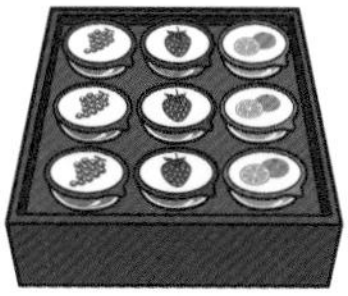

☐ ゼリーの詰め合わせ

お歳暮

- ☐ ドリップコーヒー詰め合わせ
- ☐ 個包装のおかき
- ☐ 個包装の和菓子

☐ 個包装の焼き菓子

個人に贈る場合

家族構成に合わせた品物にします。調味料や洗剤などの必需品も喜ばれます。

お中元

- ☐ そうめんや冷麦
- ☐ 梅干しや佃煮などの保存食
- ☐ 洗剤・石けん

☐ ビール

お歳暮

- ☐ 日本酒
- ☐ 調味料詰め合わせ
- ☐ 入浴剤

☐ ハム、ソーセージ

プラスα

こんなときはどうする!?

● お中元とお歳暮、どちらを贈るか迷ったら

基本的にはどちらも贈るのがマナーです。何かの事情で片方だけにする場合は、お歳暮を贈ります。

● 贈るのをうっかり忘れてしまったら

お中元は8月末、お歳暮は年明けのお年賀にかえて2月初めまでなら、それぞれ表書きを「残暑御見舞」「寒中御見舞」として贈ります。

取引先からお中元・お歳暮をいただいたら

開封せず、まずは上司に報告し、受け取ってよいか指示を仰ぎます。受け取る場合は、すみやかにお礼状を送りましょう。

会社の方針で辞退するときは

今回だけは受け取り、お礼状に「今後はお気遣いのないようお願い申し上げます」と書き添えるのが無難な対応です。

お礼状の文例

拝啓　盛夏の候、貴社ますますご発展のことと
お喜び申し上げます。
さて、この度はお心づくしのご佳品をお贈り
いただき、誠にありがとうございました。
日頃は私どもがお世話になっておりますのに、
このようなお気遣いを賜り、恐縮に存じます。
今後とも変わらぬご愛顧を賜りますようお願
い申し上げます。
まずは略儀ながら書中をもちまして御礼申し
上げます。
敬具

「お見舞いの心得」

お見舞いの準備と心づかい

▶ 上司や同僚が入院したら

職場で対応を相談

会社の慣例に従って対応することが基本。見舞金が支給される規定があるか、あわせて確認しましょう。

⬇

家族にお見舞いを打診

差し支えなければお見舞いをしたい旨を伝え、承諾が得られれば入院先と都合を確認します。

▶ 取引先の人が入院したら

上司に対応を相談

先方の容態や入院先を確認して上司に報告し、対応を相談します。

⬇

家族に打診

家族との連絡は、先方の会社を通じて行います。

⬇

上司に同行してお見舞い

入院している方と同格または目上の上司に同行して出向くことが礼儀です。

POINT

- 事前に先方の了承を得て、日時を伝える。
- お見舞い品は先方の事情に合わせて選ぶ。

お見舞いの対応は先方との関係で判断

お見舞いは、相手の方のためにすること。仕事関係者の入院を知ったときは、**善意の押しつけにならないよう、お見舞いに行くかどうかを判断する必要があります。**

容態が重いときは控えるのがマナー。また、それほど親しくない場合は病院を訪ねることは避け、お見舞いの金品や手紙を贈る、もしくはただ快復を祈るなどにしたほうがよいこともあります。一人で判断せず、上司に相談するようにしましょう。

お見舞いに行く場合は、突然訪問するのは厳禁です。事前に行ってよいか了承を得て、日時を伝えてから訪ねるようにします。

お見舞い品の選び方

入院生活をなぐさめるものが一番ですが、食べ物などは病状によっては制限されていることがありますので、先方の事情に合わせて選ぶことが大切です。

生花

定番品。小ぶりのアレンジメントが便利。生花禁止の病院もあるため事前に確認します。

本・雑誌

先方の趣味に合うものを贈ります。本は小説なら、なるべく明るい気分になるものにします。

そのほか喜ばれるお見舞い品

- お見舞い金
- 図書カードNEXT
- 上質なタオル
- ストール（女性に）

食事制限がない場合

- ゼリーなど日持ちのする菓子
- 缶飲料（果汁ジュースなど）
- くだもの

のし紙と見舞い袋の表書き

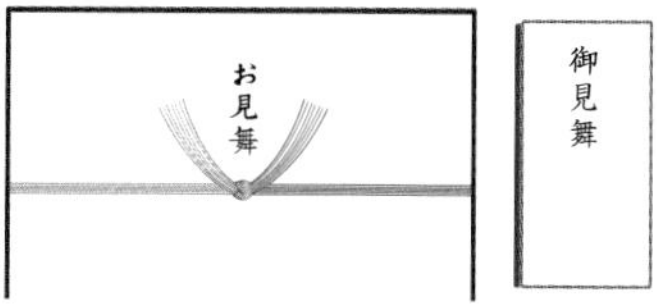

表書きをのし紙に書く場合は、入院が二度とないことを願って水引は「結び切り」を使います。見舞い袋は地味にするのが基本。水引を使わない場合は、袋の左側に赤い線を入れた見舞い専用の袋を使用します。

お見舞いの目安

お見舞い品	3,000円～1万円程度	
お見舞い金	上司・同僚	3,000円（有志で贈る際の1人あたり）
	取引先	5,000円～（会社から）
	友人・知人	5,000円（個人から）
	親戚	5,000円～1万円（個人から）

こんな品はNG!

- 鉢植えの花（「寝つく」に通じる）
- パジャマ（「寝つく」に通じる）
- 落ちる花、香りの強い花、白い花
- 櫛（くし＝「苦死」と同音）
- 4（死）、9（苦）の数のもの
- 日持ちのしない食品

注意 お見舞いは病気見舞いのほかに事故見舞い、災害見舞いがあります。その際の金額は事故や災害の規模によってかなり変わります。

お見舞いの時のマナー

面会時間は15～20分程度におさえ、先方が疲れないように配慮することが大切。入院生活の様子を詮索しない程度に聞き、早くよくなるように元気づけましょう。その際は明るい話題を心がけて、同情や過度な励ましは禁物です。

お見舞いのタイミング

- □ 入院直後、手術前後は避ける
- □ 容態が安定してから行く
- □ 必ず面会時間内に訪問する
- □ 食事どきは避ける
- □ 平日の午前中は検査が多いため避けるのが無難

お見舞いのタブー

- □ 大勢で行かない
- □ 長居しない、騒がない
- □ 派手な服や強い香水は避ける
- □ 病状を詮索しない
- □ 過度に励まさない
- □ 仕事の話はしない

プラスα

こんなときはどうする!?

● 本人が眠っていた！

目覚めるまで待たず、お見舞いの一言を書いたメモ書きを添えて、ナースステーションに見舞いの品を預けて帰りましょう。

● ほかの見舞客と鉢合わせした！

こちらが先客なら話を切り上げて次の来客に譲り、先客がいたなら、お見舞いの品を渡してすぐに失礼します。

監修者紹介

PART1・3・5・7

岡田小夜子（おかだ・さよこ）

大妻女子大学短期大学部教授。早稲田大学教育学部卒業、拓殖大学大学院修了。日本HR協会で女子社員教育教材の編集・執筆に携わる。高崎商科大学短期大学部教授を経て、2011年より現職。著書に『ビジネスマナー１分間レッスン』（東洋経済新報社）、『秘書・オフィス実務テキストワークブック』（早稲田教育出版）、『言葉づかいハンドブック』（PHP研究所）、『コミュニケーション仕事術』（日本能率協会マネジメントセンター）、『手紙を極める』（中央経済社）ほか多数。

PART2・4・6

山﨑　紅（やまざき・あかし）

人材開発コンサルタント。成蹊大学経営学部客員教授。富士ゼロックス株式会社（現　富士フイルムビジネスイノベーション株式会社）にてSE部門在籍後、営業本部ソリューション営業力強化チーム長、人事本部人材開発戦略グループ長を歴任、全社人材開発戦略立案・実行を担当。その後、変革マネジメント部にて全社改革プロジェクトリーダーとして、コミュニケーション改革、働き方改革に従事したのち独立。コミュニケーションと人材を切り口に企業改革を支援するコンサルタントとして活動中。官公庁、民間企業、大学など幅広く指導。一般社団法人社会人基礎力協議会理事、経済産業省推進資格ITコーディネータ、デジタル庁デジタル推進委員。主な著書に『社会人基礎力を鍛える　新人研修ワークブック（第２版）』『授業・セミナー・会議の効果を上げる　オンラインコミュニケーション講座』（日経BP）などがある。

いちばんわかりやすい ビジネスマナー

監　修　岡《おか》田《だ》小《さ》夜《よ》子《こ》　山《やま》﨑《ざき》紅《あかし》

発行者　深見公子

発行所　成美堂出版

〒162-8445　東京都新宿区新小川町1-7

電話(03)5206-8151 FAX(03)5206-8159

印　刷　広研印刷株式会社

ISBN978-4-415-33235-2

落丁･乱丁などの不良本はお取り替えします

定価はカバーに表示してあります